中國學術思想 研究輯刊

十五編

林慶彰 主編

第2冊

西周用詩考（上）

林志明 著

花木蘭文化出版社

國家圖書館出版品預行編目資料

西周用詩考（上）／林志明 著 ── 初版 ── 新北市：花木蘭文
化出版社，2013〔民 102〕
目 2+222 面；19×26 公分
（中國學術思想研究輯刊 十五編；第 2 冊）
ISBN：978-986-322-108-1（精裝）
1. 詩學　2. 西周
030.8　　　　　　　　　　　　　　　　　102001941

ISBN-978-986-322-108-1

9 789863 221081

中國學術思想研究輯刊
十五編　第 二 冊　　　　　　ISBN：978-986-322-108-1

西周用詩考（上）

作　　者　林志明
主　　編　林慶彰
總 編 輯　杜潔祥
出　　版　花木蘭文化出版社
發 行 所　花木蘭文化出版社
發 行 人　高小娟
聯絡地址　235 新北市中和區中安街七二號十三樓
　　　　　電話：02-2923-1455／傳真：02-2923-1452
網　　址　http://www.huamulan.tw 信箱 sut81518@gmail.com
印　　刷　普羅文化出版廣告事業
封面設計　劉開工作室
初　　版　2013 年 3 月
定　　價　十五編 18 冊（精裝）新台幣 30,000 元

西周用詩考（上）

林志明　著

作者簡介

林志明，北京師範大學文學博士。祖籍福建泉州，2000 年考入北京師範大學中文系，2005 年考入該校古代文學研究所，進行碩士階段的學習，師從過常寶教授、李山教授。2007 年碩博連讀，2010 年博士畢業。博士論文《西周用詩考》。已在《貴州文史叢刊》、《東北師大學報》、《詩經研究叢刊》等刊物發表學術論文 4 篇，參與《詩經詞典》、《管子譯注》等書的編寫。2010 年加盟育靈童，進入育靈童教育研究院，前後參與國學課堂、小學國學教材教參的研發以及國學教育的研究和推廣。

提　　要

　　本文的研究物件是保留在《詩經‧雅頌》中的西周詩篇。本文認為在西周的文化語境中，詩是針對禮儀的需要而創作的，本質上是禮儀文獻。只有還原詩篇的禮儀背景，才能重建周代詩篇的歷史文化語境，才能在正確的意義上理解詩篇。因而，本文以文獻考證的方法揭示詩篇的禮儀背景，以此來關照詩篇的觀念內容和形式特徵。全文共八個章節，分為三個部分。

　　第一部分是緒論，主要探討三個問題。一是論述詩在西周的文化語境中的性質及其制度基礎。二是勾勒了周代用詩的歷史演變，包括了禮儀用詩、諷諫用詩、外交賦詩等階段。

　　第二部分是禮儀用詩，研究那些應用於典禮之中的詩篇，考證它們的禮儀背景。根據禮儀類型，分為六章：第一章探討祭祀禮儀用詩，包括祭天禮儀用詩和祭祖典禮用詩（以祭祖禮為主）。第二章探討農事禮儀用詩，包括藉禮用詩、報祭用詩、嘗新禮用詩。第三章探討政事禮儀用詩，包括即位典禮用詩、冊命典禮用詩、朝觀典禮用詩。第四章探討燕享禮儀用詩，包括燕飲用詩、饗禮用詩、射禮用詩。第五章探討軍事禮儀用詩，包括狩獵禮儀用詩、軍禮用詩、征役樂歌。第六章探討餘下的一些詩篇，包括昏禮用詩、考室考牧用詩、行役樂歌、邦族樂歌。

　　第三部分是諷諫用詩，研究產生於西周晚期至兩周交替之際的規諫、怨刺詩篇。分為四節：第一節探討「厲王革典」與西周王室在夷厲宣幽時期的衰弱，還原了諷諫詩篇高漲的歷史背景。第二節探討了「歌詩諷諫」制度的內容，揭示了諷諫詩篇產生的制度基礎。第三節探討了諷諫詩篇的用樂屬性，認為諷諫用詩入於各種禮儀的無算樂儀節中。第四節在「無算樂」所系的禮儀的基礎上，結合詩篇的內容推測諷諫詩篇產生的禮儀場景。

目

次

導　語

　　本書的研究對象是保留在《詩經‧雅頌》中的西周詩篇。本文認爲在西周的文化語境中，詩是爲了禮儀的需要而創作的，本質上是禮儀文獻。只有還原詩篇的禮儀背景，才能重建周代詩篇的歷史文化語境，才能在正確的意義上理解詩篇。因而，本文以文獻考證的方法揭示詩篇的禮儀背景，以此來關照詩篇的觀念內容和形式特徵。全文共八個章節，分爲三個部分。

　　第一部分是緒論，主要探討三個問題。一是論述在西周的文化語境中，詩依託於樂而存在并應用於禮儀之中，本質上是禮儀文獻。二是揭示詩作爲禮儀文獻的制度基礎，主要包括周代禮儀、用樂制度、樂教制度。三是勾勒了周代用詩的歷史演變，包括了禮儀用詩、諷諫用詩、賦詩等階段。

　　第二部分是禮儀用詩，研究那些應用於典禮之中的詩篇。根據禮儀類型，分爲六章：第一章探討祭祀禮儀用詩，包括祭天禮儀用詩和祭祖典禮用詩。其中，祭祖典禮是周代典禮用詩的重中之重，除了祭祀先王先公之外，還包括諸侯助祭、有客助祭等內容。第二章探討農事禮儀用詩，包括藉禮用詩、報祭禮用詩、嘗新禮用詩。第三章探討政事禮儀用詩，包括即位典禮用詩、冊命典禮用詩、朝觀典禮用詩。第四章探討燕享禮儀用詩，包括燕飲禮儀用詩、饗禮用詩、射禮用詩。第五章探討軍事禮儀用詩，包括狩獵禮儀用詩、軍禮用詩、征役樂歌。第六章探討其他一些禮儀的用詩，包括婚禮用詩、考室考牧用詩、行役樂歌、邦族樂歌。

　　第三部分是諷諫用詩，研究產生於西周晚期至兩周交替之際的規諫、怨刺詩篇。分爲四節：第一節探討「厲王革典」與西周王室在夷厲宣幽時期的衰亡，還原了諷諫詩篇高漲的歷史背景。第二節探討了「歌詩諷諫」制度的

內容，揭示了諷諫詩篇產生的制度基礎。第三節探討了諷諫詩篇的用樂屬性，認爲諷諫用詩入於各種禮儀的無算樂儀節中。第四節在考察無算樂所繫的禮儀的基礎上，結合詩篇的內容推測諷諫詩篇產生的禮儀場景。

　　本文的創新點體現在以下四個方面：一是從理論上提出周代詩篇爲禮儀文獻的觀點，並且以「用詩」的概念描述周代詩篇文化功能的歷史演變；二是全面系統地考證「雅頌」詩篇的禮儀背景，不僅僅包括《周頌》、「正雅」，也包括「變雅」的許多詩篇；三是在具體詩篇所用禮儀的考證上，提出了不少新的觀點，如《清廟》、《雝》等詩爲天子祭祖、諸侯助祭所用的樂歌，如《楚茨》、《豐年》等篇爲報祭樂歌，如《采芑》爲治兵樂歌、《常武》爲振旅樂歌，等等；四是對諷諫詩篇的制度基礎、禮樂特點作出初步的推測。

第一章　西周用詩論

引　言

　　對於《詩經》（古人稱《詩》《詩三百》），一個值得追問的問題是「它所收入的詩篇究竟是什麼性質的文本？」這個問題看似簡單，其實並不容易回答，什麼樣的答案就意味著回答者對《詩》持什麼樣的解讀視角，關係到《詩》的評價問題。聞一多先生曾云：

> 漢人功利觀念太深，把《三百篇》做了政治的課本；宋人稍好點，又拉著道學不放手──一股頭巾氣；清人較爲客觀，但訓詁學不是詩；近人囊中滿是科學方法，眞厲害。無奈歷史──唯物史觀的與非唯物史觀的，離詩還是很遠。明明一部歌謠集，爲什麼沒人認眞的把它當文藝看呢！〔註1〕

這裡實際上指出了對上述問題的兩種最流行的答案。一是流行於封建時代的觀點，將《詩三百》視爲「經」，視爲能夠對政治社會產生重大影響的政治性文本〔註2〕。漢人的「功利」觀念就屬於這種觀點，而《詩大序》所謂「先王以是經夫婦，成孝敬，厚人倫，美教化，移風俗」是這種觀點最典型的代表，《漢書‧儒林傳》所載的王式「以三百五篇諫」是這種觀點最生動的實踐〔註3〕。另一種是流行於二十世紀的觀點，將《詩三百》視爲「詩集」，認

〔註1〕聞一多《神話與詩‧匡齋尺牘》，上海：上海人民出版社，2006年，第279頁。
〔註2〕稱《詩》爲「經」並非始於漢人，而是始於戰國末期的《禮記‧經解》「其爲人也，溫柔敦厚，《詩》教也」，將《詩》列入《經解》已有稱《詩》爲「經」的意思。參洪湛侯《詩經學史》，北京：中華書局，2002年，第105頁。
〔註3〕阮元《十三經注疏‧毛詩正義》，上海：上海古籍出版社，1997年，第270頁。〔漢〕班固撰、〔唐〕顏師古注《漢書》，北京：中華書局，1962年，第

為它不過是詩人表情達意的文學作品而已。如聞一多本人將《三百篇》當「文藝」看，如顧頡剛認為「《詩經》是一部文學書」，「自然是沒有一個人不承認的」〔註4〕。時至今日，許多學者都持這種觀點。

其實，第二種觀點是對第一種觀點的撥亂反正。然而，「矯枉」難免有些「過正」了。現代學者反對古代經生、士大夫將《詩三百》作為「經」、「諫書」而施於現實的觀點和作法，是沒有問題的；但是，如果在剝掉《詩三百》「經」的外衣之後，又給它蒙上「詩歌文學」的面紗的話，我們還是無法完全看清楚它的真實歷史面目。無論從政治性文本入手還是從文學性文本入手，都不是關照《詩三百》歷史面目最恰當的角度。因為持這兩種視角的人，都過於留戀自身所處的當下語境了。如果嚴格遵循孟子所說的「知人論世」、「以意逆志」的方法的話（儘管他本人並沒有做到這一點），就會發現「《詩》作為政治性文本」、「《詩》作為文學作品」都反映了某種歷史真理，但卻與《詩》產生時的歷史面目相去甚遠。

那麼，《詩》到底是什麼性質的文本呢？

眾所周知，《詩》所包含的305篇文本產生於西周初年至春秋晚期之間的500多年間。這個時期既包括了西周王朝的建立、走向興盛以及由盛轉衰、滅亡，也包括了霸權迭興的春秋前中期。考察這個時代的歷史語境，本文認為《詩》的性質無法簡單以「政治性」、「文學性」衡量，它是一種非常真實的實用性文本。準確地說，詩是為了禮儀制度的需要而產生的，並且也是隨著禮儀的演變而發展變化的；詩不是單獨存在的，而是具有聲律特點，是用樂的歌詞。總之，詩的存在具有現實的制度基礎，這就是周代的「禮樂」制度。詩、樂是緊密聯繫在一起的，並且成為禮儀制度中的重要因素。

從這一意義上說，《詩》是禮儀文獻。

第一節　作為禮儀文獻的周代詩篇

在進入這個論題之前，有一個問題需要說明，這就是本論題中的「周代詩篇」是指保留在《詩三百》中的詩篇。我們知道，周代的詩歌不僅僅只保留在《詩三百》中，還有一些民間歌謠、逸詩載錄於史籍之中，如《左傳》

3610頁。

〔註4〕　顧頡剛《詩經在春秋戰國間的地位》，《古史辨》第三冊下編，北平：樸社出版，民國24年，第309頁。

所載的一些「輿人」、「城者」之誦〔註5〕。總體而言，就現有文獻看，《詩三百》中的詩篇是足以代表周代詩歌的發展成就的。

以現代詩文體的觀念來審視《詩三百》中所保留的詩，它們的詩形（整齊的四言體）、篇章結構（復沓）、表現手法（比興）等形式特徵無疑符合「詩歌」這一概念。但是，對於周人而言，詩並非是個體言志抒情的產物，而是為了禮儀的需要而作的，從這一點看，它與由史官所執掌的、用以指導禮儀的「禮書」（《周禮·春官·大史》）是完全一樣的。也即，詩本質上是一種禮儀文獻，應用於典禮儀式之中，只不過具有與「禮書」不同的形式特徵而已。為了證明這一點，下面從兩個層面加以說明：

首先，周代的詩不是單獨存在的，而是依託於「樂」、作為歌詞而存在。換言之，只有入樂，詩的產生過程才算完成。有兩個理由可以證明這一結論：其一，今人所看到的《詩三百》均為入樂的樂歌。儘管宋代以降，有的學者（如宋人程大昌、清人顧炎武）提出了「變雅」、「變風」為徒詩，但是經清人、近人的反覆論證，「《三百篇》均為入樂之歌」已經成為定讞〔註6〕。其實，《詩三百》入樂與否在春秋戰國時期是不成問題的，《左傳》襄公二十九年記載季札觀魯國樂工歌《三百篇》的各部，《墨子·公孟篇》曰「誦詩三百，弦詩三百，歌詩三百，舞詩三百」，《論語·子罕》曰「吾自衛反魯，然後樂正，《雅》、《頌》各得其所」，都表明了《詩三百》各部本來均為樂歌。

然而，有人會提出疑問，說《詩三百》中有些詩篇本非樂歌，是在《三百篇》結集之後才被譜曲入樂的。我們認為，這種說法是站不住腳的。詩篇在產生之時就已入樂。比如像《周頌》、「正雅」中保留的那些西周前期的詩，它們均為禮儀中的頌贊祝禱之辭。根據《周禮》、《儀禮》的記載，它們由「瞽矇」等樂工在禮儀過程中使用，因而自然是配樂而歌的。詩中也多次表現了樂器奏樂的情形，如《周頌·執競》「鍾鼓喤喤，磬筦將將」，《有瞽》「既備

〔註5〕　如宣公二年記載城者之謳曰「睅其目，皤其腹，棄甲而復。于思于思，棄甲復來。」襄公二十八年記載晉國輿人之誦曰「原田每每，舍其舊而新是謀。」關於周代的歌謠、逸詩，可以參馬銀琴《兩周詩史》，北京：社會科學文獻出版社，2006年，第425頁。

〔註6〕　「定讞」說法出自夏傳才《詩經研究史概要》，北京：清華大學出版社，2007年，第183頁。對此說最有力的論證有兩篇，一是馬瑞辰的「《詩》入樂說」，二是顧頡剛的《論詩經所錄全為樂歌》。參馬瑞辰《毛詩傳箋通釋》，北京：中華書局，1989年，第1頁。顧頡剛《論詩經所錄全為樂歌》，《古史辨》第三冊，北平：樸社出版，民國24年，第309頁。

乃奏，簫管備舉」；《大雅·靈臺》曰「虡業維樅，賁鼓維鏞，於論鼓鐘，於樂辟廱」，又曰「鼉鼓逢逢，矇瞍奏公」；《小雅·鹿鳴》曰「我有嘉賓，鼓瑟吹笙」，「我有嘉賓，鼓瑟鼓琴」；等等。可見，《周頌》、「正雅」為入樂歌詞是沒有問題的〔註7〕。

上述觀點其實是針對「變雅」和「風詩」而言的，然而，恰恰是這些詩本身提供其為入樂樂歌的證據：

夫也不良，歌以訊之。(《陳風·墓門》)

是用作歌，將母來諗。(《小雅·四牡》)

家父作誦，以究王訩。(《小雅·節南山》)

作此好歌，以極反側。(《小雅·何人斯》)

君子作歌，維以告哀。(《小雅·四月》)

矢詩不多，維以遂歌。(《大雅·卷阿》)

雖曰匪予，既作爾歌。(《大雅·桑柔》)

吉甫作誦，其詩孔碩。其風肆好，以贈申伯。(《大雅·崧高》)

吉甫作誦，穆如清風。仲山甫永懷，以慰其心。(《大雅·烝民》)

從這些詩篇的作者現身說法，可知詩篇的產生之時詩人已將其視為「歌」或「誦」。「歌」為樂歌，這是毫無疑問的。「誦」是否是歌辭呢？《說文·言部》云「誦，諷也」，段玉裁云「誦則非直為背文，又為吟詠，以聲節之」，是說「誦」不只是背誦之義，還包含「以聲節文」的意思，可見「誦」本身具有聲律的因素〔註8〕。也有的學者認為，這裡的「誦」乃「頌」之借字，指的是頌歌，如王宗石云「誦通頌，贊美的樂歌」〔註9〕。《左傳》襄公十四年記載師曹公報私仇，本該歌《巧言》而誦《巧言》，據此可知樂工對詩可歌可誦，且《巧言》之詩與上述的《節南山》是同類詩篇，亦可推知「作誦」之詩本

〔註7〕 何定生認為，《詩》中提及奏樂的詩篇要麼是典禮所用的樂歌，要麼用於無算樂的禮儀中。《詩經與樂歌的原始關係》，林慶彰編《詩經研究論集》，臺北：臺灣學生書局，民國72年，第1～18頁。

〔註8〕 段玉裁《說文解字注》，上海：上海古籍出版社，1988年，第90頁。有的學者認為，「誦」所具有的聲律不過是「拉長一些聲音，略有一些曲調」而已。即便如此，這些聲音曲調並非一般人能為，仍然只能為樂工所為(《左傳》襄公十四年)。參李春青《詩的意識形態》，北京：北京大學出版社，2005年，第117頁。

〔註9〕 王宗石《詩經分類詮釋》，長沙：湖南教育出版社，1993年，第709頁。

已入樂，否則如何可「歌」？可見，所謂「是用作歌」、「作此好歌」、「君子作歌」等等言辭，都有力地證明了「變詩」在產生之時已經入樂。

綜合以上兩點可知，周人眼中的詩就是「歌」，作詩就是「作歌」，詩篇實際上是依託於「樂」而存在的歌詞。孫作雲說「全部《詩經》中的作品，原皆爲宮廷樂官所搜藏的『歌本兒』。」〔註10〕爲何會如此呢？這是因爲詩篇本來就不是詩人言志抒情的產物，而是爲了禮儀的需要而作的，典禮用詩是「歌詩」而非使用徒詩（如《儀禮‧鄉飲酒禮》所載的「正歌」用詩），所以，詩篇只有入樂才能符合禮儀的需要。

其次，詩不僅僅入樂，還歌唱於各種典禮儀式之中，歌詩是典禮的內在儀節之一。換言之，詩本來就是禮儀的一個因素，行禮既是詩篇產生的最初動因，也是詩篇存在的最終依據。理由何在呢？其一，詩篇的內容顯示了它們本是爲典禮的需要而創作的。如《周頌》的大多數詩篇，往往集中頌贊了祭祀的對象（先王先公），並點明了祭禮本身，以《雝》爲例：

> 有來雝雝，至止肅肅。相維辟公，天子穆穆。
>
> 於薦廣牡，相予肆祀。假哉皇考，綏予孝子。
>
> 宣哲維人，文武維后。燕及皇天，克昌厥後。
>
> 綏我眉壽，介以繁祉。既右烈考，亦右文母。

詩中，「皇考」（即烈考）、「文母」就是祭祀對象，「天子」是主祭者，「辟公」是助祭者，而「薦廣牡」是犧牲，「肆祀」是祭祀行爲，「予」、「我」表明詩篇以主祭者的口吻歌唱〔註11〕。可見，此詩本身已經說明它是用於祭祖典禮的樂歌。諸如此類的詩篇，如《文王》祭祀文王、《鹿鳴》燕賓、《噫嘻》籍田、《車攻》狩獵等等莫不如此〔註12〕。《小雅‧楚茨》曰「我孔熯矣，式禮莫愆」，本是形容主祭者謹守禮儀的規定，其實，「式禮莫愆」正是對詩篇角色的絕佳概括。

其二，禮書中保留了周人典禮用詩的實例。從《儀禮‧鄉飲酒禮》、《燕禮》等篇來看，周人在飲酒禮、射禮中有所謂「正歌」的儀式，包括「工歌」、「笙奏」、「間歌」、「合樂」四個階段。這四個儀節對詩篇都是三篇連奏，涉

〔註10〕孫作雲《〈詩經〉研究》，《孫作雲文集》，北京：中華書局，1966 年，第 317 頁。

〔註11〕對此篇的具體考證，可參見本文第一章第四節。

〔註12〕據陳戌國的統計，《詩經》中言禮之詩達到 105 首之多。參陳戌國《詩經芻議》，長沙：嶽麓書社，1997 年，第 142 頁。

及了《小雅》、「二南」的篇章。儘管禮書的記載是指《詩三百》結集之後的用詩，但至少證明了典禮中確實歌詩〔註 13〕，也充分證明了詩與樂、詩與禮的密切關係。禮書中除了「正歌」用詩之外，還記載了一些專門儀式用詩的實例，如：

> 歌《騶虞》，若《采蘋》，皆五終。射無算。（《儀禮·鄉射禮》）
>
> 升歌《鹿鳴》，下管《新宮》，笙入三成，遂合鄉樂。若舞，則《勺》。（《儀禮·燕禮》）
>
> 夫大嘗禘，升歌《清廟》，下而管《象》，朱干玉戚以舞《大武》，八佾以舞《大夏》，此天子之樂也。（《禮記·祭統》）
>
> 乃奏無射，歌夾鍾，舞《大武》，以享先祖。（《周禮·大司樂》）

從這些記載可知，周人許多典禮的某些儀節的用樂是相對固定的，如射禮節射的用樂、升歌用《清廟》、舞用《勺》或《大武》等等。可以推測，這些固定用樂當相沿已久，表明典禮最初形成的時候已經如此。總之，詩篇本身顯示了用於典禮的信息，而禮書又證明了典禮確實用詩。由此可見，周人的詩篇本是典禮的一個組成要素。與典禮中其他因素如禮物、行禮人員、儀式、音樂不同的是，詩篇是禮儀中「惟一一種以話語形式存在的構成因素」〔註 14〕。

綜上所述，周代詩篇本係入樂可歌的「歌詞」，它的存在形態其實是音樂而非詩歌。但是，這種入樂歌詞亦非獨立存在，而是為了禮儀的需要而被創造出來的。可見，周代的詩、樂、禮三者的關係是非常緊密的：詩、樂其實是二而一的，二者都是禮儀中的組成部分。由此可以得出結論：周代的詩在本質上是典禮歌詞，是禮儀文獻。

第二節　詩作為禮儀文獻的制度基礎

詩既然是禮儀文獻，是典禮歌詞，那麼，考察周代詩篇的首要任務就是認識周代禮儀制度的內容和歷史演變，還原詩篇產生和發生作用的文化空間。下文將從三個層面來重建周代詩歌的文化語境：一是周禮的內容及其歷

〔註 13〕 《儀禮》儘管遲至春秋晚期才成熟，但是它所記載的禮典卻早已行之於現實生活中，可以藉以推測西周時期的典禮的大體情況。參楊向奎《宗周社會與禮樂文明》，北京：人民出版社，1992 年，第 293 頁。

〔註 14〕 李春青《詩與意識形態》，北京：北京大學出版社，2005 年，第 55 頁。

史嬗變，二是周代的用樂制度，三是周代的樂教制度。

一、周　禮

　　詩是禮儀文獻，那麼它所依託的禮儀制度有那些呢？人們習慣用「周禮」來指稱周代的禮儀制度。「周禮」一詞本於《左傳》，其義有廣狹之分〔註15〕：狹義的周禮僅僅指周人所確立的禮儀，廣義的周禮則泛指具有周人特色的典章制度。李春青先生認為「周禮」至少包括了三個方面的內容：一是官制，二是禮儀制度，三是道德規範，就是從廣義而言的〔註16〕。本文考察西周詩篇所賴以依存的制度基礎，是就狹義的周禮而言的。

　　首先，從橫向的角度看，周禮包含著豐富的禮儀類型。《禮記·祭統》曰「禮有五經」，是說周人的典禮有五大類，鄭玄曰「謂吉禮、凶禮、賓禮、軍禮、嘉禮也」，也即《周禮》「大宗伯」一職所載的「以吉禮事邦國之鬼神示」、「以凶禮哀邦國之憂」、「以賓禮親邦國」、「以軍禮同邦國」、「以嘉禮親萬民」的五禮。除了「五禮」之說外，《禮記·昏義》有「始於冠，本於昏，重於喪祭，尊於朝聘，和於射饗」的八禮之說，《大戴禮記·本命》則有「冠、昏、喪、祭、朝、聘、賓主、鄉飲酒、軍旅」的九禮之說。但是，不管是五類還是八類、九類，都不足以囊括周禮的眾多禮儀類型，如《周禮》「大宗伯」所載的五類之下，「吉禮之別十有二，凶禮之別五，賓禮之別八，軍禮之別五，嘉禮之別六」，又別成三十六小類〔註17〕，又如《禮記·禮器》有「經禮三百，曲禮三千」、《中庸》亦有「禮儀三百，威儀三千」的說法。禮學家們如此精細的分類足以說明周禮內容的豐富性。

　　不過，儘管周禮具有眾多的禮儀類型，但是儀式過程得以完整保存下來的禮儀卻非常少。除了《儀禮》十七篇所載的士一級的冠禮、婚禮、相見禮、

〔註15〕《左傳》中的「周禮」一詞包含三種不同的含義：一是指以祭祀典禮為代表的禮儀制度，如僖公二十一年「崇明祀，保小寡，周禮也」，昭公七年「今棄周禮，而曰必百牢」；二是指西周王朝的典章文獻，如昭公二年韓宣子所謂「周禮盡在魯矣」；三是泛指西周時期所確立的、具有周人特色的上層建築，如閔公元年仲孫歸所謂「魯不棄周禮」。自春秋以降，人們所用的「周禮」往往指第三種含義，《論語·八佾》「周監於二代，鬱鬱乎文哉，吾從周」，所謂的「周」實即《禮記·中庸》「吾學周禮，今用之，吾從周」的「周禮」，就是泛指周代的整個典章制度而言的。

〔註16〕李春青《詩與意識形態》，北京：北京大學出版社，2005年，第38～39頁。

〔註17〕阮元《十三經注疏·周禮注疏》，上海：上海古籍出版社，1997年，第757頁。

飲酒禮、射禮、喪禮、祭祖禮，大夫一級的燕禮、射禮、食禮、祭祖禮，以及使臣出使的聘禮、諸侯見天子的覲禮之外，其他具有完整儀節的典禮均不復存在。雖然仍有吉光片羽散見於文獻之中，如《尚書・顧命》記載的天子即位典禮、朝禮，《逸周書・世俘解》記載的宗廟獻俘典禮，《小雅・楚茨》記載的祭祖禮，《左傳》記載的冠禮、饗禮等等，周代貴族的大多數典禮尤其是周天子舉行的大典皆已失傳了。如今，考察各種禮典的內容一是要以文獻已有的記載爲依據，一是要「運用尊卑文質的法則」、「推士禮以至天子」，利用好現有十七篇禮文〔註18〕。

《詩三百》本身提供了不少周禮踐行的信息。從詩篇的內容看，涉及的典禮最重要的莫過於祭祀禮儀，其中尤以祭祖典禮爲核心，以祭天禮儀爲輔。其次是農事禮儀，包括藉禮、報祭、嘗新等禮儀。再次是政事禮儀，包括周王即位典禮、朝臣冊命典禮以及諸侯朝覲典禮。第四是燕射禮儀，包括燕飲禮儀、射禮、饗禮等。第五是軍事禮儀，包括狩獵禮儀、治兵儀式、振旅儀式、燕勞儀式等等。此外，還有婚禮、考室等各種禮儀。本文對西周用詩的考察將從這些禮儀類型入手。

其次，從縱向看，「周禮」的發展經歷了一條歷史的「拋物線」。縱觀西周初期至春秋晚期這五百多年，周禮經歷了創立、成熟、由盛轉衰、禮崩樂壞、被遺棄的歷史命運。其中，有幾個標誌性的時期是值得一提的。

一是「周公制周禮」（《左傳》文公十八年）。周王朝建立之後，在禮制方面首先幾乎是全部因襲殷商之禮的，《尚書・洛誥》載周公之言「王肇稱殷禮」、《逸周書・世俘解》載武王之言曰「古朕聞文考修商人典」，都是明證。據劉雨研究，西周前期金文中出現的二十種祭名，有十七種與殷商一致，也可以證明這一點〔註19〕。周公「制周禮」是周禮創立的標誌性事件。周公「制周禮」見於《左傳》、《禮記・明堂位》、《史記・周本紀》，其真實性是不可懷疑的；但是，像古人那樣將「三禮」視爲周公手定也是不符合歷史事實的。據現代學者研究，「三禮」之書晚出於春秋以降，周公「制周禮」只是確立周禮的「總體構想」，建立某些禮制框架而已〔註20〕。當然，周公的「周禮構想」

〔註18〕沈文倬《宗周禮樂文明考論》，杭州：浙江大學出版社，1999年，第102頁。

〔註19〕劉雨《西周金文中的祭祖禮》，《考古學報》，1989年，第4期，第495～522頁。

〔註20〕謝謙《中國古代宗教與禮樂文化》，成都：四川人民出版社，1996年，第90頁。

極大地影響後來禮制的發展，發揮了重要的歷史作用，所以後人將周禮的制作權歸於周公。

二是周穆王時期周禮成熟。周人具備自己的禮制體系，是到了西周中期的穆王朝的時候〔註21〕。從官制上看，西周金文顯示，與《周禮》「六官」相近的官制體系是在西周中期才有的〔註22〕；從青銅禮器看，開始表現出周人風格的鑄造是在穆王時期〔註23〕；另外，冊命制度的固定化、射禮的成熟也大致在西周中期〔註24〕。總之，金文研究的成果顯示，無論在官制、禮器風格還是祭祀、冊命、射禮、喪葬禮儀等方面，「大致從西周中期開始，也就是在穆王以後，西周禮儀的系統化漸趨明顯」。〔註25〕可見，「久負盛名的周公『制禮作樂』，其實經過了一個漫長的歷史過程，至西周中期的穆王時代方始完成。」〔註26〕

三是「厲始革典」與周禮的鬆動。就在西周中期周禮趨於成熟之際，周王室違禮的現象也就開始發生，如穆王「肆其心」而西征犬戎、恭王納密之三女等。在西周晚期的夷厲宣幽時期，隨著周王室權威的下降，周禮實即開始由盛轉衰。尤其是「厲王奔彘」的歷史事件，極大地衝擊了周禮存在的根基。根據《國語》的記載，太子晉將厲王視為周朝由盛向衰的歷史轉捩點「厲始革典，十四王矣，基德十五而始平，基禍十五其不濟乎？」我們認為，厲王時期之所以成為周禮發展的轉捩點，是因為「厲始革典」，即周天子企圖變更傳統的周禮〔註27〕。結果，不但變革沒有成功，反而使王室喪失權力長達十四年，沉重打擊了周禮踐行的合理性依據。此後由宣王至幽王，周禮由鬆動走向崩壞，諷諫詩篇正是在這種背景下「勃而俱作」（鄭玄）。

四是西周滅亡與「禮崩樂壞」。周幽王的荒淫無道，最終導致了身死國亡，也將維繫於王室權威的周禮推入毀滅的深淵。王室東遷之後，「晉、鄭焉依」，

〔註21〕 日本學者小南一郎說「在中國禮制形成的歷史過程中，西周中期可以說是一個特別重要的時點。」轉引自宋鎮豪、郭引強《西周文明論集》，北京：朝華出版社，2003年，第191頁。

〔註22〕 張亞初、劉雨《西周金文官制研究》，北京：中華書局，1986年，第141頁。

〔註23〕 郭寶鈞《商周青銅器群綜合研究》，北京：文物出版社，1981年，第63頁。

〔註24〕 陳漢平《西周冊命制度研究》，北京：學林出版社，1986年，第25頁。劉雨《西周金文中的祭祖禮》，《考古學報》，1989年，第4期，第495～522頁。

〔註25〕 楊志剛《中國禮儀制度研究》，上海：華東師範大學出版社，2001年，第90頁。

〔註26〕 馬銀琴《兩周詩史》，北京：社會科學文獻出版社，2006年，第150頁。

〔註27〕 詳細情形參本文第七章第一節。

此後周王室的權威只有在大國諸侯的力挺之下才有略微的回光返照。在此歷史語境下，掌握強權的諸侯、大夫等開始肆意越過周禮的規則，周禮開始崩壞。春秋貴族採取了僭越、怠慢、貶損、因俗、變故等種種方式破壞周禮，「禮作為全國統一規範的特點也漸漸消失了」〔註28〕。

綜上所述，從西周初期到春秋前中期，周禮經歷一個創立、成熟、由盛轉衰、逐漸崩壞的歷史過程。同樣是在這個歷史時期，周代詩篇經歷了從祭祀詩獨尊到各種典禮詩篇興盛、再到諷諫樂歌、諸侯國「風詩」的興起的歷史嬗變。其間的聯繫是不言自明的，這一點再一次證明了詩為禮儀文獻的說法。

二、用　樂

周人在舉行典禮之時有用樂制度，這是毫無疑問的。上文所引《儀禮》用「正歌」時既有「笙奏」的器樂，也有「工歌」的聲歌，還有器樂、人聲合奏的「合樂」，可見周代的典禮用樂已經具備非常成熟的體制。除了禮書之外，《詩三百》中有不少記載禮儀用樂情形的詩篇，以《周頌・有瞽》為例：

> 有瞽有瞽，在周之庭。設業設虡，崇牙樹羽。應田縣鼓，鞉磬柷圉。
> 既備乃奏，簫管備舉。喤喤厥聲，肅雝和鳴，先祖是聽。我客戾止，
> 永觀厥成。

這裡生動地展現了祭祖典禮中奏樂的情形：樂官的方位、樂器的擺設、器樂的演奏、音樂的效果。如此類的詩，還有《大雅・靈臺》、《行葦》、《小雅・鹿鳴》、《賓之初筵》、《周南・關雎》等等〔註29〕。這些詩篇都是禮儀用樂的實例。

那麼，周人的禮儀用樂是如何進行的呢？也即，是誰在用樂，在哪些場合用樂？用樂有哪些規則？周代有名為「樂」的知識體系，《國語・周語上》有所謂「教之樂，以疏其穢而鎮其浮」，這就是後來《禮記・王制》「四術」之「樂」、《周禮・地官》「大司徒」、「保氏」中所載「六藝」之「樂」的來源。但與詩不同的是，「樂」沒有文本，備於瞽矇等樂官的記憶之中。因此，今天已經無法從「樂」的知識體系來考察用樂制度。但是，由於樂掌於瞽矇等樂

〔註28〕常金倉《周代禮俗研究》，哈爾濱：黑龍江人民出版社，2005年，第203頁。
〔註29〕詩篇記載用樂情況，可參考何定生《從詩經本身看樂歌關係》，林慶彰編《詩經研究論集》，臺北：臺灣學生書局，民國72年，第1～18頁。

官之手，我們可以從《周禮》所載的樂官職事來推測周人的用樂制度〔註30〕。周代的樂官就是《周禮‧春官》所載的「大司樂」系統。從這一系統的職事來看，周人的用樂制度可以從以下兩個層面加以說明：

首先是用樂的主體。「大司樂」的系統所包括的職務除了掌管樂器的「典同」、「典庸器」、「司干」以及作爲輔助人員的「視瞭」之外，其他樂官都是用樂的主體。所謂「凡樂事……」，就是指他們在禮儀中所負責的用樂事宜〔註31〕。綜合來看，可以將用樂的樂官分爲三類人員：一是樂官之長，統領樂事、對樂官發號施令，包括大司樂和大師兩職；二是專門的演奏人員與表演人員，如磬師、鐘師、笙師、鎛師、龠章等職專掌器樂，又如韎師、旄人、龠師等職專掌舞蹈表演；三是既掌器樂又掌聲歌的樂官，如樂師、小師、瞽矇等。可見，禮儀用樂在人員上，由大司樂、大師帶領，以掌器樂人員、掌舞蹈人員、掌聲歌人員三者互相搭配，另外還配備一些輔助人員。從這種人員搭配結構，我們也可以推知周代禮儀用樂的結構：即聲樂與器樂相輔相成，同時還有舞蹈與之搭配。

需要著重指出的是，在「聲歌」方面，樂官所掌的內容除了「四夷之樂與其聲歌」即異族樂歌之外，還掌管周代的韻語文獻、歌詩文獻。「瞽矇」一職曰：

掌播鼗、柷、敔、塤、簫、管、弦、歌。諷誦詩，世奠系，鼓琴瑟。

掌《九德》、《六詩》之歌，以役大師。

所謂「諷誦詩」，鄭司農以爲誦讀諷諫詩篇；所謂「世奠系」，杜子春以爲是「帝系、諸侯卿大夫世本之屬」〔註32〕。可見，這裡的「詩」、「系」都是指掌在瞽矇之口的韻語文獻。「九歌」，《大司樂》以其「於宗廟中奏之」，說明它是祭祖典禮所用的樂歌；「六詩」，《大師》以其爲「風、賦、比、興、雅、頌」，其實是六種傳述詩的方式〔註33〕。可見，「九德」、「六詩」當爲瞽矇所

〔註30〕《周禮》一書曾遭到康有爲等今文學者的強烈置疑。確實，從《周禮》的許多細節與金文記載不合的情況看，此書含有春秋以後之人的文飾，並非周禮的原貌。但是，《周禮》仍然保存著周代禮制的許多眞實的信息，這是不容否認的。參楊向奎《宗周社會與禮樂文明》，北京：人民出版社，1992 年，第285 頁。

〔註31〕孫詒讓曰「『凡樂事』者，通晐下大祭祀、大饗、大射、大獻諸用樂之事。」《周禮正義》，北京：中華書局，1987 年，第 1779 頁。

〔註32〕阮元《十三經注疏‧周禮注疏》，上海：上海古籍出版社，1997 年，第 797 頁。

〔註33〕王小盾《詩六義原始》，《中國早期藝術與宗教》，上海：東方出版中心，1998

掌的樂歌。由此可知，在周代詩是由樂官中的「瞽矇」一職所掌，《儀禮·鄉飲酒禮》的「工四人、二瑟、瑟先、相者二人」，其中的「工」即瞽矇，「相」即視瞭。可見，詩入樂并用於禮儀之中，可以從《周禮》中找到職官依據。

其次是用樂的場合。如「大司樂」參與的「樂事」場合包括「大祭祀」、「大饗」、「大射」、「大食」、「大獻」等禮儀，「大師」參與的禮儀包括「大祭祀」、「大饗」、「大射」、「大師」，「樂師」則參與了「祭祀」、「饗食」、「燕射」、「大獻」等禮儀。綜合可見，周代樂官用樂的禮儀包括了祭祀禮儀、燕饗禮儀、射禮、軍事禮儀等類別，這些禮儀類別基本覆蓋周禮的大部分類別。

綜上所述，從禮書、詩篇所提供的用樂實例，以及《周禮》「大司樂」系統所提供的樂官職事，可以窺見周人用樂制度某些方面的歷史情況。而且，從中可以看出周人用樂與周禮是緊密結合在一起的。

三、樂　教

從《周禮》「大司樂」系統的樂官職事，還可以發現禮儀用詩的另一個制度基礎，即樂教制度。所謂「樂教」，是指以樂器、樂舞、音樂理論等爲主要教授內容的教育制度。正是這一教育制度，培養了用樂、用詩的行禮主體（樂官、貴族），使得禮儀用樂、儀式用詩具備主觀條件。「大司樂」系統所涉及的樂教制度，其實可以根據受教育者的不同析爲兩個不同的系統：一是針對瞽矇的樂教，主要由大師、小師掌管；二是針對「國子」的樂教，主要由大司樂、樂師、大胥、小胥掌管。以下分而論之：

首先是瞽矇之教。上文指出，禮儀用樂是由各種樂官完成的，其中瞽矇是奏樂和聲歌的主體人員。那麼，瞽矇的音樂技術是如何得來的呢？《大師》曰「教六詩」，《小師》曰「掌教鼓鼗、柷、敔、塤、簫、管、弦、歌」，鄭玄曰「教，教瞽矇也」〔註39〕。《瞽矇》曰「掌播鼗、柷、敔、塤、簫、管、弦、歌」，「掌《九德》、《六詩》之歌以役大師」，可以清楚地看出瞽矇奏樂歌詩的技術主要來自於大師、小師的教授。這可能就是大師、小師之所以名「師」的原因吧。由此可以進而推論，瞽矇之「師」恐怕不止大師、小師二職，像掌教擊磬、擊編鐘的「磬師」，掌金奏的「鐘師」，掌教吹奏樂器、教祴樂的「笙師」，掌金奏之鼓的鎛師等，都是瞽矇之師。可見，大師、小師等職官與

年，第 213 頁。

〔註39〕阮元《十三經注疏·周禮注疏》，上海：上海古籍出版社，1997 年，第 795 頁。

瞽矇之間實際上是師徒關係。不過，需要注意的是，大師、小師同時又是瞽矇們的長官，並且也參與到「樂事」中來，與瞽矇一起完成用樂的任務。由此可以看出，瞽矇之教完全是爲了禮儀的需要而設置的，是周代禮儀用樂的產物。

　　其次是國子之教。所謂「國子」，鄭玄注《地官・師氏》「以三德教國子」曰「公卿大夫之子弟」，其實就是指周代各級貴族的青年子弟。我們推測，「國子」之名與「國人」有類似之處，可以肯定的是「國子」必有貴族的身份。關於國子所受的樂教，「大司樂」等職官有明確的記載：

　　以樂德教國子：中、和、祇、庸、孝、友。以樂語教國子：興、道、諷、誦、言、語。以樂舞教國子：舞《雲門》、《大卷》、《大咸》、《大韶》、《大夏》、《大濩》、《大武》。（《大司樂》）

　　掌國學之政，以教國子小舞。……教樂儀，行以《肆夏》，趨以《采薺》，車亦如之，環拜以鐘鼓爲節。（《樂師》）

　　掌學士之版，以待致諸子。春入學，舍采，合舞。秋頒學，合聲。……凡祭祀之用樂者，以鼓徵學士。（《大胥》）

　　掌學士之徵令而比之，觵其不敬者，巡舞列而撻其怠慢者。（《小胥》）

從這些記載看，周代貴族子弟的樂教制度包括以下內容：大司樂、樂師是其教師，大胥、小序則掌管學籍；教學內容是樂儀、樂舞、樂語、樂德。非常有必要探討的是這四項教學內容「樂儀」，即根據樂的節奏來行禮，所謂「行以《肆夏》，趨以《采薺》，環拜以鐘鼓爲節」，就是說貴族子弟通過這項學習學會「儀與樂必相應」的能力（孫詒讓）〔註35〕；「樂舞」，是指與樂配合的舞蹈，舞有大小之分，貴族子弟習舞是爲了在行禮時能夠「合舞」，即「等其進退、使應節奏」（鄭玄）〔註36〕；「樂語」是指在禮儀過程中行禮者按照禮儀儀式的規定對音樂作符合禮儀的闡發，即《國語・周語上》所載晉羊舌肸「語說《昊天有成命》」、《禮記・文王世子》「凡祭祀養老乞言合語之禮」、《樂記》子貢論古樂演奏時「君子於是語」的「語」，即「比於詩樂」的言語應答〔註37〕；「樂德」，當即從禮儀用樂出發的音樂倫理。由此可見，樂儀、樂舞本爲禮儀的構成因素，樂語、樂德則是從禮儀用樂所引發的言語能力和德行

〔註35〕孫詒讓《周禮正義》，北京：中華書局，1987年，第1799頁。

〔註36〕阮元《十三經注疏・周禮注疏》，上海：上海古籍出版社，1997年，第793頁。

〔註37〕孫詒讓《周禮正義》，北京：中華書局，1987年，第1724頁。

修養。因此,貴族子弟所受的樂教,其首要目的仍然是服從於禮儀的需要。也即,國子所受的樂教與瞽矇所受的樂教一樣,都是「服務於儀式音樂的教育專案」,都是服務於典禮儀式的需要〔註38〕。由此可見,周代貴族對禮樂的瞭解、熟悉和掌握就是從樂教開始的,並且最終在禮儀中周旋揖讓、進退有節也大多得益於樂教。

值得補充的是,周代國子所受的教育並非只有樂教,還有「德教」。《周禮·地官·師氏》曰「以三德教國子」、「教三行」,又曰「凡國之貴游子弟學焉」,《保氏》曰「養國子以道」、「教之六藝」、「教之六儀」。由此可見,國子還接受另外一個系統即師氏、保氏的教育。從「三德」、「三行」、「六藝」、「六儀」的內容看,這一系統旨在培養國子的「德行」,即道德修養與實踐能力,所以我們稱之爲「德教」。如果將樂教與德教作對比,可以發現,樂教服務於禮儀,德教則服務政事,二者在所掌職官、教學內容、應用目的方面有著巨大差異〔註39〕。

綜上所述,周代的樂教制度不僅培養了禮儀用樂的專職人員,也培養了貴族子弟對樂儀、樂舞的認知和掌握能力,培養了他們在禮樂的場景中談論詩樂的能力。樂教對周代禮樂文化的影響是難以估量的,禮儀中的用樂、詩篇的歌唱,乃至於後來西周晚期公卿列士的獻詩諷諫、春秋時期的賦詩言志,都與此息息相關。

第三節　周代用詩的歷史演變

通過以上論述,我們得出一個結論:周代詩篇是禮儀文獻,是建立在禮儀制度基礎之上的文本形式。由此可以斷言,詩在周代是一個個針對禮儀的應用性文本。正是基於這一點,本文提出了「用詩」的概念。所謂「用詩」,就是突出周代詩篇的本質屬性——不是詩人言志抒情的主觀產物,而是禮儀應用的客觀需要的產物。換言之,「用詩」是用以描述在周代的文化語境中詩如何產生、應用、發生影響的特定概念。縱觀周代詩歌五百多年的發展軌迹,

---

〔註38〕 王小盾《詩六義原始》,《中國早期藝術與宗教》,上海:東方出版中心,1998年,第260頁。

〔註39〕 王小盾在樂教與德教之間析出一個「樂語之教」,我們認爲,「樂語之教」本身即是樂教的應有內容,沒有必要多此一舉。王小盾《詩六義原始》,《中國早期藝術與宗教》,上海:東方出版中心,1998年,第248～273頁。

「用詩」的發展表現在以下幾個重要階段：

一、周公制周禮與禮儀用詩的興起

　　周代用詩的第一個階段是禮儀用詩，主要指祭禮用詩。上文已經指出，西周王朝建立之初，周人在禮制上「肇稱殷禮」，周禮尚未產生。只有到了周公「制禮作樂」之時，周禮才初具規模。吾師過常寶曰「『制禮作樂』的意義首先在於使祭祀禮儀制度化」，「使宗教禮俗具有現實意義，符合現實、制約現實，為現實生活提供來自巫史傳統的終極依據」〔註40〕。周公所制之「周禮」的具體內容有待於考實〔註41〕，但是，周公由於「多材多藝，能事鬼神」（《尚書·金縢》），又擁有文王所傳的「大寶龜」（《大誥》），其具有特出的宗教才能是肯定的。而且，周公所營建、所居留的東都洛邑即《何尊》之「宅茲中國」、《逸周書·度邑解》之「無遠天室」之地，實即周人的神都。在這個地方，彙集了「庶殷」，而「庶殷」正是當時秉持殷禮、持有殷商「典刑」之人。總之，從種種迹象看，周公是周王室的宗教領袖，他創制周禮，祭祀禮儀必定受到重視〔註42〕。

　　本文認為，就在周公創制周禮的背景下，詩篇開始產生於祭壇之上。如《周頌》的《時邁》、《武》、《賚》、《般》等詩。這些詩篇或為祭天樂歌，或為祭祖樂歌，由此可知，周代最初的禮儀用詩產生於祭祀禮儀之中。而且，舊說一直將這些詩篇的創作權歸於周公，這或多或少透露了一些歷史信息，即由於周公對祭祀禮儀作出了變革，從而導致了這些詩篇的誕生。此外，周公在洛邑掌管「庶殷」，接觸了殷商的神職人員，這其中就包括了掌樂的人員。「殷周文化在這種祭祀禮儀中接觸、融合，不久，建立了周代的文化。」〔註43〕我們認為，《周禮》「大司樂」系統的樂官可能就是在此時萌芽的。

〔註40〕　過常寶《原史文化及文獻研究》，北京：北京大學出版社，2008 年，第 64 頁。

〔註41〕　楊志剛認為，周公制周禮可能包含三個內容：一是推行分封制，二是提倡「德」的觀念，三是提出「禮」的概念。參《中國禮儀制度研究》，上海：華東師範大學出版社，2001 年，第 77 頁。

〔註42〕　吾師過常寶認為，周公在攝政其間是周人的聖王，執掌宗教權力，而制禮作樂主要內容就是祭祀儀式。《原史文化及文獻研究》，北京：北京大學出版社，2008 年，第 63 頁。

〔註43〕　白川靜《西周史略》，袁林譯，西安：三秦出版社，1992 年，第 51 頁。

二、穆王時期周禮的成熟與禮儀用詩的高潮

上文指出，從金文官制、禮器、禮儀的發展來看，周禮在西周中期的穆王前後臻於成熟。在古人眼中，西周的昭王、穆王、恭王、懿王、孝王、夷王時期是沒有詩篇的。據今人研究，這一時期實際上產生了大量詩篇，如《周頌》、「正雅」中的許多篇章都產生於此時〔註44〕。考察這一時期的詩篇，可以發現不僅祭祀詩篇朝著系統化的方向發展（以祭文王爲核心上下延伸），而且新的禮儀用詩出現，如農事禮儀用詩、燕享用詩、射禮用詩等等〔註45〕。由此可見，隨著周禮的趨於成熟，禮儀用詩進入它的興盛時代。禮儀是詩篇賴以存在的基礎，正是周禮的系統化和廣泛作用，推動了詩篇的高漲。

上文引張亞初、劉雨關於金文官制研究的成果指出，西周中期金文顯示的官制已經大體接近《周禮》「六官」的體系。周代官制到了西周中期趨於成熟的歷史迹象，意味著樂官系統很有可能也在此時初具規模。樂官體制的逐步建立，樂教自然就隨之產生，這就爲禮儀用詩走向制度化創設了條件。西周中期詩篇的高漲其實就是禮儀用詩制度化的外在體現。

三、厲始革典與諷諫用詩的興起

周厲王的「革典」企圖變更周禮，最終的失敗將周王室的命運推入了無可挽回的境地。國人暴動、居王於彘，周王室被架空權力長達十四年，權威蕩然無存。周禮也就隨之失去了合理性根據。政治的敗壞、諷諫的傳統、獻詩的制度、樂教所造就的修養，這一系列因素導致「以詩諷諫」熱潮的陡然興起。

考察西周晚期的詩篇，最突出的現象就是諷諫怨刺之詩在厲王時期興起，並經宣王、幽王兩世達到了一個高潮。同時，典禮用詩逐步衰弱，其主流地位被諷諫詩篇取而代之。在歌詩諷諫中，詩篇的內容從典禮頌贊一變成爲卿大夫傾訴的不滿、憂慮和哀怨，周代貴族的表達欲望在此時得到了前所

〔註44〕 唐蘭先生曾據金文資料指出《周頌》中的《載芟》、《良耜》二篇產生於西周中期。吾師李山先生指出，包括《大雅》的《文王》、《大明》與《周頌》的《天作》等篇在內的祭祀詩其實都是西周中期大祭祖先的作品。唐蘭《唐蘭先生金文論集》，北京：紫禁城出版社，1995年，第212頁；李山《詩經的文化精神》，北京：東方出版社，1997年，第163頁。

〔註45〕 馬銀琴認爲，周穆王時期詩文本經歷了一次編輯，燕享樂歌就在此時被納入詩集之中。參馬銀琴《兩周詩史》，北京：社會科學文獻出版社，2006年，第185頁。

未有的釋放。與貴族的主體地位空前突出形成反差的是，樂官的地位卻有所下降，因爲諷諫詩篇入於無算樂，是在典禮的結束階段根據賓客的意願而演奏的，因而更多是爲了娛賓而奏；在這種情形下，樂官有淪爲娛樂伶人的迹象，自然與前期作爲神聖的助禮人員的地位相去甚遠。

四、禮崩樂壞與「風詩」的興起

在周王室搖搖欲墜之時，周代貴族卿大夫的言說還有進入詩篇的歷史條件。自從西周滅亡、王室倉惶東遷之後，隨著王室權威的喪失殆盡，用於諷諫君上的「變雅」詩篇也失去了存在的歷史條件。春秋時期開始了，歷史的舞臺上活躍的是大國諸侯，叠興的霸權顯示了諸侯國之間的起起落落。從周平王時期「二南」之詩興起之後，一百多年間「王詩」、「衛詩」、「鄭詩」、「齊詩」等諸侯國的風詩相繼產生〔註46〕。

「變詩」的產生與采詩制度密切相關。《孔子詩論》言「邦風」爲「觀人俗焉，大斂材焉」，證明了《禮記·王制》、《漢書·食貨志》所說的采詩之制是確實存在的〔註47〕。採詩的人不管是賤民（何休）、行人（《漢書》），還是史官（鄭玄），總之，採到的民間歌謠要彙集到以「大師」爲代表的樂官手裏，經過音樂加工，最終成爲可以用諸禮儀的樂歌。在這個過程中，諸侯國的樂官可能發揮了某些作用。「風詩」或用於房中禮儀，或用於燕享無算樂的儀節，其娛樂功能也變得更加突出〔註48〕，詩的禮儀性質悄悄發生質的變化。此外，在這個時期，《詩》文集逐漸形成，這爲樂教向詩教轉變創造了條件。

五、樂教傳統與春秋賦詩

「賦詩」是春秋特有的文化現象，是指卿大夫或使臣在外交場合中以歌詩的方式表達意思的一種交際方式。顧頡剛先生認爲賦詩就是點一首詩讓樂工唱，通過所唱之詩表達自己的意思〔註49〕；當然，這種表意形式採取的是

〔註46〕關於風詩的時代的考證，可參馬銀琴《兩周詩史》，北京：社會科學文獻出版社，2006年，第323頁。

〔註47〕李山《舉賤民而蹠之》，《人民政協·文化副刊》，2003年4月。

〔註48〕李春青先生曰「采詩的另外一種更加重要的原因則是王室和貴族們娛樂的需要」。參李春青《詩的意識形態》，北京：北京大學出版社，2005年，第107頁。

〔註49〕顧頡剛《論詩經所錄全爲樂歌》，《古史辨》第三冊下編，北平：樸社出版，民國24年，第328頁。

「斷章取義」的原則，不必考慮詩篇的本義。《左傳》、《國語》中記載了大量的「賦詩」實例，成爲春秋貴族卿大夫「文雅風流」的歷史見證〔註50〕。

「賦詩」這種交際方式是如何形成的呢？一方面，卿大夫之所以會選擇詩這種文本，是因爲詩是禮儀文獻，是具有啓示性的神聖言辭〔註51〕；另一方面，更重要的是，經過樂教傳統的積澱，詩已經成爲貴族之間公認的、恰當有效的言說方式。其實，賦詩在春秋時期的興起，乃是樂教傳統與西周無算樂用詩方式相結合的歷史產物。在「歌詩必類」（《左傳》襄公十六年）的賦詩形式中，我們多少看到了西周禮儀用詩的歷史倒影。

六、用詩的終結：從貴族引詩到士人論詩

周代的詩是禮儀文獻。當「禮崩樂壞」之時，禮儀用詩就失去了存在的合理性依據；當樂教也隨之失去時，賦詩也將退出歷史舞臺。用詩終結的歷史，就是詩篇一步步脫離禮儀、進入言語之中的歷史。這其中經過了三個階段：

一是樂語語詩。根據《周禮》的記載，樂語是大司樂教授國子的一個課程。它是指以合乎禮儀規定的方式解說詩樂，往往在禮儀結束之後進行。《國語‧周語上》記載晉羊舌肸聘於魯，單靖公享之，「語說《昊天有成命》」，就是享禮之後以樂語說詩的例子；《禮記‧樂記》子貢論古樂演奏完畢之後、「君子於是語」，就是奏樂之後以樂語論樂的例子。由此可見，樂語發生於禮儀之中，本身即是禮儀的一個儀節。因而，周代的貴族一開始不過是在禮儀中按照某種規定性論說詩樂，儘管這個儀節開了以言語論詩樂的先河。

二是貴族引詩。最早的引詩始於《國語‧周語上》所記載的穆王時期祭公謀父對《周頌‧時邁》的稱引，之後常見於先秦各種典籍。從禮樂制度演變的情況看，首先，貴族言語引詩是從貴族的「樂語」形式發展而來的。本來，貴族言詩是在禮儀的規定中進行的；後來，這種話語方式擺脫了禮儀的束縛，因爲詩作爲禮儀文獻所具有的權威性已經足以增加言語的分量。其次，

〔註50〕 錢穆先生云「春秋外交上的文雅風流，更足表現出當時一般貴族文化上之修養與瞭解。」參《國史大綱》，北京：商務印書館，1996年，第71頁。

〔註51〕 吾師過常寶認爲，賦詩要符合「類」的標準，即要契合天人之間的某種對應關係。詩本身即爲事神的禮儀文獻，因而符合這一要求。參《原史文化及文獻研究》，北京：北京大學出版社，2008年，第79頁。

貴族言語引詩還建立在詩教逐漸從樂教中獨立出來的基礎上〔註 52〕。因爲樂教使貴族瞭解樂舞，新興的詩教使貴族熟知詩篇，這就爲了引詩奠定了基礎。

三是士人論詩。從春秋貴族引詩到諸子文獻中的士人論詩，表面上看似乎沒有什麼不同。其實，這中間仍然有著不小的差異。在貴族眼中，所稱引的詩篇來自於樂教，是曾經或當下的禮儀文獻；在士人那裡，詩只是一個文本形式，再也不具有任何制度內容。這是因爲，春秋以降，不僅僅禮樂崩壞，而且樂教、德教也不復存在，取而代之的是詩教，即以結集的《詩》爲課本、以民間士人爲對象的教學。對於戰國士人而言，詩只是歷史文獻、教學課本而已。

綜上所述，在詩從禮樂進入言語的過程中，在樂語的言說方式向引詩的言說方式過渡的過程中，在樂教向詩教轉變的過程中，周代用詩走向終結。但是，從禮儀用詩、諷諫用詩到外交賦詩，周代用詩經歷了五百多年的歷史演變。在這一過程中，詩始終沒有脫離禮儀這個意義場域。這就是本文將詩視爲禮儀文獻、以「用詩」的概念描述周代詩篇的根本原因。

第四節　「西周用詩考」解題

本書名爲「西周用詩考」。「西周用詩」是截取周代用詩的一個階段，即西周時期的用詩作爲研究對象。如上所述，這裡的「用詩」是從服務於禮儀的實用性出發，指那些成於貴族之手（包括素材採自民間、最終成於樂官）的詩，而不包括民間風謠；具體而言，就是以「雅頌」中所保留的西周詩篇爲主要研究對象〔註 53〕。「考」是指本書的研究方法主要是文獻考證。所謂「西周用詩考」，就是綜合各種文獻考證西周詩篇所用的禮儀，還原每一個詩篇產生的具體語境。

〔註 52〕 周人的教育本來並無詩教，只有樂教、德教，因爲學樂、學禮本身就已包含學詩在內了，所以《周禮》的師氏、保氏、大司樂、樂師等的教學內容均不涉及《詩》。但是，由於詩作爲禮儀文獻的重要性，隨著《詩》文本的結集，詩也逐漸作爲一個教學科目而服務於德教，如《國語・楚語上》「教之詩，而爲之導廣顯德，以耀明其志」，《禮記》「樂正崇四術，立四教，順先王《詩》、《書》、《禮》、《樂》以造士」。這一點可參王小盾《詩六義原始》，《中國早期藝術與宗教》，上海：東方出版中心，1998 年，第 264 頁。

〔註 53〕 本文沒有涉及《商頌》、《魯頌》，後者不是西周時期的作品，這是沒有疑問的。關於前者，有作於商朝、西周中期、春秋僖公時期三個說法，爭議歧出，本文暫置而不論。

一、本書的研究視角——詩的本義

「用詩」這一概念囊括了周代詩篇的產生方式和各種用途。其實，周代用詩的各個階段可以析出兩個類型：一是本義意義上的使用，二是產生之後的移用。這是因為，周人對詩篇的使用並非僅限於最初使用的那個禮儀場景，而是會多次應用。如《清廟》本義為祭祖的序曲，表現諸侯助祭的情形，後來用於大嘗禘的「升歌」歌詞；如《鹿鳴》本為燕嘉賓的樂歌，後來被用於鄉飲酒禮、諸侯見使臣等的樂歌；諸如此類的詩還有很多。

詩在周代經歷一個複雜的應用過程：最初的時候，是為了某個典禮而產生的；產生之後，又移用於另外的典禮之中；最後，詩篇被編輯成冊之後，還會再一次應用於其他場合。清人魏源曰「夫詩有作詩者之心，而又有采詩、編詩者之心焉；有說詩者之義，而又有賦詩、引詩之義焉」，指出了詩在不同的場合有不同的意義〔註 54〕。所謂「作詩者之心」就是詩篇的本義，而其他的意義，不管是用於典禮的還是用於說詩，都是移用引申之義。本文對西周詩篇的考證，都是從詩篇本義出發，力圖還原詩篇最初使用的那個禮儀場景。

二、本書的研究內容：從禮儀用詩到諷諫用詩

顧頡剛先生說「詩用在典禮與諷諫上，是它本身固有的應用。」〔註 55〕《詩經・雅頌》中保留的西周詩篇，從總體上看正好經歷了這兩個用詩階段：一是禮儀用詩，二是諷諫用詩。禮儀用詩經歷了一個漫長的發展歷程，從周初一直持續到宣王時代；隨著周禮的創制、成熟、轉衰、崩壞，禮儀用詩也經歷了從興起、繁榮到衰弱的過程。對禮儀用詩的考證，本文沒有採用時間線索，這是因為詩篇的斷代本身仍然不夠具體；而禮儀用詩的根本意義還在於禮儀，所以本文採用的類別分析的方法，將兩百年的禮儀用詩按照祭祀禮儀、農事禮儀、政事禮儀、燕射禮儀、軍事禮儀等類加以考述〔註 56〕。諷諫用詩的時間則較為集中，主要產生於厲王、宣王、幽王、兩周之際的六七十年之間，因此，本書採用集中分析的方法考察其用詩機制。

〔註 54〕魏源《詩古微》，《魏源全集》，長沙：嶽麓書社，1989 年，第 54 頁。
〔註 55〕顧頡剛《詩經在春秋戰國間的地位》，《古史辨》第三冊，北平：樸社出版，
民國 24 年，第 322 頁。
〔註 56〕周禮的分類方法很多，有「三禮」、「五禮」、「六禮」、「八禮」、「九禮」等說。
本文的分別，是緊扣「雅頌」詩篇內容而作出的分類。如果將《國風》也納
入其中，那將增加不少類別等。

三、前人的研究成果

　　《詩經》學史浩淼深遠，前人的研究成果為本文考察西周詩篇的禮儀背景提供了取之不盡的資源。漢人之舊說、宋人之新解、清人之考據、近人之科學，為我們理解詩義奠定了基礎。然而值得一提的是現代學者的一些著作：孫作雲《詩經與周代社會研究》、王宗石《詩經分類詮釋》打破了傳統《詩經》學對西周詩歌發展的基本說法，開始從西周文化語境來認識詩篇。李山先生《詩經的文化精神》、馬銀琴《兩周詩史》打破了對西周詩篇年代的主流看法，勾勒了西周前期、中期、晚期、兩周交替四期的詩歌發展格局，這對於認識西周詩篇的積極作用是不可估量的。顧頡剛《詩經在春秋戰國間的地位》、《論詩經所錄全為樂歌》、王小盾《詩六義原始》揭示了詩在周代的文化角色、歷史演變，非常有助於認識西周詩篇的性質、功能。葉舒憲《詩經的文化闡釋》、李春青《詩與意識形態》、韓高年《禮俗儀式與先秦詩歌演變》、張樹國《宗教倫理與中國上古祭歌形態研究》四部著作分別從詩篇源起、意識形態、禮俗、宗教四個角度專題或者涉及了對西周詩篇的產生、功能、性質等方面的研究，本人深受啟發。本人若有所創獲的話，都是有賴於上述前輩學人的開山引路。

　　另外，在禮制研究方面，楊寬《古史新探》、沈文倬《宗周禮樂文明考論》、楊向奎《宗周社會與禮樂文明》、陳戌國《先秦禮制史》、詹鄞鑫《神靈與祭祀》、楊志剛《中國禮儀制度研究》、過常寶先生《原史文化及文獻研究》等著作也為本人提供很多有益的啟示。

第二章　祭祀禮儀用詩

引　言

　　周代的典禮制度中最重要的莫過於祭祀禮儀了。祭祀是一種事神行爲，即「用禮物向神靈祈禱或致敬」的宗教活動〔註1〕。它淵源甚古，自從有了神靈的觀念，祭祀行爲就隨之產生。根據考古發現，我國最早的宗教祭祀活動可以追溯到新石器時代的仰韶文化〔註2〕。在漫長的原始社會，祭祀始終佔據當時精神世界的核心位置，李山先生說「在古代國家政權形成之前，神事活動實在有著引導群倫生活的作用」〔註3〕。即使進入文明社會之後，祭祀活動在很長的歷史時期內仍然是社會生活與精神觀念的核心。

　　比如說在有文獻可徵的商代，從記載占卜活動的甲骨文可知商人事無鉅細決於「鬼神」，當時祭祀之繁複是無以復加的〔註4〕；他們無事不卜，無日不卜，祭祀就是生活的首要內容。《禮記・表記》曰「殷人尊神，率民以事神，先鬼而後禮」，就是說事神是商人的頭等大事。陳戍國說「中國歷史上沒有哪個朝代像殷商的人們那樣『尊神』、『先鬼』，十幾萬片甲骨刻辭足以作證。」〔註5〕

〔註1〕　詹鄞鑫《神靈與祭祀》，南京：江蘇古籍出版社，2000年，第172頁。
〔註2〕　張光直《中國遠古時代儀式生活的若干資料》,《中國古代考古學論集》，北京：
　　　　生活・讀書・新知三聯書店，1999年，第116頁。
〔註3〕　李山《先秦文化史》，北京：中華書局，2008年，第7頁。
〔註4〕　最能說明這一點的就是作爲祭祖禮的「周祭」。參常玉芝《商代周祭研究》，
　　　　北京：中國社會科學出版社，1987年。
〔註5〕　陳戍國《中國禮制史》（先秦卷），長沙：湖南教育出版社，1991年，第156頁。

其實，祭祀同樣也是西周王朝的頭等大事。《左傳》文公三年曰「祀，國之大事也。」《禮記‧祭統》「治人之道，莫先於禮，禮有五經，莫重於祭。」周人鑒於殷亡的教訓，雖然悟出了「天難忱斯」（《大雅‧大明》）的道理而「事鬼敬神而遠之」（《表記》），但是只是改變了祭祀的「性格」，並沒有改變祭祀在其社會生活和精神世界中的重要性。對於周人而言，祭祀活動仍然是政治結構、社會規則乃至於精神導向的首要載體。如果說甲骨文是商人「以祭爲先」的證據的話，那麼保存在《詩經》中的《周頌》、《大雅》的祭祀詩就是周人「莫重於祭」的證據。

「禮有五經，莫重於祭」，由於祭祀的重要性，祭祀禮儀也就成爲周人禮制中最重要的典禮。本文考察禮儀用詩，自然就從祭祀用詩開始。「雅頌」中保留著不少祭祀禮儀用詩，我們根據祭祀對象的不同將其分爲祭天禮儀與祭祖禮儀兩類分別探討。實際上，祭祀禮儀的對象遠遠不止天、祖神這兩種，還包括山川河嶽之神、四方之神、社神以及門、竈等一些小神等等。但是，對於周人的精神世界而言，祖神與天神無疑是最重要的，「雅頌」中的祭禮用詩幾乎全部是用於祭天或祭祖的，其中尤其是祭祖典禮更是重中之重。

第一節　祭天禮儀用詩

引　言

天在原始人類的眼中是最重要的神靈之一，天神崇拜很早就開始了，但是，最初人類崇拜的天神只是自然神的一種。天逐漸被抽象化成爲一種超自然的人格神而形成「帝」的崇拜已經是後來的事了。天從作爲自然崇拜的對象到獨立的人格神，「是原始自發宗教向早期人爲宗教過渡的分水嶺，也是社會形態變革和人間關係在宗教領域的反映」，並且「與王權的建立和強化相對應」（註6）。可見，天作爲超自然的人格神崇拜，是國家和權力產生以後才形成的；古人的天神崇拜並非冥想式的憑空存在，而是客觀化、程序化爲對天的祭祀儀式，這就是祭天禮儀。自從有了天神崇拜，祭天的禮儀實踐就開始了，原始社會也必然施行過祭天儀禮。

然而，有文獻可徵的祭天活動始於商代。《墨子‧明鬼》引《湯誥》曰

〔註6〕　宋鎮豪《夏商社會生活史》，北京：中國社會科學出版社，1994 年，第 453 頁。

「惟小子履，敢用玄牡，告於上天后」，這分明是對商湯祭天的直接記載。如果這一記載因係周人追記而不夠確實的話，那麼，甲骨卜辭中關於商人對「帝」（包括商王）的祭祀活動記載就不可懷疑，如「癸丑卜，爭貞，我宅茲邑，大賓，帝若，三月；癸丑，爭貞，帝弗若，二告，二告，二告」（《合集》14206），其中「二告」即「告於帝」，屬於祭天行爲。另外，那些記載求雨的卜辭如「帝令雨」（《合集》14295），記載祈年的卜辭如「帝於南方曰微風」（同上）等等，這些占卜活動亦應當與祭祀帝的禮儀行爲緊密聯繫。徐中舒先生談及商代天神崇拜時曾概括了殷人天神的八種權能：令雨、授年、降旱、缶（保祐）王、授祐、降若降不若、降禍、降釐（災）〔註 7〕，陳夢家更將其概括爲十六項〔註 8〕，可見殷人有求於天帝的地方很多，這些占卜活動必然與相應的祭天儀式相關。

天作爲超自然神靈的觀念，在商周之際又有所差別。商代的「天帝」雖然統治著人世和自然，具有較大的權威，但是它還沒有完全超越於眾神之上，常常與商人的祖先神不分伯仲，如他們以「帝禮」祭祖先，祖先又稱帝等〔註 9〕；而周代的「天」或「帝」則完全是最高神，居於包括祖先神在內的眾神之上，具有至高無上的權威。並且，與此相聯繫的是周人和商人對鬼神的觀念也迥異。商人「先鬼而後禮」，迷信鬼神，他們的作法是事無鉅細均決於鬼神，而且相信一旦獲得天命便永世不易，如商紂以爲「我生不有命在天」（《尚書·商書·西伯戡黎》）；周人則「事鬼敬神」，他們一方面崇信天帝的權威，另一方面卻深知「帝命不時」「天難忱斯」，「天聽自我民聽，天視自我民視」，從而能「敬天保民」。這種觀念上的差異也反映到對天的祭祀行爲中。根據卜辭，商人祭天極其頻繁和瑣碎〔註 10〕；周人則「尊禮尚施」，減少了祭祀頻率，轉而以尚德保民表達「敬天」之意。周人在天道觀念上對商人的發展，在西周的祭天詩篇中體現得很明顯。

周人祭天，據說從后稷已經開始。《大雅·生民》「卬盛于豆，于豆于登。

〔註 7〕 胡厚宣《殷代之天神崇拜》，《甲骨學商史論叢初編》，濟南：齊魯大學國學研究所，1944 年，第 281 頁。
〔註 8〕 陳夢家《殷虛卜辭綜述》，北京：科學出版社，1956 年，第 562～571 頁。
〔註 9〕 胡厚宣《殷代之天神崇拜》，《甲骨學商史論叢初編》，濟南：齊魯大學國學研究所，1944 年，第 296 頁。
〔註10〕 陳戍國《先秦禮制史》（先秦卷），長沙：湖南教育出版社，1991 年，第 131～134 頁。

其香始升，上帝居歆。胡臭亶時，后稷肇祀。庶無罪悔，以迄于今。」在《生民》篇寫定時代的人們眼中，早在始祖后稷的時候就開始了祭祀「上帝」的禮儀活動，並且「以迄於今」，可見祭天一直是周人延續不斷的宗教行為。周原出土的甲骨以及西周的銅器也都留下了周人祭天的文獻證據，如「川告於天，畝無咎」（H11：96）、「王祀於天室」（《大豐簋》）。至於傳世文獻中關於周人祭天活動的記載那就更多了，《尚書·召誥》「用牲於郊」、《逸周書·世俘解》「告天宗上帝」就是其中的典例。當然，最能反映周人祭天的事實和觀念的還是保留在《詩經》中的周代詩篇。

「雅頌」中明確涉及祭天的詩篇有《時邁》、《般》、《棫樸》、《旱麓》、《雲漢》五篇。從禮儀的角度看，這些詩篇所反映的祭天禮具有三種不同的歷史背景：《時邁》、《般》是周人初得天下、宣佈受命時的祭天，《棫樸》、《旱麓》是周王出征而在旱山舉行的祭天，《雲漢》則為周王禳旱雩祭的祭天。儘管如此，從形制上看它們都與祭天禮中的告天歌詞密切相關，下文分而析之。

一、受命祭天

先周的祀天活動載在周原甲骨，《詩經·周頌》則載錄了可能是入周後最早的祭天典禮，即克商剛剛勝利後告祭於天地山川河嶽等「百神」的禮儀。這反映在《詩經》中的兩首詩，即《時邁》和《般》：

> 時邁其邦，昊天其子之，實右序有周。薄言震之，莫不震疊。懷柔百神，及河喬嶽。允王維后！（《時邁》）

> 於皇時周，陟其高山。墮山喬嶽，允猶翕河。敷天之下，裒時之對，時周之命。（《般》）

這兩首詩具有明顯的相似性：二者均提到「嶽」與「河」，提到了「周」，作為獻神的樂歌，二者似乎都是面對高山和大河而發，其祭祀對象似乎都包括名山大川；不僅如此，從詩篇的語詞看，「喬嶽」一詞相同，作為形容詞的「允」和作為指事代詞的「時」也相同；同時，據《白虎通》所引詩「於皇時周」作「於皇明周」，而馬瑞辰等都以為「於皇明周」義同於「明昭有周」〔註11〕，表明此二詩對「周」的尊稱是相同的，這些信息不得不令人倍加注意。此外，從詩篇的主題來說，二詩都是圍繞一個核心主題，《時邁》「明昭有周，式序

〔註11〕馬瑞辰《毛詩傳箋通釋·時邁》，北京：中華書局，1989 年，第 1054～1058頁。

在位」，《般》云「敷天之下，裒時之對，時周之命」，都旨在宣告周家甫獲天命。以上所列的種種迹象表明一點，《般》與《時邁》應爲同時之作，具有同樣的歷史語境。

本文認爲，《時邁》和《般》相似性的根源在於禮儀背景的相同，它們都是告祭上天和山川河嶽、宣佈周家受命的典禮所用的樂歌；並且，這個祭典是針對剛剛勝利的伐商行動而言的，跟武王在東都的活動有關。我們可以從詩篇考證獲得這一結論：

1、《時邁》作於克商之後的受命告祭之典

《周頌・時邁》到底因何而作，歷代學者往往將其與古代君王巡狩祭天或祭山川河嶽相聯繫。《毛詩序》首先指出《時邁》乃「巡狩告祭柴望」之詩〔註12〕，「柴」即祭天，「望」即祭山川河嶽，可見《序》以《時邁》乃周王巡狩時祭天和山川所用之樂歌。這個看法爲古今許多學者所遵從，朱熹「此巡狩而朝會祭告之樂歌」、魏源「巡狩東都祭告河嶽」等等變通的說法亦皆本此〔註13〕，甚至時至今日，它仍是學者的主流看法。

其實，此說是經不起推敲的。首先，值得懷疑的是《時邁》與「巡狩」的關係，這與我們從文獻和出土資料中獲得的歷史訊息是不符合的。巡狩制度也許淵源甚古，但是武王生前卻不可能有巡狩之事。何爲「巡狩」？《白虎通・巡狩篇》曰：

> 王者所以巡狩者何？巡者，循也。狩，牧也。爲天下巡行守牧民也。
> 道德太平，恐遠近不同化，幽隱有不得所者，故必親自行之，謹敬
> 重民之至也。考禮義，正法度，同律曆，叶時月，皆爲民也。〔註14〕

可見，巡狩的基本歷史語境即使不必如《白虎通》所說的「太平」之時，也應當是革命成功、局勢穩定之時，然而武王克商之時遠非局勢穩定之時。《逸周書・度邑》和《史記・周本紀》都記載武王克商之後「夜不能寢」〔註15〕，憂慮如何穩定周家的天下，就是明證。出土的西周銘文當中，成王時期的《塱

〔註12〕李學勤《十三經注疏・毛詩正義》，北京：北京大學出版社，1999 年，第 1302 ～1307 頁。

〔註13〕朱熹《詩集傳・時邁》，南京：鳳凰出版社 2007 年，264 頁。魏源《魏源全集・詩古微》，長沙：嶽麓書社，1989 年，第 704 頁。

〔註14〕陳立《白虎通疏證》，北京：中華書局，1994 念，第 289 頁。

〔註15〕黃懷信等《逸周書》〔M〕上海：上海古籍出版社，1995，第 467 頁。司馬遷《史記》，北京：中華書局，1959 年，第 128～129 頁。

方鼎》、《禽鼎》、《大保簋》、《沬司徒逘鼎》等屢屢記載周王、周公、大保等征伐東夷或東國〔註 16〕，也證明了至少在武王和成王初期周王隆重巡狩天下的可能性很小。因而，《時邁》作於巡狩天下的柴望之禮的觀點無法成立。

有些學者早已注意到這一點。李山先生認為此詩乃武王滅商之後於成師大祭所用的樂歌，開掘了詩篇背後所隱藏的周人獲得政權、「從先王所居」的古老傳統〔註 17〕。的確，《左傳》宣公十二年云「昔武王克商，作《頌》曰『載戢干戈』」，表明春秋時人們認為《時邁》作於武王時期。更重要的是，詩篇本身的內容——正如楚莊王所闡釋的那樣——表明了它最可能作於武王克商之際。「明昭有周，式序在位。載戢干戈，載櫜弓矢。」這兩句表明詩篇之作與那場使周人奪取政權、贏得天下的戰爭（克商）的勝利相距不久，所以才說「載戢干戈，載櫜弓矢」。根據《禮記·樂記》所載的「建櫜」，正與此「載戢干戈，載櫜弓矢」相合，也是在武王剛剛克商之後。另外，詩篇告萬邦以及百神、河嶽的口吻也與革命成功之後的勝利宣言十分吻合，「我求懿德，肆于時夏。允王保之」的施政宣言自然也很合適在這裡提出。因而，李山先生認為此詩為「武王滅商，於東都之地大祭上天」時所作的樂歌〔註 18〕。這個觀點是非常正確的，但是所謂「東都之地」過於寬泛，「大祭上天」亦未能指明為何詩中出現「百神」、「河嶽」、「允王」等對象，詩篇所用祭典到底為何，仍有疑點存在。竊以為，此詩重點不在「祭天」而在於宣佈周家受命，「昊天」當然是周人祭告的對象之一，但從詩篇內容看，周王所要祭告的遠不止上天，還包括「百神」，旨在表現「有天下者祭百神」（《禮記·祭法》）的王者之風。

這一點我們可以從考察詩篇的祭祀對象得知。詩中提到了「昊天」「實右序有周」，提到了「懷柔百神，及河喬嶽」，自然使人聯想到其祭祀對象為「昊天」、「河嶽」。《尚書·堯典》云「歲二月，東巡守，至於岱宗。柴，望秩於山川，肆覲東后」，指出了巡狩祭祀上帝、山嶽的禮制，古人正是因此推測《時邁》為巡狩告祭柴望的樂歌的。結論雖然是錯誤的，但是以「昊天」、「河」、「喬嶽」為《時邁》的祭祀對象是沒有問題的。

〔註 16〕馬承源《商周青銅器銘文選》第三冊，北京：文物出版社，1988 年，第 17、18、19、24 頁。
〔註 17〕李山《詩經文學史》文稿，未出版。
〔註 18〕李山《詩經析讀》，海口：南海出版社公司，2003 年，第 433 頁。

但是，詩篇的祭獻對象不止這些。詩曰「懷柔百神，及河喬嶽」，不能對「百神」二字視而不見。它雖然是泛稱，但可以肯定的是沒有包括「昊天」和「河嶽」，否則用「及」字（表並列）就無從解釋。從詩篇的邏輯來看，「百神」應該指除昊天、河（特指黃河）、嶽（特指名山）之外的所有較小的山川、丘陵、澤籔、谷泉，乃至於日月星辰、四方神以及當地其他諸神等等。所謂「懷柔百神」，是與敬告昊天河嶽並列的內容。顯然，這種祭告百神的禮儀活動並非巡狩至於方岳的祭典，而是讓我們想起了《堯典》所載的舜繼帝堯之位的禮儀：

> 正月上日，受終於文祖。在璿璣玉衡，以齊七政。肆類於上帝，禋於六宗，望於山川，遍於群神。輯五瑞，既月，乃日覲四嶽群牧，班瑞於群后〔註19〕。

「類於上帝」即祭天，「望于山川」即祭名山大川，「遍於群神」即祭其他百神，這裡所描述的祭典與《時邁》是若合符契的。由此可見，《時邁》所反映的祀典正是類似於舜「受終於文祖」（即受命告祭）的典禮。舜乃受禪讓即位於帝堯之廟，武王則是在一場革命戰爭之後宣佈受命的，二者的歷史語境顯然大相徑庭。那麼，武王在何處宣佈受命呢？

詩曰「我求懿德，肆于時夏，允王保之。」《集傳》云「夏，中國也」，表明此詩所作似乎不會在周人後方的西都之地，而是在中原地帶。考諸史實，周武王攻入商都、克商勝利之後就在商郊舉行了受命祀典。據《逸周書·克殷解》（《史記·周本紀》略同）所載：

> 及期，百夫荷素質之旗於王前；叔振奏拜假，又陳常車，周公把大鉞、召公把小鉞以夾王。泰顛、閎夭，皆執輕呂以奏王。王入，即位於社太卒之左。群臣畢從。毛叔鄭奉明水，衛叔傅禮。召公奭贊采，師尚父牽牲。尹逸策曰「殷末孫受，德迷先成湯之明，侮滅神祇不祀，昏暴商邑百姓，其章顯聞於昊天上帝。〔註20〕

這裡的「及期」根據《史記·周本紀》乃牧野之戰的第二天，地點在所修之「社」。《周本紀》尚有「尹佚筴祝曰：『殷之末孫季紂，殄廢先王明德，侮蔑神祇不祀，昏暴商邑百姓，其章顯聞於天皇上帝』，於是武王再拜稽首，曰：『膺更大命，革殷，受天明命』」〔註21〕，即武王受命告天的祭辭。這些

〔註19〕李學勤《十三經注疏·尚書正義》，北京：北京大學出版社，1999年，第58～59頁。

〔註20〕黃懷信等《逸周書彙校集注》，上海：上海古籍出版社，1995年，第369頁。

〔註21〕司馬遷《史記》，北京：中華書局，1959年，第125～126頁。

文字詳細記載了武王克商受命的典禮內容,它們並非向壁虛造,從《逸周書》中經學者考訂為確實可靠的《世俘解》一篇中可以得到印證「戊辰王遂御循追祀文王,時日王立政」。戊辰是克商後的第五天,這一天武王祭祀文王並「立政」。何為「立政」?孔晁云「立王政佈天下」,李學勤認為是「即王位」〔註22〕,但是武王在文王死後就已即位,因而此處的「即王位」、「立王政」實即宣佈周王為天下共主的地位,宣佈受天命、代殷而有天下的事實。可見周武王宣佈受命於天下是在牧野之戰之後不久、於商地舉行的,這一點《禮記・大傳》亦曾明確提及「牧之野,武王之大事也。既事而退,柴於上帝,祈於社,設奠於牧室」,其中所言的祭天、祭社亦與《克殷解》合。綜合這些記載可知,《度邑解》及《周本紀》所載是可信的,武王宣佈受命的祀典確實在牧野之戰勝利後數日內舉行於商都之地。

本文認為,《時邁》就是運用於這個典禮的某一環節的。如果說文中尹逸的代天冊命、武王受天命乃是典禮的受命環節的話,那麼《時邁》就是祭祀天地百神環節的獻神樂歌。詩言「載戢干戈,載櫜弓矢」,正暗指周人伐商戰役的勝利,「薄言震之,莫不震疊」其實就是顯示周人克商的武力之威,言「懷柔百神」也是因為周人剛剛以殺伐取代殷商,因而需要對本為殷人主祭的百神進行祭奠和撫慰(並且宣稱殷周「侮蔑神祇不祀」),詩篇這些歌詞都與宣佈受命的語境非常契合。因此,《時邁》當為周武王於商都舉行受命祀典所用的樂歌。

受命祀典從禮儀性質上看當為祭天典禮,因為所謂受命,即受天之命。典禮中受命祭辭曰「革殷,受天明命」(《周本紀》),表明周武王告祭的是「昊天上帝」(《克殷解》)。《時邁》曰「時邁其邦,昊天其子之,實右序有周」,是說上天在萬邦之中選中了有周,正是承接上述祀天禮典「受天明命」而言的。但是,此詩作為祭歌並非僅僅獻給上天的,也是獻給包括河、喬嶽以及允王等百神。這可能是周人「有天下」之後首次祭百神,其實就是周人「受天明命」的象徵性禮儀。《時邁》遍祭百神的禮儀行為可從詩篇中「允王」的稱呼得到闡發。

「允王」應當作何解釋,鄭玄以來歷代學者無不將「允王」解為「信哉,武王……」〔註23〕,這種解釋如果成立,那麼就與此詩係武王所作、詩中之

〔註22〕 李學勤《〈世俘〉篇研究》,《史學月刊》,1988 年,第 1~6 頁。
〔註23〕 阮元《十三經注疏・毛詩正義》,上海:上海古籍出版社,1997 年,第 588 頁。

「我」這兩點相矛盾。「我求懿德」、「允王保之」同爲一句話，表明「我」與「允王」並非一人；同時，如果此詩係武王告神之作，那麼武王在百神面前如此高呼「允王保之」就令人難以理解。因而，唯一合理的解釋是詩中的「我」是武王自稱，但「允王」並非指武王。

那麼，允王到底指誰呢？檢查《周頌》當中「允」字的用法可以發現，「允」作爲形容詞與人相連時有兩次，一次就是這裡的「允王維后」、「允王保之」，另外一次就是《武》篇的「允文文王，克開厥後」。如上所述「允王」不是武王，那麼就應該是文王了。而且，如此巧合的是《武》「允文文王，克開厥後」詩句的意思與《時邁》「允王維后」無疑是一脉相承的。另外，「允王保之」作爲「我」（武王自稱）的祈神的話語，也顯得很自然。因而，我們認爲，「允王」就是告祭禮典中對文王的敬稱。那麼，文王如何會出現於受命告祭的典禮中呢？

這一點歷史記載保留了證據。《史記·周本紀》載周武王伐商的時候，「爲文王木主，載以車，中軍」〔註24〕，可見，周武王出師伐紂還高擎著文王姬昌的名義。之所以如此，一方面是因爲君王出師載父木主以行本在禮數之內，另一方面，更重要的是周人圖商已久，其勢力的壯大都是幾代先王尤其是文王所爲，史稱文王「三分天下有其二」，以文王的名義出征方能號令諸侯。所以武王克商之後，舉行受命告祭大典，文王木主在所祭之列，應該不會有什麼不妥。正如《堯典》所載舜「受終於文祖」，帝堯之主自然在列，「肆類於上帝，禋於六宗，望於山川，遍於群神」其實是在祭堯之外進行的。這個道理很容易理解，受命有天下，這天下不僅是天地百神所賜予的天下，也是先祖保有的天下。所以，周人有以文王「克開厥後」的心理，武王在受命告祭之際一併祭告文王，是在情理之中的。這一點在《逸周書·世孚解》中得到證明「戊辰，王遂御，循自祀文王。」〔註25〕《說文》「御，祀也」，「循，因也」，所以，于鬯認爲這句話「言王遂祭天，既祭天因追祀文王」。而「戊辰」乃甲子（克商之日）後第四天，正與上述推測相合。

綜上可見，《時邁》所用的禮典即受命告祭，其行禮目的是宣佈周人代商開國和施德政，其祭祀對象是昊天、河嶽及群神。因爲，《時邁》所用之典本身雖然莊重卻是一個臨時性的禮典，周人王師戰事未息、周家禮儀未備，這

〔註24〕司馬遷《史記》，北京：中華書局，1959 年，第 120 頁。
〔註25〕黃懷信等《逸周書》，上海：上海古籍出版社，1995，第 417 頁。

一切表明其時所行之典禮禮數不可與穆王之後禮儀大備時同日而語。

2、《般》

如上所述,《時邁》產生於武王克商之後在商郊所設之軍社的受命祀典上,是告受命於百神的樂歌。那麼,《般》是否也作於此典呢?我們認為,從禮典的歷史背景來看,《般》與《時邁》所用的禮典具有相同的性質。也就是說,《時邁》是武王受命告祭的樂歌,那麼,《般》也應為武王受命告祭的樂歌。二者的祭祀目的是相同的,但是,二者的祭祀對象卻有很大的不同。這表明《般》與《時邁》雖然用於同一種典禮,但並非用於同一個祀典。

那麼,《般》之告祭當為何典呢?關於《般》之緣起,漢代《詩》家把它歸為巡狩或者封禪的告祭之作。《詩序》認為其為「巡狩而祀四嶽河海」〔註26〕,這個說法指明了此詩的祭祀對象為四嶽河海,但是如上所述《般》作於武王之時,「巡狩」云云顯然不符合其歷史語境,況且詩中似乎並未明確提到祭祀對象是「四嶽」,《毛傳》將「高山」釋為「四嶽」並無根據。另外,漢代也盛行著把《般》解釋為封禪於泰山之作的觀點,此說以《白虎通·封禪篇》為著:

> 王者易姓而起,必升封泰山何?報告之義也。始受命之日,改制應天,天下太平功成,封禪以告太平也。所以必於泰山何?萬物之始,交代之處也。必於其上何?因高告高,順其類也。故升封者,增高也。下禪梁甫之基,廣厚也。……《詩》云「於皇明周,陟其高山。」言周太平封太山也。又曰「墮山喬嶽,允猶翕河。」言望祭山川,百神來歸也。〔註27〕

它認為《般》乃王者易姓之後天下太平、封禪於泰山時的望祭樂歌。這種說法進而聯繫到《史記·封禪書》及《管子·封禪篇》,將《般》定為周武王或成王封禪泰山的祭獻樂歌。這種說法看似有根有據,其實似是而非。理由有二:

首先,《史記·封禪書》載「古者封泰山禪梁父者七十二家,而夷吾所記者十有二焉」〔註28〕,表明封禪之制可能有很古的淵源,有學者認為其可能在舜的傳說時代就有了,其原型可能是原始部落盟主的巡視活動(即巡狩之

〔註26〕李學勤《十三經注疏·毛詩正義》,北京:北京大學出版社,1999 年,第 1375 頁。
〔註27〕陳立《白虎通疏證》,北京:中華書局,1994 念,第 289 頁。
〔註28〕司馬遷《史記》,北京:中華書局,1959 年,第 1356 頁。

初）〔註29〕。但是，眞正的封禪其實來自於《史記》所載的秦始皇東巡。因而，有人懷疑封禪不過是秦漢以後的事，《文中子》所云「封禪非古乎，其秦漢之侈心乎」就是一例。

退一步講，即使西周初年確有封禪之事，但有封禪是一回事，封禪於泰山是另一回事。顯然，武王時期局勢不穩，不可能封禪。那麼成王時期呢？竊以爲成王早期同樣不太可能封禪於泰山。一方面是因爲封禪的前提不僅僅是對各版圖的控制，而且是太平局面的出現，漢代封禪遲至漢武帝就是一個例子。《白虎通》所謂「天下太平功成、封禪」就是指出「封禪」之目的在於告太平。另一方面，成王周公時期的局勢尤其是泰山所在的東國的局勢遠未平穩，不用說太平，就是完全控制周人都尚未辦到。這一點，我們可以從成王時代的許多銘文得到證實，周公、大保召公包括成王自身都曾親率軍隊征伐奄、錄子等東國諸侯或東夷。由此可見，成王封禪泰山、告太平於天下顯然不會太早。根據成王時期《保卣》《保尊》銘文所載，王（當爲成王）大會諸侯於成周〔註30〕，令大保召集會合殷及東國諸侯。可能至此周人對東方才實現基本控制吧。

其次，《般》的確有告祭名山大川的內容，但是，沒有任何證據表明詩中的「高山」即爲泰山。換言之，即使《般》眞乃巡狩之作，也只是作於某個高山之上，它只是登高而祭，以名山大川引領天下之領土，既難以看出了「四嶽」的端倪，更無法捕捉岱宗的痕迹。因而，以《般》爲封禪泰山之作顯然是後人以今例古的結果。那麼，《般》如果不是封禪之作，應該如何認識它所用的禮典呢？竊以爲，此詩當爲武王「度邑」時祭於「高山」所用的樂歌。

首先，詩篇的「陟」表明獻神者乃站在高山之上，先是對高山及其連帶的群山、大河而言，接著又憑高望遠，指稱整個天下而言。李山先生指出這種視野只有「登臨縱目」才能有，是非常準確的〔註31〕。此外，這一點亦可從「陟」字訓詁來體會。《爾雅・釋詁》「陟，升也」〔註32〕，而「升」乃登山而祭的別名，《儀禮・覲禮》「祭山、丘陵，升」〔註33〕。所以，「陟」字確

〔註29〕詹𩇕鑫《神靈與祭祀》，南京：江蘇古籍出版社，1992年，第422～466頁。
〔註30〕馬承源《商周青銅器銘文選》第三冊，北京：文物出版社，1988年，第22、23頁。
〔註31〕李山《詩經析讀》，海口：南海出版社公司，2003年，第458頁。
〔註32〕郝懿行《爾雅義疏》，上海：上海古籍出版社，1983年，第189頁。
〔註33〕李學勤《十三經注疏・儀禮注疏》，北京：北京大學出版社，1999年，第533頁。

證了此詩爲登山而祭的事實。

但是詩篇所言並非僅僅是祭祀山川河嶽，還包括祭天。這是因爲登山正是古人因以祭天的途徑之一，登山往往意味著祭天。《禮記‧禮器》云「是故因天事天，因地事地，因名山升中於天」〔註34〕，所謂「因名山升中於天」正表明寫登山就是寫祭天，因爲高山之上是離上天最近的地方。因而，《般》曰「陟其高山」，又曰「敷天之下，裒時之對」，也符合在高山之上祭天應有的情境。同時，詩中所指高山、群山、河，除了所在之山爲即祭外，其他均爲望祭，如《堯典》所載之「望秩山川」按順序望祭天下名山大川。由此可知，《般》之祭典爲登山祭天、望秩山川、宣告周之受命，其儀式即「柴、望」。

《般》之作與武王克商的大勝緊密相關。這不僅因爲《般》與《時邁》形式上非常相似，還因爲詩篇內容也透露了這樣的信息。詩曰「於皇時周」，又曰「時周之命」，都是鄭重強調周的受命；而在天地山川河嶽之前宣稱「時周之命」，說明這是針對自己剛剛獲得的對天地山川的祭祀權力而言的。可見，《時邁》和《般》的歷史語境就是，牧野之戰後，克商作爲周家巨大的階段性成功，急需傳達於天地、山川等百神，急需正告於天下萬邦，從而既鞏固戰果又爲戰爭的繼續進行製造有利的興論。因爲，此時周家的天下還沒有坐穩，東方的戰爭（也包括對殷舊民）仍在繼續，《逸周書‧度邑解》載武王「具明不寢」，《史記‧周本紀》載武王克商歸周後「自夜不寐」，都是明證。

如果說《時邁》一詩用於武王宣告受命於商郊的祀典中的，那麼《般》呢？由於《般》所反映的祭高山是即祭，也就是說親臨高山之顛，展現了「登臨縱目」的寬廣視野。這很自然讓我們想起了史籍中關於武王「度邑」的記載。據《逸周書》和《史記》記載，武王克商之後曾與周公考察中原地形，尋求掌控天下的最佳地點（以定都）。《度邑解》：

> 定天保，依天室。志我共惡，俾從殷王紂，日夜勞來，定我於西土。……我圖夷茲殷，其惟依天。其有憲令，求茲無遠。盧天有求繹，相我不難。自洛汭延於伊汭，居陽無固，其有夏之居。我南望過於三途，我北望過於有嶽，丕顯瞻過於河，宛瞻於伊洛，無遠天室。〔註35〕

《史記‧周本紀》亦有類似的記載。莊述祖曰「殷謂商邑」，所謂「洛汭」「伊

〔註34〕 李學勤《十三經注疏‧禮記正義》，北京：北京大學出版社，1999 年，第 752 頁。
〔註35〕 黃懷信等《逸周書彙校集注》，上海：上海古籍出版社，1995，第 480～483 頁。

汭」、「有夏之居」、「三塗」，其實都是指河南原商都一帶，這是古代的中國地區，也是天下的中心，這正是武王、周公「度邑」確定東都的地點，也就是《洛誥》中召公相宅、周公往營的成周。這表明武王克商之後曾在東都大地有過一番考察，其中就極有可能登過中原一帶的高山。周初銅器《利簋》載武王甲子克商後辛未日「在闌師」，于省吾認爲「闌」即管，在今鄭州，證實了武王的確在成師之地有過活動〔註36〕。因而，我們認爲《般》之祭典發生最合適的時機就在於武王考察東都之地、登山而「望」的時候。

二、師出祭天

　　如果說《時邁》和《般》是周初周王宣告受命於天下時所用的詩篇的話，那麼《棫樸》和《旱麓》則是較晚時候周王出師時祭祀所用的詩篇〔註37〕。正如《時邁》和《般》之間具有相似性一樣，《棫樸》和《旱麓》之間也有明顯的相似性。這表現在：首先，《棫樸》第四章曰「周王壽考，遐不作人」，《旱麓》第三章小曰「豈弟君子，遐不作人」，二者都是在歌頌某人能振奮人心〔註38〕，一指周王，一指「豈弟君子」，而其實「君子」即周王，《卷阿》曰「豈弟君子，俾爾彌爾性，百神爾主矣」，能主「百神」者非周王莫屬，所以「豈弟君子」指的是周王。《假樂》中的「假樂君子」亦即「豈弟君子」，其詩又曰「宜君宜王」、「百辟卿士，媚于天子」，可見「假樂君子」就是周王。既然「豈弟君子」是周王，而前者爲《棫樸》的表現對象，後者爲《旱麓》的贊頌對象，則《棫樸》和《旱麓》實具有相同的表現對象，都是歌頌周王振奮人心的事。其次，二者都與祭天有關。《棫樸》曰「芃芃棫樸，薪之槱之」，又曰「左右趣之」、「左右奉璋」，可見周王率領左右群臣舉行的是燎柴祀天的禮儀；《旱麓》也是如此，「瑟彼柞棫，民所燎矣。豈弟君子，神所勞矣」，是說「君子」通過燎柴求神祈福，可見君子所行之禮包括祀天。

〔註36〕馬承源《商周青銅器銘文選》第三冊，北京：文物出版社，1988 年，第 13 頁。于省吾《利簋銘文考釋》，《文物》，1977 年，第 6 期。

〔註37〕舊說以此二詩爲文王或周公時期的作品，這顯然是不可信的。孫作云以爲它們作於宣王時期，李山先生以爲它們作於穆王時期，可供參考。參拙文《〈雅頌〉斷代的三個體系性見解》，《詩經研究叢刊》第 16 期，北京：學苑出版社，2009 年，第 36 頁。

〔註38〕漢人以「作人」爲培養人，不確。《集傳》云「作人，謂變化鼓舞之也」，最符合詩篇內容。朱熹《詩集傳》，南京：鳳凰出版社，2007 年，第 212 頁。

由以上兩點可知，《棫樸》《旱麓》產生於相同的語境，都是以歌頌祭天禮儀的主祭者周王爲核心的，如果把二者聯繫起來看，就會發現原來二詩表現了周王出征、祭天於旱山的事。李山先生說「此詩從用詞及風格看，當與《棫樸》爲同一時期作品，寫的是穆王旱山祭天祈福的事」，已經敏銳指出了這一點〔註39〕。但與《時邁》《般》作爲祭天地山川的獻神樂歌不同，《棫樸》《旱麓》是周王祀天典禮中其他環節所用的詩篇。本文認爲，《棫樸》是周王出師前祭天典禮所用的詩篇，《旱麓》則爲祭天之後在燕饗中歌頌周王所用的詩篇。以下分而證之：

1、《棫樸》

對《棫樸》一詩，歷來主要有四種觀點：一是「文王官人」說，以《詩序》、《毛傳》爲代表〔註40〕；二是「文王郊天伐崇」說，以《春秋繁露·郊祀篇》爲代表〔註41〕；三是「歌詠文王之德」，以朱熹爲代表〔註42〕；四是出師祭天說，以馬瑞辰、王宗石爲代表〔註43〕。除王宗石之外，其他人都將詩篇與文王聯繫起來，這不過是根據該詩的編排順序（處於《文王》、《大明》、《緜》之後）所作的推論而已，其實並無根據。詩中的「周王」不見得是文王，朱熹所謂「歌詠文王之德」沒有根據；「官人」說來自於《左傳》襄公十五年所載「君子」對《周南·卷耳》的解釋，其根據無非是「遐不作人」一句，而「作人」是振奮人心之義，而非培養人才之義，《序》說也是錯誤的。

至於「郊天伐崇」和出師祭天說，有其合理的地方，它們看到了詩篇對祭天禮儀的表現。詩篇首兩章所敘寫的禮儀活動爲祭天，這是非常明顯的「芃芃棫樸，薪之槱之」，正是燔柴的祭祀方法。《禮記·月令》云「季冬……乃命四監收秩薪柴，以共郊廟及百祀之薪燎」，可見周人確有燔柴而祭的禮儀行爲；《周禮·大宗伯》曰「以禋祀祀昊天上帝，以實柴祀日、月、星、辰，以槱燎祀司中、司命、風師、雨師」，孔穎達《毛詩正義》引之曰「彼云禋祀、實柴、槱燎三者，皆祭天神之禮，俱是燎柴升煙」，說明燔柴升煙乃是祭天禮

〔註39〕李山《詩經析讀》，海口：南海出版社公司，2003年，第358頁。

〔註40〕阮元《十三經注疏·毛詩正義》，上海：上海古籍出版社，1997年，第1331頁。

〔註41〕蘇與《春秋繁露義證》，北京：中華書局，1992年，第405頁。

〔註42〕朱熹《詩集傳》，南京：鳳凰出版社，2007年，第210頁。

〔註43〕馬瑞辰以此詩爲「文王上祭於畢」的詩篇，王宗石以爲「宜祭」詩篇。二者雖有差異，但都是以祭天爲核心的。馬瑞辰《毛詩傳箋通釋》，北京：中華書局，1989年，第826頁。王宗石《詩經分類詮釋》，長沙：湖南教育出版社，1993年，第463頁。

儀特有的祭祀動作。因而，詩中所謂「芃芃棫樸，薪之槱之。濟濟辟王，左右趣之」，是描寫周王率領左右群臣燔柴祭天的禮儀活動，「濟濟」是周王的行禮儀容，「奉璋峨峨」則狀「髦士」即助祭群臣的禮容。所以，「郊天伐崇」和「師出祭天」兩說都看到這一禮儀內容。但問題的關鍵是，詩中的祭天禮到底是常規的「郊」還是因出征而舉行的「類」呢？

　　讓我們考察一下「郊」禮和「類」禮。根據禮書記載可知，周人的郊禮有兩種：一是迎長日之「郊」，冬至日舉行，《禮記‧郊特牲》云「郊之祭也，迎長日之至也」，亦即《周禮‧春官‧大司樂》所云「冬日至，於地上之圓丘奏之則天神皆降」；一是祈穀之郊，舉行於春夏，《左傳》桓公五年云「啓蟄而郊」，即襄公七年所云「郊祀后稷以祈農事也」，亦即《禮記‧月令》所云「孟春之月……天子乃以元日祈穀於上帝」〔註44〕。從性質上看，這兩種「郊」禮都是周人或魯人的常規之祭，其目的在於迎日和祈穀。聯繫《棫樸》第三章「淠彼涇舟，烝徒楫之。周王于邁，六師及之」，描寫的是周王率領六師出征渡河的情景，顯然與迎日和祈穀都毫無關聯，因而，詩篇前兩章所言的祭天禮不會是「郊天」。「郊天」有誤，「伐崇」是比附於文王，同樣也是錯誤的。可見，《春秋繁露》「郊天伐崇」之說不合詩旨。

　　何謂出師祭天？根據後世文獻，周代天子出征有名為「類」的祀天之禮，《大雅‧皇矣》「是類是禡」，《箋》云「類也、禡也，師祭也」，結合上下文看，「類」確為周人軍隊征戰所舉行的禮儀，它在「以伐崇墉」之後舉行，因而舉行地點當在所征伐之地。因而《毛傳》所云「於內曰類，於野曰禡」〔註45〕，顯然是有誤的，「類」當與「禡」一樣，都是行於所征之地的師祭禮儀。毛氏之所以說「於內曰類」，顯然遵從《禮記‧王制》「天子將出，類乎上帝」的說法，鄭玄注云「帝謂五德之帝，所祭於南郊者」，認為「類」即南郊祀天〔註46〕。可見，後世文獻確實流傳著天子「類於上帝」的說法，《王制》而外，《尚書‧堯典》言舜「受終於文祖」、「肆類於上帝」，偽《泰誓》曰「受命文考，類於上帝」。然而，這種「類祭」其實不是師祭，而是天子出行的常規之祭。只有《周禮‧天官‧肆師》所云「類造上帝，封於大神，祭兵於山川」，似乎還約略保存著「類」作為師祭的原義。從《棫樸》的內容看，「淠彼涇舟，烝徒楫之，周王于邁，六師及之」，表明周王的「六

〔註44〕詹鄞鑫《神靈與祭祀》，南京：江蘇古籍出版社，2000年，第315頁。
〔註45〕阮元《十三經注疏‧毛詩正義》，上海：上海古籍出版社，1997年，第521頁。
〔註46〕阮元《十三經注疏‧毛詩正義》，上海：上海古籍出版社，1997年，第1332頁。

師」早已出發；再結合《旱麓》來看，周王的軍隊顯然已經開到了旱山腳下。據此，《棫樸》篇的祭天禮從性質和特徵上看當即《皇矣》「是類是禡」的「類」禮。由此看來，馬瑞辰、王宗石等依據《王制》，將此詩首二章所言的祭禮定爲「出征類於上帝之事」，認爲其行於周王出師之前，亦不符合詩篇內容。

據以上考辯可知，《棫樸》當爲軍隊征伐的「類」禮所用的詩篇。結合全詩的內容看，首二章的祭天禮儀是周王率「六師」抵達旱山之後舉行。詩篇一方面稱頌了君臣行禮莊重有節的儀容，另一方面則著力歌頌周王本人的威嚴氣度「追琢其章，金玉其相」，稱贊周王表裏如一、光彩奪目，「勉勉我王，綱紀四方」則頌贊了周天子彊理天下的卓越能力。看來，周王此次親自率師出征，是軍行所到、「以奏膚公」（《小雅・六月》），所以詩篇對其加以熱烈的稱頌。詩中的代詞「其」指行禮的周王，「我」則是奏唱樂歌的樂官，從此句的人稱來看，《棫樸》不是以周王口吻歌唱，而是從旁觀者的視角對禮典中的周王進行表現，因而，它應是「類」祭正禮結束後燕饗群臣所用的樂歌。

2、《旱麓》

對於《旱麓》的詩旨，歷來主要有兩種看法：一是祭祖說，以《詩序》、何楷、孫作雲爲代表；二是「歌詠文王之德」，以朱熹爲代表〔註47〕。其中，前說一直是歷代學者的主流看法。顯然，朱熹的「歌頌文王之德」不過是對詩篇歌頌「豈弟君子」的內容的概括而已，「文王」云云並無根據，朱說自不足辯。至於祭祖說，其實包括三種不同的看法：一是「文王受祖」說，二是「武王追王」說，三是「時王祭祖」說〔註48〕。這三種觀點看似不同，其實要旨都歸於祭祖，都將詩中所涉及的禮儀活動歸之於周王祀祖。

不過，從詩篇內容看，我們是找不到「受祖」（於先王先公）或「追王」（大王、王季、文王）的痕迹的，但是「祭祖」在篇中似乎有證據，表現在：一是「瑟彼玉瓚」的「玉瓚」被視爲宗廟之器，《白虎通・考黜篇》云「圭瓚秬鬯，宗廟之盛禮。故孝道備而賜之秬鬯，所以極著孝道」；二是「清酒既載，

〔註47〕 朱熹《詩集傳》，南京：鳳凰出版社，2007年，第212頁。
〔註48〕 《小序》云「受祖也」，何楷云「武王追王三后也」，孫作雲則說「此與祀祖有關，此歌是讚美時王的」，三者雖一指文王，一指武王，一指時王，但要旨都歸於祭祖。阮元《十三經注疏・毛詩正義》，上海：上海古籍出版社，1997年，第515頁。何楷《詩經世本古義》，《影印文淵閣四庫全書》第81冊，臺北：臺灣商務印書館，1986年，第175頁。孫作雲《孫作雲文集・〈詩經〉研究》，開封：河南大學出版社，2003年，第362頁。

騂牡既備，以享以祀」是針對祭祖禮而言的，《小雅・信南山》「祭以清酒，從以騂牡，享于祖考」，似乎也證明這一點。這樣，詩中五句讚美「豈弟君子」的人就被理解為贊美作為主祭者的「君子」（周王）了。

但是，這種邏輯其實並沒有考慮到全詩的內容。首先，詩首章即曰「瞻彼旱麓，榛楛濟濟」，《毛傳》云「旱，山名也」，《漢書・地理志》曰「漢中郡南鄭縣旱山，沱水所出，東北入漢」，可知旱山在南鄭縣境。為何周王祭祖要到南鄭的山腳舉行，豈不匪夷所思？

其次，二章之「玉瓚」並非僅用於宗廟，《毛傳》云「九命然後錫以秬鬯、圭瓚」，可見玉瓚只是禮器的一種，《大雅・江漢》「釐爾圭瓚，秬鬯一卣」，《尚書・文侯之命》「平王錫晉文侯秬鬯、圭瓚」，都是「瓚」作為周王賜予有功之臣作為禮器的例子。「玉瓚」作為祭神灌酒所用的禮器，不見得只用於祭祖禮中。比如《左傳》昭公十七年載裨竈語曰「若我用瓘斝玉瓚，鄭必不火」，杜注云「欲以禳火」，可知「玉瓚」曾被用於「禳火」的禮儀中〔註49〕，據此可推論玉瓚非宗廟專器。《大雅・雲漢》曰「靡神不舉，靡愛斯牲，圭璧既卒，寧莫我聽」，言「靡神不舉」、「圭璧既卒」，可知「圭璧」用於祭祀各種神靈，而據《毛傳》所云「玉瓚，圭瓚也」〔註50〕，我們認為玉瓚當與圭璧類似，可用於各種祭禮中。

再次，詩中所言之「清酒」、「騂牡」也未必定用於祭祖禮中，《大雅・韓奕》「顯父餞之，清酒百壺」，《小雅・大田》「來方禋祀，以其騂黑」，可知「清酒」亦用於餞行禮中，「騂牡」亦用於祭祀社神和四方神的禮儀中。看來，古禮茫昧，比後世文獻所記述的要複雜得多，幸而《詩》保留了一鱗半爪，提供了線索。

既然「玉瓚」、「清酒」、「騂牡」不足以為祭祖的證據，那麼詩中的禮儀活動是什麼呢？顯然，不是禮器、犧牲，而是祭祀對象，才是據以確定禮儀類型的關鍵要素，因而追索詩篇的禮儀活動要從尋找祭祀對象開始。詩的第五章曰「豈弟君子，神所勞矣」，言神靈祐助「君子」，可見此「神」正是「豈弟君子」的祭祀對象；而「君子」祈神的方法又是「瑟彼柞棫，民所燎矣」，即燎柴而祭，因而當為祀天之禮，下句之「神」當指天神。這一點從第六章

〔註49〕阮元《十三經注疏・春秋左傳正義》，上海：上海古籍出版社，1997 年，第2084 頁。

〔註50〕李學勤《十三經注疏・毛詩正義》，北京：北京大學出版社，1999 年，第 1004頁。

的「豈弟君子，求福不回」中能夠得到印證，「不回」即「不違」，詩中凡言「不回」者大多爲祭祀者面對上帝或天神而言的，如《大雅・大明》「維此文王，小心翼翼。昭事上帝，聿懷多福。厥德不回，以受方國」，《魯頌・閟宮》「赫赫姜嫄，其德不回。上帝是依，無災無害」，都是顯例。所以，「豈弟君子，求福不回」中「君子」所求福的對象實即天神或上帝，與第五章的「神所勞矣」之「神」正相合。王宗石解釋末章說「這兩句以葛藟施於條枚，以喻上天施福祿於天下之天子，求福即向上天祈求福祉」，是獨具慧眼的〔註51〕。

可見《旱麓》所表現的禮儀並非祭祖，而是祀天，這也與首章言「旱麓」能夠契合起來。《周頌・般》云「陟其高山」，《禮記・禮器》曰「因名山升中於天」，原來古人有祭天於高山之上的習慣，秦漢以降帝王封岱宗即其典例，因而祭天往往與山聯繫在一起。此詩言「瞻彼旱麓，榛楛濟濟」，又言「瑟彼柞棫，民所燎矣」，與《緜》「柞棫拔矣」、《皇矣》「柞棫斯拔」極爲相似，後者正爲大王開闢岐山的詩句，表明詩中的活動當是周王到達旱麓後的禮儀行爲。聯繫《棫樸》來看，《旱麓》一詩應爲周王出征、抵達旱山祭天所用的樂歌。又，根據詩篇每章均頌贊「豈弟君子」，歌頌周王干祿、祈福、作人的行爲，可知詩篇所用的儀節當在「以享以祀，以介景福」之後。本文認爲，它與《棫樸》類似，都極力稱道周王事神的行爲，因而當爲祭天正禮後宴饗中群臣所用的樂歌。

三、雩祭告天

以上考述的《時邁》、《般》、《棫樸》、《旱麓》有一個共同點就是都是周王在野外祀天所用的樂歌，並且其祀天都與高山有聯繫；從性質上看，它們所用的祭天禮都是源於某些事件，都屬於臨時之祭而不是常祭，反映了西周時期祀天禮舉行的一個特點。《雲漢》一詩也是如此，它也是臨時性祭天所用的詩篇。它雖爲禳旱雩祭的樂章，但並非作爲常祭的「龍見而雩」（《左傳》桓公五年）的「雩」，而是針對一場大旱災的雩祭。《周禮・春官・大宗伯》曰「國有大故，則旅上帝及四望」，《小宗伯》曰「大災，及執事禱祠於上下神示」，《雲漢》之雩祭即在這樣一種「大故」、「大災」的情形下舉行的典禮，因而亦爲臨時之祭。

《雲漢》爲大旱而作，且爲宣王時期作品，歷來對此沒有異議。詩第二

〔註51〕 王宗石《詩經分類詮釋》，長沙：湖南教育出版社，1993年，第530頁。

章至第六章均以「旱既大甚」開頭，疾呼旱情之重、國情之慘，清楚地顯示此詩的產生背景。另外，詩第二章以「王曰」開啓下文，可知全文大部分是以周王的口吻展開的，雖然詩並沒有交代「周王」爲誰，但是歷代眾口一詞定爲宣王，當有所本。《經典釋文》引《竹書紀年》云「厲王……二十六年，大旱，王陟於彘，周公、召公立太子靜爲王」，《正義》引皇甫謐《帝王世紀》云「宣王元年……天下大旱，二年不雨，至六年乃雨」〔註52〕，這些記載表明宣王初期可能確實遭受過一次重大旱災。不過，僅僅以其爲宣王爲旱災而作來認識《雲漢》仍然是不夠的。

問題的關鍵是詩篇究竟產生於何種禮儀場景之中？歷代學者對其題旨有三種看法：一是「仍叔美宣王」說，二是「宣王憂旱」說，三是禳旱或雩祭說。第一種說法爲《詩序》所創，「仍叔」不知何人，「美宣王」亦迂迴地牽合詩義，因而此說即使有所本，亦必非詩篇本義。第二說創自姚際恒，他摒棄了「仍叔」而集中於詩篇的主要內容，全篇確爲「宣王憂旱」之辭〔註53〕，不過此說只抓住了詩章的字面意思，沒有觸及詩的本質。第三說始於《韓詩》「宣王遭旱仰天」說〔註54〕，清代方玉潤將此詩視爲周宣王的「一篇禳旱文」，認爲「篇中所言亦非美王意，乃王自禱詞耳」〔註55〕，將詩篇與周王祈雨禮儀聯繫起來，從而揭開了詩作爲雩祭樂章的眞面目。

本文認爲，此詩確爲禳旱雩祭、祀天典禮所用的樂歌。禳旱祈雨，正如詩中所言「靡神不舉，靡愛斯牲」，可以祭許多神靈，比如可祭山川百源，也可祭日月星辰，《左傳》昭公元年所載「山川之神，則水旱癘疫之災，於是乎禜之。日月星辰之神，則雪霜風雨之不時，於是乎禜之」；還可以祀某些神話人物如句龍、后稷等，如《禮記·月令》云「仲夏……乃命百縣雩祀百辟卿士有益於民者」。但是，《雲漢》中祈雨不是祀山川、日月、百辟卿士，而是祀天，這是首先要分別清楚的。詩中有許多證據：首先，詩以「仰天」開篇，又以「仰天」結篇，結構上首尾呼應，顯然是針對昊天而發的。詩首章曰「倬彼雲漢，昭回于天」，末章則曰「瞻卬昊天，有嘒其星」，「瞻卬昊天，曷惠其寧」，可見此詩是主祭者在晴朗的夜晚面對浩瀚的星空而展開的

〔註52〕阮元《十三經注疏·毛詩正義》，上海：上海古籍出版社，1997年，第561頁。

〔註53〕姚際恒《詩經通論》，北京：中華書局，1958年，第308頁。

〔註54〕《北堂書鈔·天部》引《韓詩》曰「宣王遭旱仰天也。」參王先謙《詩三家義集疏》，北京：中華書局，1987年，第953頁。

〔註55〕方玉潤《詩經原始》，北京：中華書局，2006年，第548頁。

祈訴〔註56〕，首章的「王曰」點明了主祭者為周王，也即末章的「我」，而末章的「大夫君子，昭假無贏」以及「無棄爾成」的「成」，指出了群臣助祭的活動，所謂「昭假」乃古時成語，是指「人神通感或神靈降臨」〔註57〕，實即祭禮中的事神行為，所謂「成」當亦祭禮的完成部分。由此可知，全詩描述的是周王率領群臣在一個晴夜祀天祈雨的典禮。

其次，詩中的人稱和口吻也都表明是祭天。詩在一次次哀歎「旱既太甚」之後，又屢屢呼喚上天「昊天上帝，則不我遺」，「昊天上帝，寧俾我遁」，「昊天上帝，則不我虞」，均以「我」直面上天，由於「我」即主祭者周王，所以「昊天上帝」自然就是祭祀對象；另外，首章云「倬彼雲漢」，第七章曰「瞻卬昊天」，第八章又兩曰「瞻卬昊天」，都可以看出，「昊天」就是周王所祈雨的對象。其實，雖然祈雨對象不止於上天，但天帝卻是首要的祈求對象。殷墟甲骨文就屢屢出現「帝令雨」的記載〔註58〕，《禮記·月令》亦有「大雩帝」的記載，可見殷周時期人們認為下雨的權力掌握在天帝的手中。因而《雲漢》禳旱則祀天，是非常自然的。另外，需要指出的是詩中出現的一些神靈並非祭祀對象，如「先祖」、「群公先正」等，他們不過是詩篇呼告上天、連帶而及而已，所謂「不殄禋祀，自郊徂宮」是在之前的舉行的事神行為，與此次典禮無關。

綜上兩點可知《雲漢》是禳旱雩祭祀天典禮所用的樂歌。如果再結合全詩的人稱和語氣看，則它當為周王對天的禱詞。詩中多次出現「我」、「予」等表第一人稱的代詞「圭璧既卒，寧莫我聽」，「耗斁下土，寧丁我躬」，「赫赫炎炎，云我無所」，「昊天上帝，則不我遺」，「我心憚暑」，「群公先正，則不我助。父母先祖，胡寧忍予」等等，並且「我」數次與「昊天上帝」、「父母先祖」對舉，可見，「我」即主祭者周王；末章稱祈神者為「我」，稱「昭假無贏」的大夫君子為「爾」，亦可證明「我」即周王。由此可見，全詩都是周王對於上天的祈禱用詞。不過，得出這個結論還有一個小問題要解決：如果全詩係周王告天之辭，何以首章會出現「王曰」的第三人稱？我們認為，這是因為全詩其實是以周王口吻所擬的禱詞，在祀天典禮中可能亦非周王親

〔註56〕陳子展說詩之末章「言王遭旱，晴夜禱神」，但未能指出所禱之神即昊天。陳子展《詩經直解》，上海：復旦大學出版社，1983年，第1008頁。

〔註57〕姜昆武《詩書成詞考釋》，濟南：齊魯書社，1989年，第130頁。

〔註58〕胡厚宣《甲骨學商史論叢初編·殷代之天神崇拜》，濟南：齊魯大學國學研究所，民國31年，第283頁。

自誦唱，而是樂官代周王奏唱於神，所以首章出現了「王曰」的人稱遺留，這應是當時典禮用詩的誦唱制度（代唱）的痕迹。

結　語

綜上所述，本文認爲「雅頌」有五篇詩用於祭天禮儀之中。《時邁》和《般》都是告祭上天和山川河嶽、宣佈周家受命的典禮所用的樂歌；《棫樸》《旱麓》二詩表現了周王出征、祭天於旱山的事，前者是周王出師前祭天典禮所用的樂歌，後者則爲祭典後燕饗中歌頌周王所用的樂歌；《雲漢》則是周王禳旱雩祭祀天典禮所用的樂歌。

第二節　祭祖樂歌之一：祭祀武王及《大武樂章》

引　言

從本節開始，我們著重探討周人的祭祖典禮用詩。周人對祭祖典禮的重視，要遠遠超過祭天典禮。這一點僅僅從「雅頌」詩篇的內容就可以得知。在周人的觀念中，「天命靡常」（《大雅·文王》）、「天難忱斯」（《文王》），天命可以獲取，但不能盲目地依恃。所以，要長保天命，就只能取法於獲得天命的先公先王，所謂「文王陟降，在帝左右」、「儀型文王，萬邦作孚」，才能維繫天命於不墜。而取法先公先王，其實質則是取法德行與功業。《國語·周語上》曰「夫聖王之制祀也，法施於民則祀之，以死勤事則祀之，以勞定國則祀之，能禦大災則祀之，能扞大患則祀之，非是族也，不在祀典。」這是說周人確立祀典的原則在於祭祀對象的功績與德行。正是由於不再迷信天命而崇尚「德」，周人所以特重祭祖典禮。根據傳世文獻可知，周人有著嚴密、系統的祭祖制度，如宗廟制度、犧牲制度、粢盛籩豆制度、酒醴制度、鼎簋制度、玉帛制度，以及繁複的典禮儀式（《儀禮·特牲饋食禮》、《少牢饋食禮》、《有司徹》）等。另外，周人對祖神除了特祭之外，還有祫祭、禘祭、配祭等多種形式，足以見出周人對祭祖的重視〔註59〕。

考察《雅頌》中所保留的祭祖用詩，不僅數量眾多，而且詩篇的分量很

〔註59〕參陳戍國《中國禮制史》（先秦卷）第四章第四節「西周祭祀祖先之禮」，長沙：湖南教育出版社，1991年，第220頁。

重。從祭祀對象來看,從中可以理出這麼一條線索:以祭周文王爲核心而上下延伸,往前包括王季、大王、公劉、后稷、姜嫄,往後包括武王、成王、康王〔註60〕。除此之外,還包括一些歌唱祭禮過程的詩篇,如諸侯助祭樂歌、宋人助祭樂歌等等。本文將分六節探討這一內容。

首先看祭祀武王的樂歌。

《詩》中祭祀武王的樂歌與有名的《大武》樂章密切相關。《大武》樂章是周代的標誌性樂舞,表現的是周武王克勝、奠定周家天下的歷史功績。這一盛大樂章的歌詞即保留在《詩經·周頌》中的某些詩篇。我們認爲,它的歌詞實際上就是祭祀武王所用的樂歌。因而,本文的研究就從考訂《大武》的歌詞入手。

從學術史看,自明代何楷以降,學者們確定《大武》歌詞最強有力的材料即《左傳》。但是,《左傳》並沒有明確表明宣公十二年所提及的《武》即《大武》。不得不強調,《左傳》之《武》從性質上看乃頌詩〔註61〕,而《大武》從先秦典籍所載看無疑是樂名,二者的性質是不同的。如果僅僅從二者共有的「武」字來判斷,也只能證明它們有關聯而已,不能因此認爲《武》即《大武》的簡稱而將二者等同起來〔註62〕,至於二者產生背景怎樣、如何發生聯繫等等仍沒有線索。

本文認爲,首先必須(至少暫時地)將《武》與《大武》區別開來加以考察。理由有二:一是這兩個名字同時出現《左傳》中,《武》出現兩次,都是「引詩」的場合使用的,而《大武》之名出現一次,用於觀樂舞的場合,可見二者有別。二是將二者區分開來才能既符合有關《大武》的先秦古說,又能符合《武》的三首詩的內容。《武》《桓》兩詩中均有「武王」的稱號,表明《武》乃成於武王去世之後〔註63〕;另外,先秦兩漢文獻記載《大武》

〔註60〕 李山《〈詩大雅〉若干篇圖贊說及由此發現的〈雅〉〈頌〉間部分對應》,文學遺產,2000 第 4 期,第 24~32 頁。

〔註61〕 李學勤《十三經注疏·春秋左傳正義》,北京:北京大學出版社 1999 年,第 652~653 頁。

〔註62〕 以《武》爲《大武》的簡稱始於《論語·八佾》「《韶》盡美矣,又盡善也。《武》盡美矣,未盡善也。」李學勤《十三經注疏·論語注疏》,北京大學出版社,1999 年,第 45 頁。

〔註63〕 關於周王名號生稱說,我們不從。參屈萬里《謚法濫觴於殷代論》,《歷史語言所集刊》第 13 本;趙光賢《武王克商與西周諸王年代考》,《西周社會辨析》,北京:北京人民出版社,1980 年;彭裕商《謚法探源》,《中國史研究》1999 年 1 期。

舞樂作於武王之世卻非常一致，如《墨子・三辯》、《莊子・天下篇》、《呂氏春秋・古樂篇》、《白虎通・禮樂篇》、《漢書・禮樂志》等等，這些說法如此一致說明它們不會沒有根據，只能表明《大武》之作至少能從某種角度追溯到武王時代。如此可見，作爲頌詩的《武》與作爲舞樂的《大武》在創作時代上就有了差異，這個差異使得將二者分別單獨加以考察是非常必要的。

一、從《左傳》所載三首考察《武》

《左傳》宣公十二年載：

> 夫文，止戈爲武。武王克商，作《頌》曰「載戢干戈，載櫜弓矢。我求懿德，肆于時夏，允王保之。」又作《武》，其卒章曰「耆定爾功。」其三曰「鋪時繹思，我徂維求定。」其六曰「綏萬邦，屢豐年。」夫武，禁暴、戢兵、保大、定功、安民、和眾、豐財者也。
> 〔註64〕

從上下文語境看，「其卒章」、「其三」、「其六」中的「其」顯然是指《武》，其詩句又載於今之《武》《賚》《桓》詩篇中，因而可以確定的是《武》至少包括這三篇。至於《時邁》，從上下語境看，「又」字表明其不在《武》之內。所以，《時邁》只能暫時放在一旁。

同樣，《左傳》宣公十二年又載隨武子引詩「《汋》曰：『於鑠王師，遵養時晦。』耆昧也。《武》曰：『無競惟烈。』」假設《左傳》上下文一致的話，此處之《武》非今之《武》篇，而是至少包括今之《武》《賚》《般》三詩在內的《武》。而《汋》（即今之《酌》）與之並列，表明其與《時邁》一樣，並非《武》中的一篇。所以，從《左傳》的記載看，《武》所包括的詩篇只有今本《詩經》之《武》《賚》《桓》三篇。下面試一一分析。

1、《武》

詩曰：

> 於皇武王，無競維烈。允文文王，克開厥後。嗣武受之，勝殷遏劉，耆定爾功。

關於詩篇作意，《毛序》云「奏《大武》也」，《獨斷》云「奏《大武》，周武

〔註64〕李學勤《十三經注疏・春秋左傳正義》，北京：北京大學出版社 1999 年，第 652～653 頁。

所定一代之樂歌」,齊韓當同〔註65〕。「奏《大武》」幾乎成爲歷代學者概括《武》篇題旨的統一結論。那麼,「奏《大武》」是何意呢?《大武》爲象徵武王功績的舞樂是毫無疑問的,「奏」本爲演奏之義,這裡是指以歌唱配合舞樂,即何楷所謂「聲以節舞」,唐賈公彥所謂「『詩爲樂章,與舞人爲節』」。〔註66〕也就是說,樂工歌唱此詩,是節制舞蹈進程,具有標誌舞樂進行到某個階段的作用。可見,古人認爲《武》乃表演《大武》舞樂時配合歌唱的詩篇。

這一點能夠從詩篇內容得到驗證。詩中「於」乃歎詞,「皇」無論解爲「美」還是「君王」,都無礙「於皇武王」是呼喚和贊頌武王之意。「嗣武受之,勝殷過劉,耆定爾功」描述的正是武王的作爲,歌頌他克商的偉大功績。這些言辭如果與表演武王功績的《大武》舞樂結合,應該是非常和諧的。但是,問題是這些言辭僅僅只是配合舞樂而用的嗎?

《左傳》楚子的話表明,《武》爲頌詩,也即獻神樂歌,《詩大序》「頌者,美聖德之形容,以其成功告於神明者也」,孔疏「頌詩直陳祭祀之狀」〔註67〕。換言之,《武》雖是配合《大武》舞樂而作的歌詞,但從根本上說它的功能與《大武》一樣,乃是獻神之物。從詩篇中呼喚武王——「於皇武王」的口吻,以及「克開厥後」、「耆定爾功」中的「厥」、「爾」的第二人稱來看,詩的祭獻對象乃武王。既然詩以武王爲歌唱對象,可見它用於祭祀武王的典禮中。從人稱上看,《武》應是祭武王的禮典上樂工頌唱的樂歌。

孔穎達說「謂周公攝政六年之時,象武王伐紂之事,作《大武》之樂既成,而於廟奏之。詩人睹其奏而思武功,故述其事而作此歌焉。」周公、詩人云云雖然只是猜測,但是他認爲《武》詩乃《大武》表演於宗廟時歌唱的詩篇是沒有問題的。不過,《大武》舞樂不會無緣無故奏於宗廟,我們認爲,其背景應當是大祭武王的祭典,而《武》乃是這個祭典的獻神樂歌。其實,《武》也好,《大武》也好,都是根據祭祀武王的大典而作的。祭武王之典才是認識《武》、《大武》的最終依據。

2、《賚》

詩曰:

〔註65〕 王先謙《詩三家義集疏·武》,中華書局,1987年,第1035頁。

〔註66〕 何楷《詩經世本古義》,《影印文淵閣四庫全書》第81冊,臺北:臺灣商務印書館,1986年,第333~345頁。

〔註67〕 李學勤《十三經注疏·毛詩正義》,北京:北京大學出版社,1999年,第19頁。

文王既勤止，我應受之。敷時繹思，我徂維求定。時周之命，於繹思。

關於此詩作意，《毛序》云「大封於廟也。賚，予也，言所以錫予善人也。」
《魯》說曰「大封於廟，賜有德者之所歌。」〔註68〕《箋》云「大封，武王
伐紂時，封諸臣有功者」，《孔疏》並引《左傳》《樂記》《古文尚書·武成篇》
關於武王克殷大封的記載證之〔註69〕。至此，《賚》爲武王大封之詩幾乎成爲
定論。

　　然而，這個說法是錯誤的，其謬誤之處就在於以篇名解詩，這是《毛序》
的常見錯誤之一。所謂「大封」其實來源於對「賚」字賜予之義的曲折解讀，
而「賚，予也，言所以錫予善人也」乃本《論語》「周有大賚，善人是富」
〔註70〕，其實詩篇中哪一句直接表現了「大封諸侯」的意思？《序》說之
妄，誤導古人不淺，直到清代姚際恒、方玉潤才揭示了其謬誤之處。那麼，
《賚》的題旨當作何解呢？

　　姚氏云「此篇與下《般》詩皆武王初有天下之辭，二篇皆無『武王』字，
故知爲武王；又以詩中皆曰『時周之命』，是武王語氣也。」姚氏根據詩中的
人稱，認爲此篇當爲周武王克商時所作。關於詩篇題旨，姚氏云「此武王初
克商，歸祀文王廟，大告諸侯所以得天下之意也」〔註71〕，以爲《賚》當爲
武王克商、告成功於宗廟所作。這些看法的確是「涵詠詩篇」、從詩篇內容得
出來的，比僅以篇名解詩的《詩序》強一些，然而，姚方二人的看法仍有可
商榷之處。

　　詩言「文王既勤止，我應受之。」從這個承受「文王」功業的「我」的
人稱，再結合《左傳》宣公十二年關於武王克商作《武》、其三爲《賚》的記
載，可見詩篇的「我」確爲武王的口吻無疑。從整個詩篇看，武王自述繼承
文王之業、謀求安定、宣告獲命，「於繹思」表達了武王的感慨之情。然而，
此詩眞是武王自作的嗎？如果此詩確係周武王「歸祀文王廟」之作，那麼詩
篇乃祭獻文王及其先公先王的樂歌；但是，詩篇的內容卻重在表現武王安定

〔註68〕王先謙《詩三家義集疏·武》，北京：中華書局，1987年，第1058頁。
〔註69〕李學勤《十三經注疏·毛詩正義》，北京：北京大學出版社，1999年，第1374頁。
〔註70〕姚際恒《詩經通論·賚》，北京：中華書局，1958年，第351頁。
〔註71〕姚際恒《詩經通論·賚》，北京：中華書局，1958年，第351～352頁。亦見方玉潤《詩經原始·賚》，方玉潤《詩經原始·酌》，北京：中華書局，1986年，第627頁。

天下局面的努力，表現武王繼承文王遺願、承受天命的謹慎和莊重。可見，詩篇的表現對象毫無疑問是武王，而非先王。因此，以武王爲表現對象的獻神樂歌不可能作於武王之手，其使用場合也不能爲祀文王之廟。

本文認爲，從《賚》的表現對象（也即祭獻對象）看，它應是用於祀武王而非祀文王的祭典之上，這一點《賚》與《武》同，所以《左傳》將今之《賚》與《武》都並列爲《武》之篇章。其次，「我」固然是武王口吻，卻未必武王本人所說，而應理解爲一種角色代言。這一角色是在祭禮場合中武王的替代角色，顯然，他就是武王之「尸」。換言之，《賚》乃祭武王之典上樂官以武王的口吻所唱的樂歌。

3、《桓》

詩曰：

> 綏萬邦，婁豐年。天命匪解，桓桓武王。保有厥士，于以四方，克定厥家。於昭于天，皇以間之。

《桓》的作意，《毛序》云「講武類禡也」，又曰「桓，武志也」；《魯》說曰「師祭講武類禡之所歌也」，《齊》《韓》略同〔註72〕，可見四家無異議，均以爲《桓》乃師祭之作，「類」即祭上帝，「禡」即祭所徵之地。然而，這個說法在詩篇中找不到任何根據，姚際恒斥之爲「純乎杜撰」。《詩集傳》認爲《桓》「亦頌武王之功」，最先從詩篇內容概括題旨，並且提出了「篇內已有武王之諡，則其謂武王時作亦誤矣」的灼見〔註73〕。姚際恒駁斥漢人的錯誤，也認爲「《桓》詩即明堂祀武之樂歌」，明堂云云難以指實，但「祀武之樂歌」無疑卻符合詩篇內容。

本文認爲，《桓》與《武》《賚》一樣都是祭武王典禮中的獻神樂歌。「天命匪解，桓桓武王」，詩篇的表現對象就是恪行天命的武王，「武王」的稱號也與《武》篇相同，這表明《桓》與《武》具有相似的禮儀背景。不過，與《桓》略微不同的是，《武》談及武王繼承文王而克商成功，《桓》則強調武王膺受天命而贏得良好的政治局面，前者涉及武王與文王的關係，後者則是武王與上天的關係。然而，文王、上天正是周人所認爲的武王之所以得天下的合法性根源，《大雅·文王》「文王在上，於昭于天」，「文王陟降，在帝左右」。這正可以說明《武》、《桓》二者之間的緊密聯繫。

〔註72〕王先謙《詩三家義集疏·武》，北京：中華書局，1987年，第1057頁。
〔註73〕朱熹《詩集傳》，南京：鳳凰出版社，2007年，第125頁。

從祭禮的角度看，二者極有可能是同一個禮典的不同環節使用的，《武》在前，而《桓》在後。因而，如果《武》篇乃表演《大武》時樂工所唱的話，那麼《桓》可能是《大武》表演結束時所唱。

4、《武》《賚》《桓》三詩的禮儀背景

綜上可知，《武》《賚》《桓》三詩都是祭武王的禮儀樂歌。它們由誰所作？作於何時何地？這些答案將非常有助於認識那個包含《武》、《賚》、《桓》三詩在內的、記載於《左傳》的《武》。那麼，三詩所用的祭武王的典禮發生於何時呢？對此有兩種觀點：

一是作於周公時期。孔穎達云「周公攝政六年之時，象武王伐紂之事，作《大武》之樂既成，而於廟奏之。詩人睹其奏而思武功，故述其事而作此歌焉。」即認為《武》乃周公攝政六年奏《大武》於宗廟所作〔註 74〕。這種看法其實是從《小序》「奏《大武》」、《箋》「周公作樂所為舞也」中得出來的，其實也是漢唐以來學者的共識。他們認為《武》成於周公攝政六年作《大武》樂舞之時。

本文認為，三詩的具體年代雖然無法指實，但是，其依託的禮儀背景卻能夠得以確定。三詩乃寫武王、歌武工，本身又是獻神樂歌，因而它們是出於祭武王的需要而作的。問題是，祀武王的場合非常多，到底那個場合最有可能創作並使用這些詩篇呢？

根據周代文獻，祭祖禮包括四時之祭、合祭、禘祭等多種形式，祭武王當然也有多種形式、多種時機〔註 75〕。但是，與論定武王功績最有關係的無疑是成王除喪、武王初立禰廟的那一次。這一祭典，先秦典籍稱之為「禘」。「禘」之含義複雜，眾說紛紜，但是，舊君喪禮完畢、新君免喪、祭於禰廟的大祭乃為「禘」祭的一種，這是不成問題的。如《春秋》閔公二年載「夏五月乙酉，吉禘於莊公」，杜注云「三年喪畢，致新死者之主於廟，廟之遠主當遷入祧，因是大祭以審昭穆，謂之禘」〔註 76〕。可見，初立禰廟、確立新

〔註 74〕阮元《十三經注疏・毛詩正義》，上海：上海古籍出版社，1997 年，第 597 頁。

〔註 75〕詹鄞鑫《神靈與祭祀》下編第二章第四節，南京：江蘇古籍出版社，1992 年，第 341～349 頁。

〔註 76〕李學勤《春秋左傳正義》，北京：北京大學出版社，1999 年，第 306 頁。類似的例子還有襄公十六年「以寡君之未禘祀」，杜注「禘祀，三年喪畢之吉祭」，同書第 941 頁。

死之君的神主而舉行的大祭即為「禘」祭，我們可以稱之為免喪禘祭。孔疏以為此「禘」是「喪終而吉祭」，而「致新死之主於廟」，可見它具有免喪、轉凶禮為吉禮、審諦昭穆的實用目的。質言之，免喪禘祭乃專門為新死之君而設，因而，具有將新死之君融入宗廟秩序中的禮儀功能，在這種情況下，歌頌新死之君的功業、發揚其在宗廟秩序中的政治意義，無疑是題中應有之義。

本文認為，免喪禘祭的禮儀場合正是論定武王功績的最佳時機，最能契合《武》《賚》《般》三詩的內容。在確立武王神主、確定其宗廟之次的時候，武王克商的豐功偉績便突顯出來了，其時又正當周家局勢剛剛穩定之時，所以，演制舞樂、創作詩篇以歌頌武王也就水到渠成。那麼，這一典禮發生於何時何地呢？這是目前的材料無法推定的。根據後代禮家所載，天子三年免喪，周初喪禮未必如此，但是此免喪之吉禘當發生在武王去世不久。

至於作者，本文認為應是參與典禮的樂官。至於周公是否參與創作詩篇，這是難以坐實的。不過，可以肯定的是，周公即使不是這一禮典的主持者（有可能是成王），也是禮典的重要參與者，在歌頌武王的詩篇和樂舞上有周公的手筆是完全可能的。理由有二：一是從《尚書‧金縢》可知周公「多材多藝」〔註77〕，具有宗教才能，可能就是周人的宗教領袖〔註78〕，如此重要的宗教禮典自然需要他的參與；二是周公是當時政權的核心之一，如此重典也當參加，這一點《顧命》篇可以作為旁證。由此看來，古人認為《武》三篇作於周公攝政六年，這只是其中一種可能而已。

二是作於武王之時。持論者常常引《左傳》宣公十二年「武王克商，作《頌》曰……作《武》……」為據，然而，這一說法如果成立的話，卻又與詩篇內容及其「武王」稱號不合，於是又產生了中和之見：認為三篇係武王命周公所作〔註79〕。然而，中和之見仍然沒有消除上述矛盾，因為即使武王命周公作詩，詩中也不能稱武王謚號。於是，周王生稱說派上用場了，但是，現代學者對謚法的研究卻越來越不支持這一說。最後，人們只剩最後一條路：否定《左傳》史官所載的正確性〔註80〕。我們認為，細讀《左傳》文本可以

〔註77〕 李學勤《十三經注疏‧尚書正義》，北京大學出版社，1999 年，第 334、494 ～514 頁。

〔註78〕 過常寶《周公攝政與周初政教關係初探》，《史學月刊》，2002 年第 5 期，第 26～30 頁。

〔註79〕 如高亨。參《詩經今注》，上海：上海古籍出版社，1980 年，第 495 頁。

〔註80〕 李山《周初〈大武〉樂章新考》，《中州學刊》2003 年 5 期，第 80～85 頁。

發現：宣公十二年所載的「武王克商」一句並沒有表明「作《頌》作《武》」的時間，而只表明它的緣起。

在楚子的這段話中，以「夫文，止戈爲武」開頭，意在討論「武德」的真正含義爲何，所以，下文「夫武，禁暴、戢兵、保大、定功、安民、和衆、豐財者也」指明「武」之七德，這裡的「武」絕非上文之《武》，而是所謂「止戈爲武」之「武」。既然楚子重在闡明「武德」之義，上下語境表明其所引「武王克商」是作爲示例、論據使用的。因而，「武王克商」首先只能作爲「作《頌》」、「作《武》」的緣起而不是創作時間來理解，也許此四字也有標明時間的作用，但是古人言簡，《左傳》行文幹練，如果在「武王克商」斷句的話，就很難判斷「作《頌》」之人是否即承前省略之武王。所以，如果嚴謹地遵從《左傳》本文，不以語法「承前省略」例之，那麼這段話並沒有顯示「作《頌》」、「作《武》」的人是誰，而只是告訴讀者「作《頌》」、「作《武》」源於武王克商。至於作者，可以是武王，但也可能是其他人。據此，僅僅憑藉「武王克商」、「作《武》」是無法斷定其必定產生於武王之時。

綜上所述，我們從《左傳》以及詩篇本文出發，結合歷史語境和文化背景，初步勾畫了《武》的輪廓：它是祭武王的禮儀樂歌，最有可能產生於確立武王神主、免喪禘祭的那次禮典。那麼，《大武》又是如何產生的呢？

二、《大武》舞樂的產生過程考察

1、《大武》的性質和地位

《大武》之名首次出現當在《左傳》襄公二十九年載季札觀樂舞時「見舞《大武》者，曰：『美哉！周之盛也，其若此乎！』」〔註81〕這裡的《大武》與之前所歌之《詩》之《周頌》《大雅》《小雅》等各部不同，後者是詩樂，前者則是舞樂。可見，《大武》在性質上與《詩》不同，它是以音樂配合舞蹈，增加了人物的表情、動作等表演因素，所以以舞容爲表現核心，音樂、歌詩在其中處於從屬地位。

而且，季札觀舞之文最早記載了《大武》作爲周代標誌性舞樂的地位。在這裡，《大武》作爲「武王樂」與《象箾》、《南籥》、《韶濩》、《韶箾》並列起來，因爲「《象箾》、《南籥》」爲文王之樂，「《韶濩》」爲殷湯之樂，「《韶箾》」爲虞舜之樂，《大武》與文王之樂作爲周家樂舞列於四代之樂，可看出在春秋

〔註81〕楊伯峻《春秋左傳注》，北京：中華書局，1981年，第1165頁。

史官的眼中《大武》舞樂已經具有崇高的地位。到了先秦諸子那裡,《大武》的地位進一步提高:

> 子謂《韶》盡美矣,又盡善也;謂《武》盡美矣,未盡善也。(《論語·八佾》)

> 黃帝有《咸池》,堯有《大章》,舜有《大韶》,禹有《大夏》,湯有《大濩》,文王有《辟雍》之樂,武王、周公作《武》。(《莊子·天下篇》)

> 紳端章甫,舞《韶》歌《武》,使人之心莊。(《荀子·樂論》)

> 和樂之聲,步中《武》、《象》,趨中《韶》、《護》。君子聽律習容而後士。(《荀子·大略篇》)

這裡有兩點值得注意:一是雖然諸子還將《象》《辟雍》等文王之樂與《武》並列為周家舞樂,但不難看出《大武》的重要性漸漸超過了《象》《辟雍》,後來在禮學文獻裏,它已經被確立為周人的標誌性舞樂。《周禮·大司樂》云「以樂舞教國子舞《雲門》、《大卷》、《大咸》、《大韶》、《大夏》、《大濩》、《大武》」〔註82〕,所謂「文王之樂」已經不見了,《大武》獨尊於周家舞樂。

二是《武》作為《大武》的另一個名稱不見於諸子之前的史料。《左傳》有《武》之名稱,但它卻是作為《頌》詩使用的,這就意味著春秋的史官或有識之士(如季札)並不以《武》為《大武》。這種簡稱始於諸子,如《論語》《莊子》《荀子》等,到了《禮記》那裡,《武》已經完全可以替代《大武》而使用了。《大武》與《武》名稱使用的年代差異是非常重要的,二者之間的差異絕非僅僅如孔穎達所言「《武》樂為一代大事,故歷代皆稱大也」那麼簡單〔註83〕,我們認為孔疏所言乃後來禮家的理解,實際上戰國以前《武》與《大武》完全不同,不可混淆。而二者的分合關係是由《大武》的形成背景及其與歌詞《武》的關係造成的。

2、《大武》的舞容及其表現內容

如上所述,《大武》是一個綜合性的舞蹈。因而,其基本要素自然包括舞者的動作、表情、節奏,以及與之配合的音樂、服飾、布景等等。周代《大武》演奏之時必然盛況非常,所以季札觀賞之後感歎到「美哉!周之盛也,

---

〔註82〕李學勤《十三經注疏·周禮注疏》,北京大學出版社,1999年,第575頁。

〔註83〕李學勤《十三經注疏·毛詩正義·周頌·武》,北京大學出版社,1999年,第1342頁。

其若此乎！」《禮記》也載有關於《大武》演奏的一些情況，尤其是《樂記》記載孔子與賓牟賈討論《武》，對於《大武》的舞容及其表現內容有比較詳細的記載。我們不知道是否《禮記》所載就是季札所見的盛況，但它為瞭解《大武》提供了方便。下表試綜合各種材料將《大武》的基本面貌勾勒出來〔註84〕：

舞隊：八佾（八隊共六十四人）〔註85〕

角色：天子、大將、兵士〔註86〕（天子即武王；大將即太公、周公、
　　　召公）

服飾：冕（周代平頂、前後垂旒的官帽）

道具：朱干玉戚（即紅漆盾、玉石大斧）

布景：宗廟或明堂之堂下、庭中〔註87〕

音樂：管樂吹《大武》之詩於堂下另一處〔註88〕（應該還有舞者伴
　　　唱）

〔註81〕 以下表格的製定參考李學勤《十三經注疏‧禮記正義‧樂記》，北京：北京大
學出版社，1999 年，第 1073～1150 頁。以及高亨《周代大武樂的考釋》，《山
東大學學報》（理學版），1955 年第 2 期，50～68 頁。孫作雲《孫作雲文集‧
〈詩經〉研究‧周代大武樂章考實》，開封：河南大學出版社，2003 年，第
440～467 頁。

〔註85〕 《公羊傳》昭公二十五年載「子家駒曰：『……八佾以舞《大武》』。」李學勤
《十三經注疏‧春秋公羊傳注疏》，北京大學出版社，1999 年，第 524 頁。

〔註86〕 《禮記‧樂記》「天子夾振之而駟伐」，鄭注云「夾振之者，王與大將夾舞者，
振鐸以爲節也」，可見，八佾之中除了兵士之外，還有天子、大將的角色，天
子即武王，大將即太公、周公、召公。參李學勤《十三經注疏‧禮記正義》，
北京：北京大學出版社，1999 年，第 1088 頁。

〔註87〕 《禮記‧文王世子》「下管《象》，舞《大武》。」鄭注「《象》，周武王伐紂之
樂也。以管播其聲，又爲之舞，皆於堂下。」孔疏「謂登歌之後，笙入立於
堂下，《象》謂象武王伐紂之樂，堂下管中，奏此《象》、《武》之曲，庭中舞
此《大武》之舞。」可見，《大武》舞於宗廟堂下庭中。參李學勤《十三經注
疏‧禮記正義》，北京：北京大學出版社，1999 年，第 651 頁。

〔註88〕 《禮記‧祭統》「夫大嘗禘，升歌《清廟》，下而管《象》，朱干玉戚以舞《大
武》，八佾以舞《大夏》，此天子之樂也。」鄭注「《清廟》，頌文王之詩也。
管《象》，吹管而舞《武》、《象》之樂也。」《禮記‧明堂位》「升歌《清廟》，
下管《象》，朱干玉戚，冕而舞《大武》。」孔疏「云『《象》謂《周頌‧武》
也，以管播之』者，按《詩》『維清，奏象舞』，襄二十九年見舞象箾南籥，
知非文王樂。必以爲《大武》，武王樂者，以經云『升歌《清廟》，下管《象》』，
以父詩在上，子詩在下，故知爲武王樂也。『以管播之』，謂吹管播散詩之聲
也。」參李學勤《十三經注疏‧禮記正義》，北京：北京大學出版社，1999
年，第 1366、940 頁。

舞容：久立於綴〔註89〕、詠歎淫液 ←→ 準備

總干而山立 ←→ 久立於綴的天子的形容

夾振而駟伐 ←→ 天子與大將引領舞隊

分夾而進 ←→ 舞隊分隊而舞

發揚蹈厲 ←→ 進攻時太公的形容

《武》亂而坐 ←→ 舞畢演員靜止之狀

動作：擊鼓備戒 ←→ 舞隊警戒

始而北出 ←→ 舞隊向北邊之綴出發

再成而滅商 ←→ 克商的舞蹈動作

三成而南 ←→ 舞隊由北向南

四成而南國是疆 ←→ 攻取南國的動作

五成而分周公左召公右 ←→ 舞隊分成周召左右二部

六成復綴以崇 ←→ 舞隊回到起點

節奏：遲緩、雄壯、莊重〔註90〕

此表按照禮家的記載努力客觀地恢復屬於《大武》現象層面的內容。根據這些舞樂信息，《大武》的表現對象就展現出來了，這就是武王克商、獲取天下的整個軍事行動。鄭玄云：

始奏，象觀兵盟津時也。再奏，象克殷時也。三奏，象克殷有餘力而反也。四奏，象南方荊蠻之國侵畔者服也。五奏，象周公召公分職而治也。六奏，象兵還振旅也。〔註91〕

這一說法大體得到歷代學者的認同。但我們認為其中部分細節需要稍加修改。第一成「始而北出」顯然是象徵周家軍隊出征及其行軍路線而已，「觀兵盟津」云云乃拘泥於《史記》所載，目的無非是將周人的出征道德化，顯然

〔註89〕 《禮記·樂記》「行其綴兆」，鄭注「綴，表也。」表即標誌的意思，是指確定一些標誌性的東西，如插上小旗之類。參李學勤《十三經注疏·禮記正義》，北京：北京大學出版社，1999 年，第 1145 頁。

〔註90〕 《禮記·樂記》「則夫《武》之遲久，不亦宜乎！」《禮記·郊特牲》「《武》壯，而不可樂也。」參李學勤《十三經注疏·禮記正義》，北京：北京大學出版社，1999 年，第 1139、766 頁。《荀子·樂論》「紳端章甫，舞《韶》歌《武》，使人之心莊。」〔清〕王先謙《荀子集解》，北京：中華書局，1988 年，第 381 頁。

〔註91〕 阮元《十三經注疏·禮記正義》，上海：上海古籍出版社，1997 年，第 1345 頁。

超出舞容本身的內容。其次，以「克殷有餘力而反」解釋「三成而南」的舞容，似是而非，這裡的「南」之義絕非返回宗周，而是揮師南下、消滅殷人勢力。根據《逸周書·世俘篇》所載，武王在攻佔朝歌之後，曾派呂他等六將領率軍征伐南國的諸侯，所征伐之國達數十個，將近五十天后大勝歸宗周而獻俘〔註 92〕，可見，返回宗周是兩個月後的事，這裡的「南」是指軍隊攻克商都之後往南。因而，「三成而南」的舞容乃周師揮師南下的進攻路線的象徵。再次，第四成「南國是疆」是「三成而南」的繼續，所以「南國是疆」自然不是征伐「南方荊蠻之國侵畔者」〔註 93〕，而是征伐殷人的南國諸侯，即《世俘篇》所載的越戲方、宣方、屬等國。最後，由於三成之「南」非返回宗周，因而第五成的「周召分治」自然不是後世所謂的周、召分治宗周以東、以西，而應該是指在統治已佔領的殷人版圖上的某種分工。只有這樣，第六成「六成復綴」才能理解爲「兵還振旅」，否則，這個「振旅」就不僅僅是「克商」之凱旋了。

　　總之，只有將第三成解釋爲周師揮師南下，將第四成解釋爲攻克殷人的南國諸侯，第五成解釋爲周召分工治理殷人之土，《大武》舞樂從第一到第六成才能統一在「武王克商」整個盛大的軍事行動上。正是這個軍事行動奠定了周人代殷的決定性勝利，它如此重要以至於周人把它塑造成爲舞蹈形象，表演於周家的宗廟中庭。《大武》也因而成爲周人的標誌性樂舞。值得一提的是，僅僅從舞蹈形象是無法看出武王克商的軍事行動的道德意味的，《大武》的舞蹈只是表明周人的重大勝利（「無競維烈」），表現這個勝利的過程而已。至於《樂記》所闡發的武王克商之後「偃武修文」的文德內涵，是後來人所賦予的。

3、《大武》的來源及演變

　　上文已經理清了《大武》的性質、地位、舞容以及表現對象，然而，這些內容乃出自於春秋史官、先秦諸子以及禮家的記載，它或許是西周樂舞的遺留，或許是《大武》在東周的變體，甚至可能只是留存於秦漢禮家們的文獻記憶而已。要探究《大武》歌詞，必須把《大武》追溯到《周頌》的時代，

〔註92〕 黃懷信等《逸周書》，上海：上海古籍出版社，1995 年，第 410～446 頁。參楊寬《西周史》，上海：上海人民出版社，2003 年，第 514～520 頁。

〔註93〕 所謂「荊蠻」是指南蠻之人，其中勢力最大的是楚人。然而，根據金文材料，周人征伐荊楚，是從周昭王才開始的。參《令簋》《史牆盤》銘文，馬承源《商周青銅器銘文選》，北京：文物出版社，1988 年，第 66、153 頁。

挖掘其產生的年代、背景以及方式。

　　首先還得從關於《大武》作年的先秦舊說談起。《左傳》宣公十二年記載楚子談到武王克商作《武》，但是，如上論證此《武》乃頌詩，而非《大武》舞樂。最早明確談及《大武》作年的是《莊子・天下篇》，云「文王有《辟廱》之樂，武王、周公作《武》」〔註94〕，認為《大武》舞樂乃武王、周公合作。另外，《呂氏春秋・古樂篇》「武王即位，以六師伐殷。……歸，乃薦俘馘於京太室，乃命周公為作《大武》。」〔註95〕《白虎通・禮樂篇》「周樂曰《大武》，武王之樂曰《象》，周公之樂曰《酌》，合曰《大武》。」〔註96〕同樣都認定《大武》乃武王命周公之作。看來，先秦學者認為《大武》之作乃武王的意願，《大武》乃武王生前所作。

　　但是，從漢代開始，以鄭玄為代表的經生卻又認為周公作《大武》是在武王去世之後。如鄭玄云「大武，周公作樂所為舞也」，認為《大武》乃周公制禮作樂所作〔註97〕，則此時武王已去世。顯然，上述兩者雖然都認為《大武》之作與武王、周公二人有關，但是他們的觀點卻互相牴牾。為何會如此呢？

　　其中的關鍵在於，如何認識武王與《大武》的關係？他到底有沒有參與《大武》的創作？換言之，武王是《大武》的作者還是其表現對象。如果從《大武》象徵武王克商、表演於宗廟的舞樂性質來看的，它只有作於武王去世之後才是符合邏輯的，很難想像他生前就將象徵自己功業的舞樂呈現於宗廟。因而，可以肯定的一點就是《大武》的首次演奏是在武王去世之後。但是，先秦舊說為什麼認定《大武》之作乃武王生前的意願呢？

　　本文認為，這是因為《大武》雖然演奏於武王去世之後，但是它的雛形卻成於武王之世。也即，武王的時代已經產生了表現克商的樂舞，這樂舞成為後來周家標誌性舞樂《大武》的舞蹈基礎。這一點，可以從《逸周書・世俘解》中找到線索，該篇敘述武王克商、獻俘於宗廟時說：

　　　　壬子，王服袞衣，矢琰，格廟。籥人造，王秉黃鉞正邦君。癸丑，
　　　　薦殷俘王士百人。籥人造，王矢琰，秉黃鉞，執戈。王奏庸大享一

〔註94〕郭慶藩《莊子集釋》，北京：中華書局，1961年，第1074頁。
〔註95〕許維遹《呂氏春秋集釋》，北京：中國書店，1985年，卷五，第20頁。
〔註96〕陳立《白虎通疏證》，北京：中華書局，1994年，第100頁。
〔註97〕阮元《十三經注疏・毛詩正義》，上海：上海古籍出版社，1997年，第597頁。

終，王拜手稽首。王定，奏其大享三終。甲寅，謁戎殷於牧野。王
佩赤白旂。籥人奏《武》。王入，進《萬》，獻《明明》三終。乙卯，
籥人奏《崇禹生開》三鍾終，王定。〔註98〕

其中「籥人奏武王入」有兩種句讀，一種是「籥人奏《武》，王入」，一種是
「籥人奏，武王入」，而根據上文屢次稱「王……」，可見此處當以第一種句
讀爲佳。那麼此籥人演奏之《武》爲何呢？根據上文「謁戎殷於牧野」，孔晁
注云「謁，告也」，可見，籥人所奏之《武》，與《萬》、《明明》等必定都是
以牧野之勝利爲表現對象的。那麼，《武》、《萬》、《明明》是舞，是詩，還是
樂呢？上下文有一些提示：

上文言王「格廟」之後，曾有兩次「籥人造」，《邶風·簡兮》曰「左手
執龠，右手秉翟」，《周禮·籥師》「掌教國子舞羽龡籥」，鄭注云「籥，舞者
所吹，文舞有持羽吹籥者，所謂籥舞也」，可見，所謂的「籥人造」乃進獻一
種吹籥的舞蹈〔註99〕。進而可以推論，籥人所奏之「《武》」也是籥舞。另外，
這裡的《萬》亦出現於《簡兮》之中，其曰「簡兮簡兮，方將萬舞」，正與「左
手執龠，右手秉翟」相合，表明《萬》舞也是籥人所表演的舞蹈。下文「籥
人奏《崇禹生開》三終」，根據劉師培、顧頡剛的意見，「《崇禹生開》」當爲
夏代樂舞，同樣也是「籥人」所表演，這一點從側面證明了《武》爲舞蹈。

至於所謂「獻《明明》三終」，根據上文「王奏庸，大享一終」，「王定，
奏其大享三終」，「終」爲樂名無疑，「三終」即樂之三成。孔晁云「《明明》，
詩篇名」，盧文弨云「《明明》即《大明》」〔註100〕，《大雅·大明》的確包含
武王克商的最重要的戰役——牧野之戰的內容，這與文中「謁戎殷於牧野」
是一致的，表明了《明明》可能是《大明》的淵源之一，並且《明明》可能
是詩樂。

由此可見，《武》、《萬》爲舞樂，《明明》爲詩樂，它們以「謁戎殷於牧
野」爲表現內容。牧野之戰是武王克商的決定性戰役，對牧野之戰的表演實
際上也就是對武王克商的表現。所以，在武王生前，也就是在《大武》成型
之前，顯然已經存在表現牧野之戰的樂舞了，它們就是《武》《萬》等。其中，

〔註98〕黃懷信等《逸周書彙校集注》，上海：上海古籍出版社，1995 年，第 451～455
頁。

〔註99〕阮元《十三經注疏·周禮注疏》，上海：上海古籍出版社，1997 年，第 801
頁。

〔註100〕黃懷信《逸周書》，上海：上海古籍出版社，1995，第 423～428 頁。

尤其是《武》，它與後來的《大武》名稱略同，關係緊密，以至於陳逢衡以為《武》乃「《大武》一成之歌」〔註101〕。我們認為，《大武》乃奏於武王去世之後，因而此處的《武》不可能為後世《大武》之一成。這可以從三方面看：首先，此《武》專以牧野之戰為表現內容，為戰鬥剛結束不久所作，而《大武》所刻畫的則是克商從出發到振旅前前後後的過程，當在克商較久之後所作。二者不僅內容有差異，產生時間也略有不同。其次，從禮儀看此《武》乃篇人所舞，有可能「執龠秉翟」而舞，而後世《大武》的舞具則是「朱干玉戚」，這也看出了二者的差異〔註102〕。最後，此處之《武》還與《萬》《明明》等共同表現克商之功，《大武》則是一個完整獨立的樂舞，二者似乎也有草創與完備的前後差異。

儘管此處之《武》不是《大武》，它卻完全有可能是《大武》的雛形，與《萬》、《明明》等一起構成了《大武》的舞蹈基礎。理由有：其一，它們的的表現對象是相同的，即克商這個重大的軍事行動；並且，在舞蹈的簡、繁上體現了前後的延續關係。其二，在《世俘篇》中《武》與《萬》、《明明》的演奏只是武王獻俘於宗廟的禮儀活動的一個組成部分，而《大武》則是在宗廟中表演武王之功，從禮儀角度看，由獻俘報功向祭祖歌功轉化是非常自然的，二者的兩個共同點——武王、克商，使得《大武》的製定自然而然向《武》《萬》《明明》等取法。其三，周公可能承擔了中間人的關鍵角色。以周公的宗教才能，武王獻俘演奏之《武》《萬》《明明》等，可能與周公有關係，至少周公是熟悉的；另外，如上所述《大武》又極有可能成於周公之手，因而，從《武》《萬》等向《大武》的發展極有可能就是在周公的手中完成的。

綜上所述，本文認為《逸周書‧世俘篇》所載武王之《武》《萬》就是《大武》的禮樂淵源，這一點表明《大武》的製定應該從禮樂文化發展的角度追溯到武王的時代。可能是因為這一點，春秋以降的文獻都屢屢將《大武》的製作權歸到武王的名下，將《大武》的創作看作是武王的意願。毫無疑問，《武》《萬》等樂舞不管是周公還是其他人所作自然是該歸到武王名下，也正是由此，當《武》漸漸發展成為《大武》，去古未遠的先秦學者將《大武》也歸到了武王的名下。

〔註101〕黃懷信《逸周書》，上海：上海古籍出版社，1995，第 423～428 頁。
〔註102〕這一點可以參考張樹安《武王〈武〉樂及其文化淵源》，廣西民族學院學報（哲社版），2006 年第 1 期，第 148～155 頁。雖然此文的許多觀點我們不同意，但它至少認識到了《武》與《大武》的關聯。

三、《大武》的歌詞考察

通過以上兩條線索的考察，我們發掘了三個聯繫緊密的對象：《逸周書》之《武》、《左傳》之《武》與《左傳》之《大武》，它們的性質、內容、使用場合等內容已經論述如上。在此基礎上，對於《大武》舞樂的歌詞，才可以以一種歷史的眼光加以討論：

首先，《大武》舞樂的最初原型是《逸周書·世俘篇》所記載的《武》，它的歌詞有可能是如《明明》之類的詩篇。有人認為《明明》即《大雅·大明》，這是不成立的，因為《大明》篇中已有武王之謚號；但是，《大明》（特別是最後一章）有可能保存了《明明》等詩的內容。《大武》舞樂既然是在武王之《武》《萬》等樂舞的基礎上形成的，實際上也意味著，《大武》的歌詞也有可能是采集武王生前已有的詩篇而形成，甚至有可能與《明明》等詩有關。這是關於《大武》歌詞的第一個結論。

其次，至此可以對於《大武》舞樂與歌詞的關係作出新的描述。古今學者大多認為《大武》歌詞對應著其舞蹈動作，「一成」就是一首詩的表現內容。這個觀點的謬誤之處，今人已有所揭示，如前所述，姚小鷗等已經考證《大武》舞容之「成」不能作為確定詩篇篇數的根據〔註103〕。不僅如此，上述觀點謬誤之處還在於對歌詞內容的誤解。的確，詩樂舞合一，它們的表現對象是一致的，這是沒有疑問的；但是，表現對象一致，並不意味著歌詞就與舞蹈動作一一對應——表現對象相同不等於內容細節相同。具體而言，《大武》詩樂舞合一，舞蹈動作表現克商，歌詞也表現克商，但不能因此認為歌詞就是機械地把舞蹈動作重新表述一遍，如歷代學者所作的那樣，「再成而滅商」的舞容就應該對應以克商為內容的詩篇，等等。質言之，歌詞與樂舞只是配合而已，不是前者對後者的復述。因而，如果僅僅從舞蹈動作來尋找與之內容一一對應的詩篇，這就走入歧途了。這是關於《大武》歌詞的第二個結論。

再次，有一個問題就擺到眼前了，即《大武》的歌詞是什麼呢？《左傳》所載《武》之三篇是不是《大武》的歌詞呢？雖然《左傳》沒有提供證據，但是從以上兩個方面的考察可以發現，《武》三篇與《大武》都成於武王去世之後，都是表現克商代殷的歷史功績，都是用於祭武王的禮儀之中，可見它們的產生語境、所依託的禮儀場合都比較一致。因而，作出《左傳》之組詩

〔註103〕姚小鷗《論〈大武〉樂章》，《社會科學戰線》，1991年第2期，第268～275頁。

《武》乃是《大武》的歌詞之一的推斷是合理的，這三篇歌詞在內容上與《大武》舞蹈動作的契合度也是經得起推敲的。由此看來，所謂頌詩《武》，可能即因作爲《大武》歌詞而得名，因爲《大武》名字本來就是從《逸周書》之《武》而來。這是關於《大武》歌詞的第三個結論。

最後，《大武》歌詞是否只有這三篇？《左傳》之《武》是否只有三篇？如果尊重《左傳》文本的話，我們認爲《武》不止這三章，甚至不止六章。至於有多少章，恐難考定。並且，《大武》歌詞未必全部保存在《周頌》中，比如所謂的《武宿夜》〔註104〕。但是，如果從《周頌》中尋求的話，卻可以確定哪些篇章有資格爲《大武》歌詞。顯然，判斷標準只有一個，即表現對象是克商且時代不能在成王以後。以此爲線索，可以發現《昊天有成命》《我將》等被排除在外（參第四節），《時邁》《般》《酌》三篇都是有可能的。如第一節所考，《時邁》乃武王克商之後，在商郊之社舉行受命告祭典禮所用的詩篇，《般》則是武王克商之後考察東都大地，登上高山祭天，望秩於群山大川的祭典樂歌，因而此二詩爲武王當時之作，雖然它們都與武王克商有關，但是所用的禮儀場合與《大武》不同。尤其是《時邁》，它在《左傳》中與《武》並列出現，表明它不是《武》中的一章，進而表明它作爲《大武》歌詞的可能性更小。

此外，還有《酌》一篇。《酌》和《武》一向有緊密的聯繫，《毛序》云「《酌》，告成《大武》也，言能酌先祖之道以養天下也」，魯說曰「告成《大武》，言能酌先祖之道以養天下之所敬也」〔註105〕，齊說略同。可見，漢儒認爲《酌》乃告成《大武》之作，成於周公之手。所謂「告成」，乃向祖先報告《大武》舞樂之成，是祭告祖先的樂歌，《箋》云「周公居攝六年，制禮作樂，歸政成王，乃後祭於廟而奏之，其始成告之而已」〔註106〕。可見，漢儒一致

〔註104〕《禮記·祭統》「舞莫重於《武宿夜》」，鄭注云「《武宿夜》，武曲名也」，孔疏引《書傳》云『武王伐紂，至於商郊，停止宿夜，士卒皆歡樂歌舞以待旦，因名焉。《武宿夜》，其樂亡也』，又引熊氏云：『此即《大武》之樂也』。參李學勤《十三經注疏·禮記正義》，北京：北京大學出版社，1999 年，第 1345 頁。既然此《武宿夜》已亡，則熊氏之說不過推論而已，後來何楷將其定爲《酌》，王國維將其定位《昊天有成命》，高亨將其定爲《我將》，都沒有切實的根據。本文認爲，《武宿夜》既然表現克商前夜武王士卒所舞，這一舞容與後來《大武》舞容不合，可能它乃是武王時代的舞樂，後來被採來用以製作《大武》，其辭難以推斷。

〔註105〕王先謙《詩三家義集疏·武》，中華書局，1987 年，第 1055 頁。

〔註106〕李學勤《十三經注疏·毛詩正義》，北京：北京大學出版社，1999 年，第

認為《酌》乃《大武》作成、獻於宗廟時所用的樂歌。

從禮儀角度看，「告成」不會是獨立的一個禮儀活動，它作為祭告的環節應該是與演奏《大武》的環節一起出現的。那麼，這兩個環節關係如何呢？由於對「告成《大武》」的理解不同，因而產生了兩種不同的看法，一是將《酌》視為《大武》的一成，認為《酌》之「告成」本身即為《大武》舞樂的一部分，明代何楷以來，多數人持這一看法〔註107〕；一是認為「告成」本身已經不是《大武》舞樂了，因而將《酌》視為《大武》的序曲〔註108〕。

那麼，如何理解漢儒「告成《大武》」的說法呢？「告成《大武》」這種說法從何而起，如今難以辨明。假設漢儒之說有著古老的根據，如今也難以發掘這個根據而用以判斷《酌》與《大武》歌詞的關係；然而，漢儒之說至少表明一點，即根據他們的理解，《酌》是針對《大武》作成而作的，它與《大武》是不一樣的。

但是，這裡的「《大武》」是指什麼呢？上述的前一種觀點將其理解為「大武」的舞蹈內容而不是「大武」的歌詞，從而才能將《酌》視為《大武》歌詞之一；後一種觀點則認為這裡的《大武》是指詩樂舞合一的完整的《大武》，所以，《酌》不能為《大武》歌詞。漢儒並無交待「大武」為何，上述兩種看法見仁見智，它們從《酌》篇的詩句尋求符合自己看法的內容，如對「時純熙矣」就有甲子克商的大勝與成王時局勢穩定這兩種解釋。憑心而論，兩種解釋都能在詩篇中梳理得通。

另外，將《酌》排斥在《大武》歌詞之外還有其他旁證。據《左傳》宣公十二年所載隨武子的話，《汋》與《武》並列，可見，《汋》與《武》各章可能用處不同。其次，《禮記·內則》「十有三年，學樂誦《詩》，舞《汋》。成童舞《象》，學射御」，鄭玄云「先學《汋》，後學《象》，文武之次也」〔註109〕，可見，《汋》為文舞，而《大武》則為武舞，二者的舞樂性質是不一樣的。而所謂《汋》正是《周頌》之《酌》篇。這兩則材料都表明曾經有一個名為《汋》（古人認為即《酌》）的詩篇及其樂舞，它與《大武》是不同的。

1368 頁。

〔註107〕 參上文綜述部分，何楷認為《酌》即《武宿夜》，將其視為《大武》第二成，之後魏源、龔橙、王國維、高亨、孫作雲等等均持這一觀點。

〔註108〕 李山《周初〈大武〉樂章新考》，《中州學刊》2003 年 5 期，第 80～85 頁。

〔註109〕 李學勤《十三經注疏·禮記正義》，北京：北京大學出版社，1999 年，第 828 頁。

　　本文認爲，無論是「告成《大武》」還是《左傳》《禮記》關於《酌》的記載，都不能作爲判斷《酌》與《大武》歌詞關係的直接根據。原因是：其一，由於《大武》歌詞本身保留在《周頌》中，因而「告成《大武》」的《大武》應當如季札觀樂的記載那樣視爲舞樂的名稱，首要意義是舞樂，因爲正如季札評論那樣，《大武》舞樂與《周頌》詩樂是有區別的。其二，《禮記》載《汋》爲文舞，《儀禮‧燕禮》「若舞，則《勺》」，雖然表明存在一種文舞名爲《汋》，但是這一點無法否定《酌》在周公的時代作爲《大武》歌詞。原本作爲《大武》歌詞的《酌》後來演變成爲具有獨立性質的《汋》，這是完全可能的。其三，《白虎通》《風俗通義》等載《酌》爲周公之舞，這些說法都是漢儒之見，《左傳》等先秦文獻從未提及《汋》作爲周公標誌性舞樂的說法，甚至可以猜測這一看法來自於漢代解《詩》家對《酌》「告成《大武》，言能斟酌先祖之道以養天下」的解說。總而言之，將《酌》排除在《大武》之外，依據的只是出自秦漢禮家、《詩》家的間接性論據，而忽略了詩篇的表現對象及其與《大武》舞蹈形象的對應性才是判斷《酌》是否爲《大武》歌詞的直接根據。

　　我們認爲判斷《酌》篇是不是《大武》歌詞，一方面要取決於詩篇的表現對象是否與《大武》一致，另一方面要看《酌》是否能在某個環節配合《大武》舞容。

　　首先來看詩篇的表現對象。《酌》「於鑠王師，遵養時晦。時純熙矣，是用大介。我龍受之，蹻蹻王之造。載用有嗣，實維爾公允師。」詩篇先是頌揚王師韜光養晦、贏得大好的政治時機，其次是表明「我」繼承王的功業、向先公取法。這裡關鍵在於辨明「我」指誰？古今有三種看法：《毛傳》認爲「我」是指武王，全詩是「歌武王之事」，王肅同毛；《鄭箋》則認爲「我」指文王，全詩乃「追美文王之事」〔註110〕。其中，鄭玄的說法乃漢人美化文王之說，迂曲難通，不可從。毛氏之說得到了古今學者的贊同，顯然，它是比較符合詩篇內容的，「養」爲「取」意，「遵養時晦」是指王師克殷，「時純熙」是指天下太平，而「我龍受之」「載用有嗣」則是表明武王克商的原因，即繼承先王的努力、取法先公。所以，《酌》的表現對象無疑是武王克商，朱熹將其概括爲「頌武王之功」，這一點與《大武》舞樂是一致的。

〔註110〕李學勤《十三經注疏‧毛詩正義》，北京：北京大學出版社，1999 年，第 1368
　　　～1371 頁。

其次看它是否能夠配合《大武》舞樂。從《大武》舞容及其動作來看，舞樂首尾適合歌唱《酌》詩篇，如舞隊「久立於綴，詠歎淫液」，所謂的「恐不逮事」與詩篇重點表現的繼承先祖先王功業的內容非常一致；或「總干而山立」，所謂「武王之事」與詩篇「遵養時晦」也較一致；或者「復綴以崇天子」，在展現武王雄姿的時候歌唱《酌》篇，表明功成業就，也是有可能的。總之，將《酌》篇與《大武》表現內容相比照，可以發現，用《酌》配合《大武》是完全可能的。

除了上述兩點之外，從詩篇的內容與風格上也可以看出《酌》與《武》《賚》《桓》非常一致。《酌》篇主要內容就是表現武王克商是在繼承先王先公的基礎上完成的，這一點《武》與《賚》都已經著重強調過，《武》「允文文王，克開厥後，嗣武受之」，《賚》「文王既勤止，我應受之」，都表現了武王對文王的繼承，《酌》之「遵養時晦」與文王之所作所為也極為一致。在詞語方面，《酌》之「我龍受之」與《賚》「我應受之」，「載用有嗣」與《武》「嗣武受之」等也很相似，表明了它們創作背景相同。綜上三點可見，《酌》非常有可能成為配合表演《大武》樂舞的樂章。

結　語

綜上所述，本文認為周代的標誌性舞樂《大武》的雛形已成於武王時代，其歌詞則定於成王時代。當成王除喪、立武王廟，舉行禘祭的時候，所謂《大武》才首次完整地演奏於宗廟。《大武》的歌詞篇數難定，但保留在《周頌》中的只有《酌》《武》《桓》《賚》四篇。

第三節　祭祖樂歌之二：祭文王

引　言

周人有著強烈的祖先崇拜，但與無原則地篤信祖神、「先鬼而後禮」的殷人不同的是，他們的祖先崇拜發生了革命性的變革：對祖先在宗教崇拜之外，增加了道德崇拜。在周人的信仰中，祖先不僅僅是作為神靈與天帝或人間發生神秘聯繫，更重要的還是一個個歷史英雄，以其高尚的德行和豐功偉績與周民族、殷人等人群發生聯繫。在西周文獻中，周人「建構了一個周人

世系，這個世系同時又是一個道德譜系」〔註111〕，從始祖后稷到遷豳的公劉、遷岐的太王，到「三分天下有其二」的文王、滅商的武王、致太平的周公等等，《魯頌・閟宮》次章曰「后稷之孫，實維大王。居岐之陽，實始翦商。至于文武，纘大王之緒。致天之屆，于牧之野」，就是對這一譜系的簡單概括。在這個道德譜系中，他們的祖先被從作爲神秘神聖的神還原爲在族群歷史中開拓進取的人間英雄，從而彰顯了整個周人群的生命精神和文化精神〔註112〕。而最能體現周人這種祖先崇拜特點的無疑就是「雅頌」中歌頌祖先的詩篇。

在周人的祖先譜系中，最爲關鍵的人物是周文王。據史籍記載，他擴張了周人的勢力，製定了逐步蠶食殷人勢力的戰略決策；更重要的是，他被認爲具有最高的德行和修養，從而獲得上天眷顧而膺受天命。換言之，在周人的英雄譜系中，周文王是最顯著的道德英雄，在他身上體現了天命轉移的合理性依據，也爲周人的統治策略提供了根據。而這些意識形態內容在「雅頌」中歌頌文王的詩篇中體現得淋漓盡致。《詩經》中提到「文王」的詩篇很多，但是主要以文王爲歌頌對象的有四篇，即《維天之命》、《維清》、《我將》和《文王》。其他的詩篇，如《大明》是文、武並頌，《皇矣》是大王、王季、文王並頌，《緜》、《天作》頌太王，《思齊》頌聖母，《武》、《賚》頌武王，《文王有聲》頌時王，儘管提及「文王」，甚至有若干稱道文王的詩句，但都不以文王爲主要的表現對象，本文暫不作爲討論對象。

考察以文王爲表現對象的《維天之命》、《維清》、《我將》和《文王》四詩發現：首先，它們都是祭祀文王典禮所用的樂章；其次，它們乃是某個歷史時期周王大祭文王的禮典上連篇使用的樂歌，用於祭典的不同環節。另外，《清廟》一詩可能也用於這一禮典，不過，這只是一種移用，沒有足夠證據表明《清廟》產生於這一祀典。

一、《維天之命》、《維清》、《我將》、《文王》四詩之間的聯繫和共同點

首先，它們都以文王爲歌頌對象。《大雅・文王》作爲「歌頌周文王的

〔註111〕李春青《詩與意識形態》，北京：北京大學出版社，2005年，第86頁。
〔註112〕李山《詩經的文化精神》，北京：東方出版社，1997年，第247頁。

詩」是毫無疑問的〔註113〕，其實《維天之命》、《維清》、《我將》三詩雖然是祭祀的儀式樂歌，亦是如此。《維天之命》曰「於乎不顯，文王之德之純」，《維清》曰「維清緝熙，文王之典」，《我將》曰「儀式刑文王之典，日靖四方」，都是稱道文王之德，表明取法文王的意思〔註114〕，因而顯然都是針對文王的儀式樂歌。儘管《維天之命》和《我將》都涉及到了對「天命」的贊美和祈禱，但是「天」、「天命」在詩中與「文王之德」並列，只不過是說明文王德行備至足以獲得天命眷顧而已，即《文王》「文王在上，於昭于天」一句的生動體現，並非詩篇的表現對象。另外，有人執「配天帝」之說，認為《維天之命》、《我將》實為祀上帝而配文王，即以表現上帝為主的詩篇〔註115〕；其實，詩明言「伊嘏文王，既右饗之」，表明詩篇所針對的是獻祭文王的儀式，「配天」之說並不足據（詳下）。

其次，四詩具有共同的義理結構和思想內涵。這些詩篇以文王為歌頌對象，其目的在於說明文王以德獲得天命，告誡後來者要想獲得上天的眷顧，就要取法文王。這一主題是在「天——文王——爾、我、曾孫」的主體結構下展開的，「天——文王」之間的連接要素是「德」，「文王——爾、我、曾孫」之間的連接要素是「儀型」、「篤之」，「天——爾、我、曾孫」之間的連接要素是「畏」、「有虞殷自天」。考察詩篇內容，這一義理結構和上述這些思想要素在四詩中有著明顯的體現，這表明它們之間有著非常緊密的聯繫。

再次，從詩篇的語詞和句法看，四詩之間存在許多相似之處。比如，「文王之德（典）」在《維天之命》、《維清》、《我將》中均有出現，《我將》「儀式刑文王之典」與《文王》「儀刑文王」極為相近，《維清》的「維清緝熙」、「維周之禎」與《文王》的「於緝熙敬止」、「維周之楨」亦如出一轍。另外，如「不顯」、「不已」、「緝熙」、「天」等實詞，「於乎」、「維」、「我」、「之」

〔註113〕高亨《詩經今注》，上海：上海古籍出版社，1980 年，第 369 頁。

〔註114〕《我將》「文王之典」，昭公六年《左傳》、《漢書·刑法志》俱引作「文王之德」，《維清》或亦當如此。阮元《十三經注疏·春秋左傳正義》，上海：上海古籍出版社，1997 年，第 2044 頁。〔漢〕班固撰、〔唐〕顏師古注《漢書》，北京：中華書局，1962 年，第 1093 頁。王宗石《詩經分類詮釋》，長沙：湖南教育出版社，1993 年，第 965 頁。

〔註115〕明代鄒忠胤以為《維天之命》為「配帝之樂歌」，清代方玉潤認為《我將》「以祀帝為主，文王配焉」。何楷《詩經世本古義》，《影印文淵閣四庫全書》第 81 冊，臺北：臺灣商務印書館，1986 年，第 364 頁。方玉潤《詩經原始》，北京：中華書局，2006 年，第 589 頁。

等虛詞在四詩中也有極高的出現頻率。由此表明,它們不僅有著共同的表現對象,而且可能產生於同一時期,使用於同一種禮儀場景。

眾所周知,詩在《詩三百》的時代是樂章,即歌詞。但《詩》的樂章義有兩個層次:一是詩的本義,即詩最初產生時所用的儀式;二是詩的移用義,即改變原來的用途而移用於其他儀式。本文言詩,都是就《詩》樂章義的第一層次而言的,上述對《維天之命》、《維清》、《我將》、《文王》四詩的考察也是基於這個角度的。換言之,此四詩都與文王有關,它們都是祭祀文王典禮的樂歌,只不過各自用於祭典的不同環節而已。

二、《維天之命》、《維清》、《我將》、《文王》爲祭祀文王的禮典 不同階段的樂歌

古人深信,《周頌》以及《風》、《雅》的諸多篇章都是周公「制禮作樂」前後的產物。因此,他們在解說《周頌》詩旨時都將詩篇與周公的文化行動聯繫起來,如《毛序》認爲《清廟》是「周公既成洛邑,朝諸侯,率以祀文王焉」所用的樂章,認爲《維天之命》是周公「太平告文王也」的詩篇,《維清》是「奏象舞」的樂歌,《我將》是周公「祀文王於明堂」所用的樂章。《詩序》當然有可能保留師承的舊說,但是,它通過附會、強加等方式將舊說(如果有的話)整齊化的痕迹也是很明顯的,如以《尚書·周誥》(其實可能是《尚書大傳》)解《清廟》、以《孝經》解《我將》,如將所有詩篇歸到周公的名下等。《尚書》、《孝經》等文獻未嘗不可以作爲解詩的根據,周公也完全可能是詩篇的作者,問題是,這一切都要結合詩篇的內容來予以考訂。顯然,從這一視角看,古人的結論是不夠準確的。

本文認爲,《維天之命》、《維清》、《我將》、《文王》四詩都是祭祀周文王所用的儀式樂章,它們並不一定產生於周公的時代〔註116〕。根據《小雅·楚茨》所提供的祭祖儀式內容來看,在祭文王的典禮中,《我將》當爲升鼎、載俎之後饗神環節所用的樂歌,《維天之命》爲主祭者「曾孫」獻神尸時所用的樂歌,《維清》爲祭禮完畢、送尸時歌舞的樂章,《文王》則爲祭畢賜胙陳戒

〔註116〕古人對於這些詩篇作於周公成王時不曾懷疑。今人王宗石根據《維天之命》「曾孫」一語以爲當在周康王時,李山先生則認爲它們都產生於西周中葉穆王時期。本文以爲這些說法是有道理的。參王宗石《詩經分類詮釋》,長沙:湖南教育出版社,1993年,第966頁。李山《詩經析讀》,海口:南海出版社公司,2003年,第428頁。

與祭人員所用的樂歌。試分而證之如下：

1、《維天之命》、《維清》、《我將》均為祀文王之樂章

先看《維天之命》。《小序》云「太平告文王也」，將詩篇歸到周公的名下，許多學者對此篤信不疑，進而根據《尚書大傳》將此詩定為攝政五年之末所作（《箋》）〔註117〕，言之鑿鑿。然而，詩篇本身既沒有顯示「太平」的信息，更沒有「周公」所作所用的痕迹。詩只有簡單的三句話，第一句是贊美「天命」運行不已，第二句則贊美「文王之德」的「純」和「顯」，第三句是「我」表態要學習文王。可見，詩篇正是針對文王而言的，說「天」和「我」都是為「文王之德」作鋪墊。因而，《集傳》所云「祭文王之詩」顯然比《詩序》要合理得多了。所謂「祭文王」只言詩篇的用途和表現對象，不說詩的時代，也不說詩的作者，然而這正是詩篇本身內容所顯示的。

此詩作為祭祀文王的樂歌，還可以從詩中的人稱得知，即「我」和「曾孫」。詩中之「我」實即「曾孫」自稱。「曾孫」者，本義為孫之子，但在周代文獻中，它實際上還是一個專有名詞，指行禮中「主人」的角色。如《大雅・行葦》「曾孫維主，酒醴維醹。酌以大斗，以祈黃耇」，這裡的曾孫是指宴飲禮儀中的主人；如《大戴禮記・投壺》「曾孫侯氏，今日泰射」，則是指射禮中的主人。當然，「曾孫」〔註118〕更多的情況是指祭禮中的主祭者。《小雅・信南山》「是剝是菹，獻之皇祖。曾孫壽考，受天之祐。祭以清酒，從以騂牡，享于祖考。」《集傳》「曾孫，主祭者。」哀二年《左傳》云「曾孫蒯聵，敢告皇祖文王、烈祖康叔。」《禮記・曲禮》「臨祭祀，內事曰孝子某侯某，外事曰曾孫某侯某。」《郊特牲》「祭稱孝孫孝子，以其義稱也；稱曾孫某，謂國家也。」《周禮・考工記》「祭侯之禮，以酒、脯、醢。其辭曰：『……詒女曾孫諸侯百福。』」可見，「曾孫」是祭禮中主祭者自稱的常用語，《維天之命》的「曾孫」也是如此。由此可見，《維天之命》當為「曾孫」祭祀文王所用的樂歌。

再看《維清》。《小序》曰「奏《象》舞也」，認為此詩是配合《象》舞的樂章，遂開啓了千載的爭端。人們圍繞著《象》舞是表現文王之事還是武王之事、成於武王之時還是周公之時、是人歌還是管吹爭論不休；其實這是舍本逐末，因為《維清》與《象》舞的搭配關係，是《詩序》建立的，是否成

〔註117〕阮元《十三經注疏・毛詩正義》，上海：上海古籍出版社，1997年，第583頁。
〔註118〕朱熹《詩集傳》，南京：鳳凰出版社，2007年，第180、181頁。

立尚待考證；退一步而言，即使《維清》果爲奏《象》舞之樂章，那麼是本義還是移用，將對認識詩篇具有完全不同的意義。因而，與其通過辨明用途來讀詩，不如直接面對詩篇的內容來解詩，然後再表明其用途。

詩曰「維清緝熙，文王之典。肇禋，迄用有成，維周之禎。」《箋》云「緝熙，光明也」，「維清緝熙，文王之典」即文王之典清明、光顯，可見，首句是對文王的稱頌。因而，次句「肇祀」的主語也是文王。言文王「肇禋，迄用有成」，《毛傳》云「禋，祀也」，文法與《大雅‧生民》篇「后稷肇祀，庶無罪悔，以迄于今」相似，是稱道文王通過祭祀敬事神靈，使周得到禎祥〔註 119〕。顯然，詩篇是以文王爲歌頌對象，以歌唱文王之典及其功績爲內容。由此可見，作爲獻神樂章的《維清》當即祭祀文王之樂歌無疑。朱熹云「此亦祭文王之詩」，方玉潤云「然詩之用，則祀文王也」，都是對詩旨較爲準確的概括〔註 120〕。

再看《我將》。《小序》云「祀文王於明堂也」，認爲此詩亦爲祭祀文王的樂歌。但由於《序》指出祭祀地點在明堂，後人遂將此詩與「配帝」之說聯繫起來。孔穎達云「謂祭五帝於明堂，以文王配而祀之」，朱熹遂將詩旨改爲「此宗祀文王於明堂以配上帝之樂歌」，並且至今爲大多數學者所贊同〔註 121〕。但是，孔、朱的說法實際上已經和《序》不同了，前者爲「祀文王的樂歌」，後者其實是「祀帝的樂歌」了，方玉潤曰「然詩以祀帝爲主，文王配焉，自當云『祀帝於明堂，而以文王配之也』」，就指出了這一點〔註 122〕。

其實，從詩篇內容看《我將》當亦爲祭祀文王的樂歌，並非「配帝」之詩，孔、朱等人的說法並不準確。以《我將》爲祀帝之詩，其根據是詩中有言及「天」的內容，如首句「我將我享，維羊維牛，維天其右之」，似乎道出了祭天帝的內容。其實，這是似是而非的，「將」、「享」之動作，「牛」、「羊」

〔註 119〕高亨曰「『禋』當作西土，乃西土二字誤合爲垔，後人又加示旁。」王宗石則曰「余更疑『禋』字之『示』旁，乃『在』字之誤。……則『肇禋』即『肇在西土』，此文與《酒誥》『乃穆考文王，肇國在西土』完全一致。」此說亦通。高亨《詩經今注》，上海：上海古籍出版社，1980 年，第 477 頁。王宗石《詩經分類詮釋》，長沙：湖南教育出版社，1993 年，第 966 頁。

〔註 120〕朱熹《詩集傳》，南京：鳳凰出版社，2007 年，第 261 頁。方玉潤《詩經原始》，北京：中華書局，2006 年，第 580 頁。

〔註 121〕阮元《十三經注疏‧毛詩正義》，上海：上海古籍出版社，1997 年，第 588 頁。朱熹《詩集傳》，南京：鳳凰出版社，2007 年，第 263 頁。

〔註 122〕方玉潤《詩經原始》，北京：中華書局，2006 年，第 589 頁。

之犧牲正說明此詩乃祭祖而非祀天帝。據後世禮書，祀天用「特牲」（《禮記‧郊特牲》）或「用騂犢」（《祭法》），並且用牲之法爲燎或燔柴，即燒牲於柴上，這一點與西周史料是相合的，《逸周書‧世俘解》載武王獻俘時「至燎於周」，且武王告神云「惟予衝子，綏文考，至於衝子，用牛於天、於稷五百有四」。而此詩顯然並非如此，詩中所用之牲有牛有羊，處理犧牲的動作爲「將」、「享」——所謂「將」即銅器銘文中常見的「鬺」字〔註123〕，馬瑞辰云「《說文》作鬺，煮也」〔註124〕；所謂「享」，《毛傳》云「獻也」。這種煮牲、獻牲的儀節，與《小雅‧楚茨》「絜爾牛羊，以往烝嘗。或剝或亨，或肆或將」，《周頌‧絲衣》「自羊徂牛，鼐鼎及鼒」的用牲法如出一轍，因而是祭祖而非祀天的用牲。

其實，此詩「本亦祭祀文王」的樂歌〔註125〕。詩中言「伊嘏文王，既右饗之」，「饗」即歆饗牲品，文王既已歆饗牲品，說明詩中所祭祀神靈正是文王，這是極爲明顯的。至於詩言「維天其右之」、「畏天之威」，不過是作爲「儀式刑文王之典」的注腳而已；周人歌頌文王之德，常從天命眷顧的視角展開，《大雅‧文王》云「上天之載，無聲無臭。儀刑文王，萬邦作孚」，正是對「儀式刑文王之典」的最好說明；又云「穆穆文王，於緝熙敬止。假哉天命，有商孫子」，所謂「假哉天命」並非針對「天」而言，而是稱道文王之「敬」。由此可見，《我將》與《文王》實際上具有相同的表現對象（即文王），它是祭文王之詩。前人之所以將《我將》視爲「配帝」之詩，是因爲它們將詩中言「天」的內容與言「文王」的內容割裂開來，轉而以後出的《孝經》「宗祀文王於明堂以配上帝之樂歌」例西周之詩，自然也就不得要領。

2、《維天之命》、《維清》、《我將》聯合用於祭文王禮典

上文已經指出，《維天之命》、《維清》、《我將》都是祭祀文王的樂章，並且具有相同的形式特徵。據此可以推論，此三詩乃同時產生於祭文王的禮典之上，只不過所用的典禮儀節不同而已。

在論證此觀點之前有一個問題要辨明，這就是《清廟》、《維清》、《維天之命》三篇連用的問題。周人用詩樂有「三終」或三篇連用的習慣，《逸周書‧世俘解》云「王定，奏其大享三終」，又云「進《萬》，獻《明明》三終」；襄

〔註123〕如《智鼎》曰「乍朕文考害白（伯）鬺牛鼎」。參馬承源《商周青銅器銘文選》，北京：文物出版社，1988年，第169頁。

〔註124〕馬瑞辰《毛詩傳箋通釋》，北京：中華書局，1989年，第1053頁。

〔註125〕王宗石《詩經分類詮釋》，長沙：湖南教育出版社，1993年，第562頁。

公四年《左傳》、《國語‧魯語下》有歌「《鹿鳴》之三」、「《文王》之三」、「《肆夏》之三」，所謂「《鹿鳴》之三」即《鹿鳴》、《四牡》、《皇皇者華》，所謂「《文王》之三」即《文王》、《大明》、《緜》；《儀禮‧鄉飲酒禮》、《燕禮》「工歌」也是《鹿鳴》、《四牡》、《皇皇者華》三篇，並且笙奏《南陔》、《白華》、《華黍》，合樂《周南‧關雎》、《葛覃》、《卷耳》，《召南‧鵲巢》、《采蘩》、《采蘋》也是三篇。因此，有人就進而推論《清廟》、《維天之命》、《維清》當亦三篇連用。本文認為，這種可能是存在的，儘管從文獻中找不到直接的根據。

　　但是不得不著重指出的是，上述這些三篇用詩的例子如《關雎》之三、《鵲巢》之三、《鹿鳴》之三、《文王》之三正好是《周南》、《召南》、《小雅》、《大雅》的首三篇，這表明這種用詩乃《詩》結集以後的事，並且是對詩篇的移用。換言之，這些詩本來的用途與上述情形可能是完全不同的：如《關雎》本為婚禮樂歌，被用為飲酒禮的合樂樂歌；《鹿鳴》本為燕賓樂歌，被用為燕禮、鄉飲酒禮「工歌」的通用樂章；《文王》本為祭祖樂歌，被用為兩君相見之樂歌等。並且，連用的三詩的本來用途可能是互不相同的，如《鹿鳴》作為燕賓樂歌與《四牡》、《皇皇者華》作為燕勞使臣的樂歌不同，如作為祭文王樂章的《文王》與作為祭太王的《緜》不同等。由此可知，即使《清廟》、《維清》、《維天之命》三篇連用也並不表明它們本來的用途相同。

　　自從明代季本提出《清廟》、《維清》、《維天之命》三篇連用以來，得到了不少學者的贊同，如明代何楷、清代李光地、今人陳子展。他們認為，這三篇關係緊密，都是祭祀文王所用的詩篇而用於不同環節，如明人鄧元錫云「『迄有成』，豈送神樂歟？推之，豈《清廟》登歌樂，《維天之命》饗神樂歟？」，李光地曰「《清廟》，方祭之詩；《維天之命》，祭而受福之歌；《維清》，祭畢送神之歌」〔註126〕；甚至進而指出這三詩本來為一篇，如季本云「自此至《維清》，似宜合為一篇」，何楷補充季本之說云「試觀首章言『於穆』，次章亦言『於穆』；首章言『丕顯』，次章亦言『丕顯』；首章言『秉文之德，對越在天』，次章即以『維天之命』與『文王之德』並言；又首章言『清廟』，而第三章亦言『維清』，其前後呼應，井然可數，此非同為一篇而何？」〔註127〕本文認為，

〔註126〕何楷《詩經世本古義》，《影印文淵閣四庫全書》第81冊，臺北：臺灣商務印書館，1986年，第365頁。陳子展《詩經直解》，上海：復旦大學出版社，1983年，第1070頁。
〔註127〕何楷《詩經世本古義》，《影印文淵閣四庫全書》第81冊，臺北：臺灣商務印書館，1986年，第361頁。

這些看法無疑抓住了這三首詩之間的一些聯繫，它們是有可能共同用於祭祀文王的禮典之中的。

不過，必須強調的是這三篇如果連用於祭文王之典的話，那也是《詩》文本結集之後的移用，而不是本來用途。這是因為，《清廟》一詩本義並非祭文王之詩。《小序》及歷代的眾多學者之所以將此詩視為「祀文王」的樂歌，是因為將詩中「秉文之德」的「文」字誤讀為文王的結果，實際上「文」是西周文獻形容「德」的常用語〔註128〕。據筆者考證，《清廟》實為諸侯助祭於宗廟之樂章，後來被用為宗廟祭祀之通用樂章（參第五節）。不過，《周頌》中確實有祭文王的連用詩篇，其中就包括《維天之命》、《維清》，另外一篇是《我將》而非《清廟》。

王宗石早已指出，《周頌》中「歌頌文王的詩一組三篇」，就是《維清》、《維天之命》和《我將》〔註129〕。這個看法是獨具慧眼的，上文所論的內容其實證明了王先生的觀點。不過，本文進而指出，此三詩不僅是祭文王所用的儀式頌歌，它們還分別有著自己的使用儀節。

《維天之命》中出現了「曾孫」即主祭者的自稱——「我」，又云「於乎不顯，文王之德之純。假以溢我，我其收之」，係對神面對面的告語，由此可見此詩當為主祭者告神的樂歌，應在獻神的儀節上歌唱。《我將》云「我將我享，維羊維牛」，顯然說的是處理和敬獻犧牲的儀節，正如《小雅·楚茨》所云「濟濟蹌蹌，絜爾牛羊。以往烝嘗，或剝或亨，或肆或將」，「先祖是皇，神保是饗」的環節，即獻牲饗神的儀節，詩云「伊嘏文王，既右饗之」，顯然證明了這一點。《維清》傳說為「奏象舞」之樂章，儘管《象》為何舞人們有爭議，但是對於《維清》與舞蹈的聯繫人們從未懷疑，此詩當在典禮中與舞蹈同時而作。聯繫前文《維天之命》為獻神告神之樂歌，《我將》為饗神樂歌，則奏響《維清》並伴以舞蹈的時候，應該是娛神、送神的環節了。另外，詩言「肇禋，迄用有成，維周之禎」，言及文王敬事神靈以「迄用有成」，這與祭祀者當下的祭祀活動似乎有著巧妙的呼應，這表明祭祀活動也到了「有成」的階段，「維周之禎」的頌語中也透露了這一點，由上可以推論，《維清》當為娛神、送神儀節所用的樂歌。綜上所述，可見此三詩在祭文王的祀典中的使用順序應為：《我將》、《維天之命》、《維清》。

〔註128〕戴震《戴震遺書·毛鄭詩考正》卷四，微波榭刻本，第167頁。王引之《經義述聞·毛詩》，南京：江蘇古籍出版社，2000年，第171頁。
〔註129〕王宗石《詩經分類詮釋》，長沙：湖南教育出版社，1993年，第965頁。

3、《文王》新考——祭祀文王典禮所用的陳戒樂歌

《文王》一詩是《大雅》的第一篇，但是在《詩三百》中卻佔有核心的位置。這是因為周人將文王視為他們戰勝殷人、獲得政權的關鍵，而《文王》一詩又是歌頌文王之所以獲得天命的詩篇。換言之，《文王》實際上承載了周人的核心政治理念和意識形態觀念。正是因為這一點，有人將《文王》視為周朝的「國歌」〔註130〕。那麼，這一「國歌」是在什麼場景中產生的呢？

《小序》云「文王受命作周也。」古人大都承續《序》意，對《文王》詩旨的關注都集中於「文王受命」，受命的內涵、「德」與命的關係成為他們討論的焦點。今人雖已不再關注「受命」之說，但對詩旨的認識也大都止於「歌頌文王」而已〔註131〕。朱熹云「若夫《雅》《頌》之篇，則皆成周之世朝廷郊廟樂歌之辭」，則《文王》當為朝廷之樂歌，並用於「戒成王」的；也有人提出了《文王》是一首與祭祀有關的「廟堂詩歌」〔註132〕。但是，無論是「朝廷之樂歌」還是「廟堂詩歌」都過於籠統，此詩到底在什麼禮儀場景中產生的，尚無人揭示清楚。本文認為可以從兩個層面認識這個問題：第一，《文王》是祭祀文王典禮的樂歌；第二，它用於祭畢陳戒的儀節。試分而證之：

首先，《文王》是祭祀文王所用的樂歌，這在詩中有著直接的證據。詩首章曰「文王在上，於昭于天」，又曰「文王陟降，在帝左右」，這是對文王死後上升為神、佐事上帝的描述，因而當為告文王之神的內容。《墨子・明鬼篇》「若鬼神無有，則文王既死，彼豈能在帝之左右哉」，表明東周之人已作此解。《毛傳》云「言文王升接天，下接人也」，說的就是文王死後為神的情況，朱熹對此認識最透徹「蓋以文王之神在天，一升一降，無時不在上帝之左右，是以子孫蒙其德澤，而君有天下也。《春秋傳》，天王追命諸侯之詞曰：『叔父陟恪，在我先王之左右，以佐事上帝。』」〔註133〕

其實詩中之「陟降」足以證明這一點。「陟降」即往來之義〔註134〕，作

〔註130〕陳子展《詩經直解》，上海：復旦大學出版社，1983年，第861頁。

〔註131〕高亨《詩經今注》，上海：上海古籍出版社，1980年，第369頁。

〔註132〕朱熹《詩集傳・詩集傳序》，南京：鳳凰出版社，2007年，第206頁。李山《詩經析讀》，海口：南海出版社公司，2003年，第348頁。

〔註133〕阮元《十三經注疏・毛詩正義》，上海：上海古籍出版社，1997年，第503頁。朱熹《詩集傳》，南京：鳳凰出版社，2007年，第204頁。

〔註134〕王國維云「古又有『陟降』一語，古人言『陟降』猶今人言『往來』。」參《觀堂集林・與友人論詩書成語書》，北京：中華書局，1959年，第75～

爲西周成詞，本是描述神靈上下往來的專用語，當時凡言天帝、祖宗之神保祐人間的，皆以「陟降」形容。《周頌·閔予小子》曰「念茲皇祖，陟降庭止」，《訪落》曰「紹庭上下，陟降厥家」，《敬之》曰「無曰高高在上，陟降厥士」，前兩者言祖神之往來，後者指天神之往來；後世文獻如昭公七年《左傳》「叔父陟降在我先王之左右」、《墨子·節喪》篇所言儀渠之人稱親戚之死的「登遐」、《禮記·曲禮》言告喪之的「天王登假」，都是指神靈往來，都與「陟降」的意義一脈相承〔註135〕。馬瑞辰云「古者言天及祖宗之默祐，皆曰陟降」，是非常準確的〔註136〕。由此可見，所謂「文王陟降」乃針對文王之神而言，所謂「文王在上」亦當指文王之神，這表明全詩所稱之「文王」實際上是神靈之號，全詩對文王的歌頌實際上是對文王之神的歌頌，因而詩篇自然只能是祭祀文王的樂歌。孫作雲說「『文王陟降，在帝左右』，一開始就顯示其爲祭祀歌的性質」，是正確的〔註137〕。古人將此詩理解爲文王生時、周公所作（《呂氏春秋·古樂》），所以對「文王在上」、「文王陟降」作現實的理解，並且批評朱熹「舍人而求鬼神」的理解（如陳啓源、胡承珙），如上所述，其實他們的看法才是錯誤的。

　　除了「在上」、「陟降」的證據之外，詩中的人稱亦可表明其當爲祭祀文王的樂歌。詩的第五章曰「王之藎臣，無念爾祖」，這裡的「爾」與第七章「無遏爾躬」的「爾」所指稱的人是一樣的，《集傳》云「爾祖，文王也」，既然稱呼文王爲「祖」，就只能是文王的孫輩及其之後的人所爲，即第二章的「文王孫子」；第七章又曰「命之不易，無遏爾躬」，「上天之載，無聲無臭。儀刑文王，萬邦作孚」，指出被稱爲「爾」之人要取法文王、勤謹踐行，才能迎合「無聲無臭」的上天，從而保住天命。可見，這裡再次呼應了首章文王之神溝通天人的意義，並通過「爾」、「祖」的稱呼指明了人間的「爾」與文王的關係。由此可知，「爾」即後世的周王，是主祭者，全詩是周王祭祀文王所歌唱的內容。

　　其次，此詩既用於祭文王的禮典，那麼，它用於祭典的何種儀節呢？先看看全詩的結構：前三章爲第一部分，歌頌文王獲得天命眷顧、王國克生；四、

83 頁。

〔註135〕姜昆武《詩書成詞考釋》，濟南：齊魯書社，1989 年，第 121～124 頁。

〔註136〕馬瑞辰《毛詩傳箋通釋》，北京：中華書局，1989 年，第 794 頁。

〔註137〕孫作雲《孫作雲文集·〈詩經〉研究》，開封：河南大學出版社，2003 年，第 360 頁。

五兩章爲第二部分，言天命轉移、殷人助祭於周；六、七兩章爲第三部分，指出後人要儀型文王、保住天命。可見，全詩雖然以文王爲歌頌對象，但其言說指向卻是兩種人：一是以「爾」稱之的周人，一是殷人。這兩類人正是《周頌·清廟》所謂「濟濟多士」、「駿奔走在廟」的兩類人〔註138〕。但與只是描述這類人的行動的《清廟》不同，《文王》一詩中更多的內容是對這兩類人的直接言辭。正是由此，古人多將此詩定爲「周公戒成王」所用的歌詞，所謂周公、成王云云在詩中並無根據，但是「戒」字卻是符合詩篇的內容的。

那麼，這種全爲「陳戒」內容的祭祀樂歌會有何種用途呢？以經解經，可以聯繫《烈文》一詩來看「烈文辟公，錫茲祉福。……不顯維德，百辟其刑之。於乎，前王不忘！」《烈文》除了首句「烈文辟公，錫茲祉福」之外，詩篇其他內容都是對「辟公」即助祭諸侯的告誡之辭，而首句「錫茲祉福」恰恰透露了這些告誡言辭所產生的禮儀場景。所謂「錫茲祉福」即《載見》所謂「烈文辟公，綏以多福，俾緝熙于純嘏」，即《雝》所謂「綏我眉壽，介以繁祉」，實即祭典中賜胙肉的儀節。而《文王》全詩的主要內容與《烈文》中告誡「辟公」（即「爾」、「濟濟多士」），「百辟其刑之」等內容非常相似。由此可以推測，《文王》所用的祭典儀節與《烈文》有相通之處，即用於祭祀賜福而陳戒的儀節。儘管《文王》中陳戒對象包括異姓的殷人，但是恰恰異姓亦可作爲賜胙的對象。《左傳》僖公九年云「王使宰孔賜齊侯胙，曰：『天子有事於文武，使孔賜伯舅胙。』」這正是周王祭祖而賜胙給異姓諸侯的明確記載；齊侯因未與祭，所以周王派使賜胙，而在《文王》中殷人助祭於禮典，因而賜胙可能就在祭典中直接進行了。既讓殷人助祭又對其賜胙，正是周人對其採取的恩威並施的策略的生動體現；所以在這個儀節中歌唱文王以德促使天命轉移的內容，也就顯得合情合理。因而，《文王》乃祭文王之典禮的賜福環節所用的樂歌，明代何楷所云此詩「疑於祭祀受釐因而陳戒者」已經接近於這一認識〔註139〕。

結　語

綜上所述，本文認爲《維天之命》、《維清》、《我將》、《文王》均爲祭祀

〔註138〕李山《詩經析讀》，海口：南海出版社公司，2003 年，第 426 頁。
〔註139〕何楷《詩經世本古義》，《影印文淵閣四庫全書》第 81 冊，臺北：臺灣商務印書館，1986 年，第 347 頁。

文王禮典所用的樂歌，它們正是應這一禮典的需要而產生的。從祭祀儀節看，其順序應爲《我將》、《維天之命》、《維清》、《文王》，其中，《我將》是升俎饗神所用的樂歌，《維天之命》是主祭者「曾孫」獻神所用的樂歌，《我將》是歌舞送神所用的樂歌，《文王》則爲祭畢賜胙因而陳戒所用的樂歌，它們用於同一禮典的不同環節。那麼這個祭祀文王的典禮是在何時舉行呢？古來有三種看法：一是古人所言的周公攝政期間所行，二是孫作雲、王宗石所認爲的發生於西周晚期的宣王年間，三是李山先生提出的發生於西周中期的穆王時期〔註140〕。本文暫從第三種看法。

第四節　祭祖樂歌之三：祭先公先王

引　言

　　「雅頌」詩篇中提及的周人先公先王有后稷、公劉、大王、王季、文王、武王、成王〔註141〕，相關的詩篇爲《周頌》之《維天之命》、《維清》、《我將》、《天作》、《昊天有成命》、《執競》、《思文》、《武》、《酌》、《賚》、《桓》，《大雅》之《文王》、《大明》、《緜》、《思齊》、《皇矣》、《生民》、《公劉》、《下武》、《文王有聲》。這其中除了祭武王的《武》、《酌》、《賚》、《桓》之外，其他詩篇並非相互獨立、毫無聯繫的。上文已經指出《維天之命》、《維清》、《我將》、《文王》是西周時期某個周王舉行大祭文王典禮所用的樂歌，《文王有聲》是這個周王新建辟廱落成奏樂所用的樂章；除了這些篇章之外，其他詩篇包括《天作》、《昊天有成命》、《執競》、《思文》、《大明》、《緜》、《思齊》、《皇矣》、《生民》、《公劉》、《下武》，都是歌頌周王室先公先王的功業，組成了一個獨具特點的頌祖系列。

　　本文認爲，這個頌祖系列的各個篇章看似互相獨立、不相關聯，其實它們之間具有深刻的共同點。首先，不論是《周頌》之短章還是《大雅》之長篇，從性質上看它們都是周王祭祀祖先的典禮所用的儀式樂歌，其外在風貌

〔註140〕拙文《〈詩經·雅頌〉斷代的三個體系性見解》，《詩經研究叢刊》，北京：學苑出版社，2009 年，36 頁。

〔註141〕其實，「雅頌」涉及的周王可能不止這些，因爲還有很多詩篇涉及到了稱之爲「王」的時王，如《棫樸》、《旱麓》、《靈臺》、《卷阿》等。鑒於這些「王」身份不明，本文暫不談論。

的差異不過因為所用的典禮儀節不同而已；而且，《周頌》和《大雅》之間還存在著對應關係。其次，這個頌祖系列樂章所應用的一系列祭祀典禮不僅是同時期發生的，而且都是前述《維天之命》等詩所反映的「大祭文王」典禮的後續活動，它們與「大祭文王」的祀典構成了一個祭典體系；換言之，這些頌祖樂章雖然具有各自的主題，但卻指向了一個共同的核心，這就是「文王」和周家受命。也即，在上文所述的那個「大祭文王」的典禮之後，周王實際上還舉行了一系列祭祖典禮，包括祭大王、公劉、生民、成王以及若干合祭祖先的典禮，這個頌祖系列正是這些典禮所用的樂歌。以下試分幾點證明這個結論：

一、這個頌祖系列樂章都是祭祖典禮所用的儀式樂歌

這一組詩篇包括《周頌》的《天作》、《昊天有成命》、《執競》、《思文》四詩和《大雅》的《大明》、《緜》、《思齊》、《皇矣》、《生民》、《公劉》、《下武》七詩。這兩個部分的區分既是從《詩三百》的不同分部，更是從它們不同的形制和內容加以劃分的：前者是篇幅較短、集中於歌頌祖先之功德的「頌」詩，後者則是篇幅較長、旨在讚述祖先業績的「雅」詩。儘管如此，二者的差異是表面的，從性質上看它們都是祭祖樂歌。

首先《周頌》四詩作為祭祀樂歌是沒有疑問的，這不僅僅是從它們作為「頌」詩的分部而且是從它們的內容得出的結論。《詩序》云「頌者，美盛德之形容，以其成功告於神明者也」，是說「頌」詩都是時王獻功於先祖所用的祭歌〔註142〕。其實《周頌》之詩並非如此，從內容上看，它們大都是時王祭祖的獻神樂歌，重在歌頌先王功德，而非獻功。如《天作》曰「天作高山，大王荒之。彼作矣，文王康之。彼徂矣，岐有夷之行。子孫保之」，主要歌頌大王對岐山的開拓，所謂「彼作矣」、「彼徂矣」都是指大王〔註143〕；《思文》曰「思文后稷，克配彼天。立我烝民，莫匪爾極。貽我來牟，帝命率育。無此疆爾界，陳常于時夏」，主要歌頌周人始祖后稷以農業澤被周族，

〔註142〕阮元《十三經注疏·毛詩正義》，上海：上海古籍出版社，1997 年，第 272頁。

〔註143〕詩中兩「彼」所指歷來有不同看法，有的以為一指大王、一指文王，有的認為指跟隨大王的民眾，其實二者均指大王，文義極明。陳子展說「兩『彼』字詞位同、詞性同、詞義同，同指大王。」參《詩經直解》，上海：復旦大學出版社，1983 年，第 1073 頁。

所謂「立我烝民」、「貽我來牟」即指后稷首開稼穡之功；《昊天有成命》曰「昊天有成命，二后受之。成王不敢康，夙夜基命宥密。於緝熙！單厥心，肆其靖之」，根據《國語·周語下》所載晉羊舌肸之語可知歌頌的是周成王姬誦秉承文、武二王，夙興夜寐、謹敬於天命而保有周家基業，是針對成王的獻神祭歌〔註144〕；《執競》曰「執競武王，無競維烈。不顯成康，上帝是皇。自彼成康，奄有四方，斤斤其明」，歌頌的是周武王無與倫比的功績（滅商）和周成王、周康王拓展疆土、安定四方的功業，與出土的恭王時期銅器《史牆盤》所言「憲聖成王，左右柔會剛鯀，用肇撤周邦；睿哲康王，遂尹帝僵」的成、康業績是一致的〔註145〕，因而詩是歌頌武、成、康三王的樂歌。

由此可見，《天作》、《思文》、《昊天有成命》、《執競》從內容上看是歌頌大王、后稷、成王以及合頌武、成、康三王的歷史功績的，歌頌這些周王室的先公先王對周家基業的歷史貢獻，因而它們作為獻神樂歌，乃是祭祀大王、祭祀后稷、祭祀成王以及合祭武、成、康三王的典禮所用的樂章。這一點還可以從詩篇語詞中得到證明。如《天作》末句「子孫保之」，《思文》中的兩「我」字，正是祭祀者（周王）面對祖先時的自稱之辭；又如《執競》云「降福穰穰，降福簡簡」，所謂「降福」指的是祭典中賜胙的儀節，又云「既醉既飽」，說的是神尸（或神靈）歆饗祭品而言，即《小雅·楚茨》之「神具醉止，皇尸載起」之義。據此可見《天作》、《思文》、《昊天有成命》、《執競》是祭祖典禮中的獻神樂歌。但是，歷來人們拘泥於《詩序》對此四詩的見解，如《天作》為「祀先王先公」，《昊天有成命》為「郊祀天地」，《思文》為「后稷配天」，《執競》為「祀武王」，而對詩旨造成一些誤解。其中最顯著的有三點：一是不承認《周頌》有成王以後詩，故將「成王」、「成康」誤讀為動賓短語。二是認為《天作》是「祭岐山」即祭高山之樂歌，認為《思文》是祈穀於上帝而配以后稷的樂歌，認為《昊天有成命》為「郊祀天地」之樂歌，其實都似是而非；《天作》言「高山」（岐山）實言遷岐的大王，《思文》曰「思文后稷，克配彼天」實為極言后稷首開稼穡的功績，《昊天有成命》言「昊天」

〔註144〕《詩序》、《鄭箋》等將「成王」釋為「成此王功」的說法是迷信《周頌》作於成王之時的結果，是錯誤的；又有些學者認為「成王」為生稱如馬瑞辰、王先謙、魏源，也是錯誤的，因為詩篇主旨在於歌頌成王之功，生稱與其作祭祀樂歌的性質不合。自宋歐陽修、朱熹根據《國語》將「成王」釋為周成王姬誦，此義已不可移。《執競》一詩中的「成康」同此。

〔註145〕馬承源《商周青銅器銘文選三》，北京：文物出版社，1988年，第153頁。

不過指文武二王繼承天命，可見上述這些誤解都是誤讀詩中個別詩句的結果。

其次，《大雅》中的頌祖詩篇亦爲祭祖樂歌。如何對《大明》、《緜》、《思齊》、《皇矣》、《生民》、《公劉》、《下武》等讚述先祖業績的長篇「雅」詩加以定性，人們的認識是模糊的。《詩大序》所謂「雅者，正也，言王政之所由廢興也」，鄭玄《詩譜》所謂「據盛隆而推原天命，上述祖考之美」，都只是概括這些詩篇的內容，並沒有指出其性質〔註146〕。朱熹云「若夫《雅》、《頌》之篇，則皆成周之世，朝廷郊廟樂歌之辭」，又云「正大雅，會朝之樂、受釐陳戒之辭也」，則是較早對這些詩篇的性質作出概括〔註147〕。

所謂「受釐陳戒」，是從詩篇內容「或歡欣和悅以盡臣下之情，或恭敬齊莊以發先王之德」的特點概括得來的，符合《大明》等詩的性質特徵；既然是「受釐陳戒」的儀節歌辭，就必然用於某種典禮儀式中，朱熹認爲它們爲「會朝」之樂，實即認爲它們用於朝覲、聘問等禮儀中。所謂「會朝之樂」，是對《國語》、《左傳》所載外交場合君臣用《詩》的情況的概括，但殊不知這種聘問用《詩》乃是《詩三百》結集後對詩篇的移用，並不是詩篇的本來用意〔註148〕。可見，朱熹混淆了「正大雅」等詩的移用之義和本義，而作爲「受釐陳戒」的歌辭的《大明》等詩自非用於「會朝」、「朝廷」等禮儀場合。

朱熹之後，人們對《大明》等「正大雅」詩篇性質的認識並沒有多少進展。近代以來，學者們又從西方引入了「史詩」概念來描述《大明》等五篇長篇「正雅」〔註149〕。對於作爲舶來品的「史詩」概念是否適合《大明》等詩，人們尚有爭論〔註150〕，即使適合，所謂「史詩」其實只是從內容上契合詩篇而已，它作爲「詩學」概念也無法描述《大雅》等詩的性質。因爲在西周，《詩》是作爲歌辭而應用於典禮儀式之中的，它的「詩學」性質尚未顯現。二十世紀下半葉以來，人們終於把朱熹的觀點往前推進了一步，其

〔註146〕阮元《十三經注疏·毛詩正義》，上海：上海古籍出版社，1997年，第202、402頁。

〔註147〕朱熹《詩集傳》，南京：鳳凰出版社，2007年，第2、115頁。

〔註148〕《左傳》襄公四年、《國語·魯語下》所載使臣聘問用詩都是《文王》、《大明》、《緜》三篇連用的，而且還用了《小雅》之《鹿鳴》三篇等，這表明了用《詩》時《詩三百》已經結集。再以詩篇內容比對，可知聘問場合用《詩》不是取其本義。

〔註149〕如馮沅君《中國詩史》、劉大杰《中國大文學史》、高亨《詩經今注》、陳子展《詩經直解》等。

〔註150〕趙沛霖《〈詩經〉史詩古今研究大勢》，《河北學刊》，1987年，第5期。

中有兩個觀點不得不提。一是孫作雲所提出的「祭祀歌」。他在《說二雅》一文中指出,「這十首贊美先公、先王、先妣之歌,全是祭祀歌」,其理由在於「文王之什」十首「全是贊美祖先的功德」,並「談到了祭祀之事」,而且還與作為祭祀歌的《周頌》、《魯頌》、《商頌》有著諸多的相合之處〔註151〕。一是李山先生提出的「圖贊說」,認為「所謂史詩一類的作品實際上是祭祀時的圖贊詩」,是「周王大祭祖先時,對宗廟壁圖上祖先人物及其業績的述贊之辭」,其理由在於一方面金文材料表明宗廟裏有圖室,另一方面詩中近指的人物稱謂方式和空間方位意識以及明顯的畫面感表明詩篇是「贊圖」之作〔註152〕。

　　孫、李二人的觀點是非常深刻的,他們實際上已經比較到位地揭示了《大明》等「正大雅」諸詩的性質,即它們是用於祭祖典禮某個儀節的歌詞。這可以從以下三點得到說明:首先,如孫氏所云這些詩篇「全是贊美祖先的功德」,如《生民》主要表現周人始祖后稷的初生、農藝和「肇祀」,《公劉》言公劉遷豳定居,《緜》言大王遷岐立國,《皇矣》言大土、土李、文王三代開闢征伐,《大明》言文王、武王之生以及滅商定國等。也即,它們是以祖先為表現對象,以祖先業績為主要內容的韻文,這樣的歌詞自然最適合在祭祖的場合中產生。

　　其次,更重要的是這些詩篇實際上透露了正在進行的祭祀活動的信息。如孫氏所舉的《生民》,其第七章曰「誕我祀如何?或舂或揄,或簸或蹂。釋之叟叟,烝之浮浮。載謀載惟,取蕭祭脂,取羝以軷。載燔載烈,以興嗣歲」。此章承續第六章「以歸肇祀」,所寫內容雖然是后稷始行祭典的情形,但是詩第八章又曰「后稷肇祀,庶無罪悔,以迄于今」,正好點明了當下正在舉行祭典活動,而這一活動正與后稷「肇祀」一脈相承。由於全篇樂歌津津樂道的是始祖后稷的神異初生、神奇農藝,因而當下的祭典活動肯定包括祭祀后稷的內容。另外,如《篤公劉》每章章首曰「篤公劉」,似乎是面對公劉之神尸而齊聲發出的贊頌;如《大明》之「明明在下,赫赫在上」,《思齊》之「雝雝在宮,肅肅在廟」等都表明這些詩篇的言說者正處於宗廟的祭典之中。

〔註151〕孫作雲《孫作雲文集·〈詩經〉研究》,開封:河南大學出版社,2003年,第358～365頁。
〔註152〕李山《〈詩·大雅〉若干詩篇圖贊說及由此發現的〈雅〉〈頌〉間部分對應》,《文學遺產》,2000年第4期,第24～33頁。

　　再次，可以從指示代詞推斷這些詩篇為祭祀歌，因為這些代詞同樣透露了祭祀活動的信息。在這些頌祖詩中，指示代詞有如《大明》之「生此文王」、「維此文王」、「命此文王」，《緜》之「築室于茲」，《皇矣》之「維此王季」、「維此文王」，《生民》之「厥初生民」、「以迄于今」，《公劉》之「于胥斯原」、「于時處處」，《下武》之「媚茲一人」等。總結這些指示代詞可以發現，它們或者指向某個人物（如「維此文王」），或者指向某種方位（如「築室于茲」、「于胥斯原」），或者指向某個時間界限（如「厥初生民」、「以迄于今」），而且都是近指。結合詩篇稱頌祖先功績的內容看，本文認為：第一，這些指向詩篇表現對象的近指「動作」表明詩篇被演奏的時候所祭祀的對象在場，如《大明》曰「生此文王」、「維此文王」，表明樂官奏唱《大明》的時候文王要在場；而在場的「文王」又不可能為周文王本人（如為本人則如此當面阿諛之作當褻瀆神人），只能是文王的神尸或木主在宗廟中接受祭祀，實即《思齊》篇所云「雝雝在宮，肅肅在廟」的情形。第二，那些指向空間方位和時間界限的近指「動作」表明了詩篇演奏的地點和時間狀態，如《公劉》之「于胥斯原」、「于時處處，于時廬旅，于時言言，于時語語」說明此詩對公劉的贊頌很可能發生於「豳地」的宗廟之中；又如《生民》之「厥初生民」、「以迄于今」，「厥初」是姜嫄后稷之時，「于今」則為詩篇當下所行的禮儀之中，古今在「祀」上呼應，說明詩篇當下正是用於祭祀之典。

　　由以上三點可以證明《大明》等詩實為祭祖樂歌，它們確為言「王政所由廢興」的詩作，但這是在宗廟的祭壇前奏響的樂章；它們如果是「受釐陳戒」的儀節歌唱的內容的話，那也是在祭祖典禮的「受釐陳戒」環節進行；它們若真成為周民族的「開國史詩」的話，那麼也是脫胎於周王室的祭祖典禮。可見在性質上，《大明》等長篇「雅」詩與《天作》等《周頌》短章是完全相同的。實際上，二者之間不僅性質相同，還共同運用於特定的祭祖典禮中，也即產生同一歷史場景。這就是《雅》、《頌》之間的對應問題。

二、頌祖系列樂章中的「對應」現象及其本質

　　所謂「對應」是指在「雅頌」的頌祖樂歌中存在著《周頌》某一詩篇和《大雅》的某一詩篇有著共同的表現對象、內容和主題的現象。比如《思文》與《生民》就是一個典型例子，兩者都以后稷為表現對象，內容都重在讚頌后稷始務稼穡以利民的功績，都是祭祀后稷所用的樂歌，只不過一簡練一繁

縟而已。諸如此類的對應還不止一例，但是到底有哪些對應人們的看法是各
不相同的。

　　承認所謂《雅》、《頌》對應實際上是對傳統《詩經》分部觀念的揚棄。
自從《毛詩》以來，《風》、《雅》、《頌》的分部被視爲聖人手定，成爲古人讀
詩謹守的規則；即使是已經發現三個分部的混淆和《詩序》的錯亂的宋人，
仍無法逾越這一障礙。一直到明人何楷，才完全打破了三個分部、著眼於詩
篇的內容來讀詩，《雅》《頌》之間的對應才被不自覺地勾勒出來。在《詩經
世本古義》的體系中，《思文》與《生民》、《天作》與《緜》《皇矣》、《文王》
與《清廟》《維天之命》《維清》、《昊天有成命》與《下武》、《大明》與《文
王有聲》被放在一起加以討論；儘管何氏沒有提出「對應」概念，但是他首
次將《雅》《頌》對應起來卻是毫無疑問的〔註153〕。

　　後來，孫作雲在論述「正大雅」的祭歌性質時明確提出了《雅》《頌》之
間對應問題。他說「這十首祀祖歌，與《周頌》的祀祖歌相比，不但篇章相
當，而且篇次也相當：都是先祭文工、其次是武王、其後是人王、最後是后
稷。」〔註154〕他認爲《雅》《頌》對應既是單個詩篇之間的對應，同時也包括
篇次的對應，而且指出這種對應是由於用於相同的典禮及其次序造成的。孫
氏所整理的《雅》、《頌》對應包括：

　　　　《文王》、《皇矣》、《思齊》對應於《清廟》、《維天之命》、《維清》、
　　　　《我將》、《大武》，都是祭祀文王的歌；
　　　　《靈臺》對應於《有聲》，都是祭祀文王的「前奏」；
　　　　《大明》對應於《訪落》，都是祭祀武王的歌；
　　　　《緜》對應於《天作》，都是祭祀大王的歌；
　　　　《下武》對應於《執競》，都包括祭祀成王的內容；
　　　　《生民》對應於《思文》，都是祭祀后稷的歌。

由此可見，孫氏所列的《雅》《頌》對應詩篇正是上述的頌祖系列樂章，而且
在這些對應背後都有著祭典的線索，因而理清這個「對應」對於解讀那個頌
祖系列樂章是至關重要的。但孫氏所整理的「對應」並非沒有問題，如其對

〔註153〕何楷《詩經世本古義》，《影印文淵閣四庫全書》第 81 冊，臺北：臺灣商務印
　　　　書館，1986 年，第 15 頁。
〔註154〕孫作雲《孫作雲文集·〈詩經〉研究》，開封：河南大學出版社，2003 年，第
　　　　358～365 頁。

有些詩篇如《清廟》、《思齊》、《訪落》等所表現的對象的觀點是值得商榷的。孫氏之後，李山先生又提出了自己的看法「『對應』的確切含義是有些內容一致的雅頌詩篇，在創制的當初，本係同一祭祖大典的樂歌，只是由於其間存在『神聽』和『人聽』的差別，所以一歸於頌，一歸於雅。」〔註155〕因此，他認爲「對應」的詩篇不僅「在思路上是一致的」，而且「在內容上是互爲表裏的」；據此思路，他整理出的「對應」詩篇是：《思文》與《生民》，《天作》與《緜》、《皇矣》，《文王》與《清廟》。由此可見，儘管李山先生採取較爲謹愼的態度，但是他從祭典的適用儀節來考察《雅》《頌》的對應，大體思路還是與孫氏一致的。

　　本文認爲，儘管孫、李二人所整理的「對應」詩篇還有可斟酌的地方，但他們觀察到的對應現象及其與祭祖典禮的深刻聯繫卻是不容置疑的。孫氏抓住了詩篇的表現對象也即祭典的祭祀對象來整理「對應」詩篇，李氏則進一步揭示出了「雅」詩與「頌」詩在祭典中的不同用途（「人聽」與「神聽」），他們實際上已經將所謂《雅》《頌》「對應」現象的本質揭示出來：首先，在頌祖樂章中不管「頌」詩還是「雅」詩都是祭祖典禮的樂歌；其次，「頌」詩與「雅」詩曾同時使用於同一個祭祖典禮；最後，「頌」詩、「雅」詩分別用於祭祖典禮的不用儀節，從總體看前者是獻神的，後者是戒人的。簡言之，所謂的「對應」實即「雅」詩、「頌」詩聯合使用於同一典禮之中。

　　基於這一認識，本文對「雅頌」頌祖系列樂章中的「對應」現象作了進一步的梳理，認爲這些詩篇存在以下「對應」：《維天之命》、《維清》、《我將》對應《文王》〔註156〕；《天作》對應《緜》；《思文》對應《生民》；《昊天有成命》對應《下武》；這些「對應現象」實際上意味著這幾組詩篇分別聯合用於祭祀文王、祭祀大王、祭祀后稷、祭祀成王的典禮。另外，《公劉》乃祭祀公劉的樂章，《皇矣》、《思齊》乃合祭大王、王季、文王的樂歌，《大明》、《文王有聲》乃合祭文、武的樂歌，《執競》乃合祭武、成、康的樂歌。可見，所謂詩篇「對應」其實還不僅限於《雅》、《頌》之間，《雅》的內部各篇之間和《頌》的內部各篇之間由於某些詩篇聯合使用於同一典禮，究其實質也是「對

〔註155〕李山《〈詩‧大雅〉若干詩篇圖贊說及由此發現的〈雅〉〈頌〉間部分對應》，《文學遺產》，2000 年第 4 期，第 24～33 頁。

〔註156〕見第二節。值得指出的是，沒有任何證據表明《清廟》一詩是祭祀文王的樂歌，認爲其爲祭文王的樂歌是對詩中「文德」之「文」的誤解；從詩的內容看，它應本爲諸侯助祭所用的樂歌，後成爲通用祭祀序曲。

應」現象。如《周頌》內部，《維天之命》、《維清》、《我將》顯然是祭祀文王不同環節的儀式樂歌，《載見》、《雝》、《烈文》是諸侯助祭於周廟不同環節的樂歌，《有瞽》、《振鷺》、《有客》是宋客入周的樂歌等等。又如《大雅》內部，我們以爲《皇矣》、《思齊》都使用於合祭大王、王季、文王的典禮中。

由上可見，從「對應」的視角觀察《雅頌》的頌祖系列樂章，實際上就是尋找各個獨立的詩篇之間的聯繫，並且揭示它們之所以聯繫在一起的根源，即它們作爲祭歌所用的祭典。但是，本文所指出的頌祖系列樂章中，爲什麼是上述這些「對應」而非其他「對應」，爲什麼是這些祭典而非其他祭典，這是下文所要論述的。

三、這個頌祖系列樂章所用的祭祖典禮

據上文，《大明》等頌祖樂章分別用於祭祀周王室之先公先王的典禮中。上節已經考述了周王室大祭文王的典禮及其所用的詩篇，除此之外，「雅頌」中還保留了祭大王、王季、公劉、后稷、成王的典禮樂歌以及一些合祭先王的樂歌。正如孫作雲所云，周人祭祖是以文王爲中心而向上下追祭的，上遠至始祖后稷，下至康王。本文將以這一順序考述諸典：

（一）祭祀大王

祭祀大王的樂歌有《天作》和《緜》兩首。先看《天作》，古今對此詩題旨有三種看法：一是《詩序》所謂「祀先王先公」，二是宋代朱熹認爲「祭大王」，三是明代季本認爲「祀岐山之樂歌」〔註157〕。顯然，三者的區別在於詩篇的祭祀對象不同，問題在於，論者是根據什麼得出結論的。詩曰：

> 天作高山，大王荒之。彼作矣，文王康之。彼徂矣岐，有夷之行。
> 子孫保之。

看來，《詩序》的看法是從詩中「大王」、「文王」的人名中引申而出的，但是，所謂的「先公」在哪呢？孔穎達彌縫其說，認爲既然言及「王迹所起」，自然就包括后稷等人了，這實在是毫無道理、不值一辯的臆測。季本「祀岐山」之說雖然獲得了很多人的贊同，如何楷、姚際恒、高亨、程俊英等，但仍是

〔註157〕阮元《十三經注疏‧毛詩正義》，上海：上海古籍出版社，1997 年，第 585 頁。朱熹《詩集傳》，南京：鳳凰出版社，2007 年，第 262 頁。何楷《詩經世本古義》，《影印文淵閣四庫全書》第 81 冊，臺北：臺灣商務印書館，1986 年，第 189 頁。

似是而非的；此說是從《周易‧升卦‧六四爻》「王用亨於岐山」的記載以及詩中「天作高山」一語得來的，「高山」是岐山不假，但這種聯繫卻經不起推敲。首先從《天作》全詩看，詩重在歌唱大王開拓岐山的功績，重在人而不在山；所謂「有夷之行」乃是「大王荒之」的人為結果，「子孫保之」也針對這一點而言，可見全篇並無歌頌岐山之意。其次，《周易》所謂「王用亨岐山」並非祭山而是祭祖，「亨」即「享」，享者，獻也〔註158〕，《小雅‧天保》「是用孝享」、《楚茨》「以享以祀」、《信南山》「享于祖考」等《詩》之用例無不表明這一點；李山先生說「『享』，屬於《禮記》所謂『宗廟之事』，實則《周易》所謂的『王用亨岐山』，是說王在岐山祭祖」，是非常正確的〔註159〕。由此可知「祀岐山」之說是站不住腳的。

其實正如朱子所言，《天作》係祭大王之樂歌。詩中重點在於表現大王對岐山的開拓，所謂「荒之」是其工作，所謂「有夷之行」是其成果；詩中兩「彼」字都指大王，「彼作夷」即「荒」岐山之舉，「彼徂矣」實指大王來到岐山（以後才「有夷之行」）。可見全詩頌美的對象是大王，「天作高山」是大王開拓的基礎，「文王康之」是點明文王承惠於大王。因而詩作為祭歌，顯然是獻給大王無疑。

再來看《緜》。歷代學者對此詩大旨的認識基本是一致的，即朱熹所謂「追述太王始遷歧以開周業」，全詩「一章言在豳，二章言至岐，三章言定宅，四章言授田居民，五章言作宗廟，六章言治宮室，七章言作門社」，正是對大王遷岐定居的詳細描述。據此可知，《緜》之全篇內容實為《天作》「荒之」的具體展開，其表現對象也與後者是完全一致的。因此，作為祭歌的《緜》自然也是祭祀大王之典所用的詩篇，這是沒有疑義的。這一點還可以從詩中「予曰有疏附，予曰有先後，予曰有奔奏，予曰有禦侮」一句得到說明。「予」者，並非承前之「文王」，亦非全詩刻畫之「古公亶父」，而是《天作》中所言之「子孫」，實即後世在禮儀中面對先祖大王的人；鄭玄曰「予，我也，詩人自我也」，這裡的「詩人」即為典禮歌唱此詩之人。綜合來看，「予」所指面對先祖、歌唱詩篇的人就是祭祖禮中的主祭者，在周王室祭祖禮中即為周王，最典型的例證即《周頌》的《閔予小子》、《訪落》、《敬之》、《小毖》中「維予小子」，「予」即「小子」，即即位祭祖的周王；另外，《雝》之「相

〔註158〕李鏡池《周易通義》，北京：中華書局，1981年，第91頁。
〔註159〕李山《詩經析讀》，海口：南海出版社公司，2003年，第431頁。

予肆祀」、「綏予小子」，《商頌・那》、《烈祖》之「顧予烝嘗」都是這樣的例子。由此可見，《緜》末章之「予曰」正是主祭者周王自稱，所謂「疏附」、「先後」、「奔奏」、「禦侮」是說自從大王定居岐山之後，周人從此有了歸依和倚靠的地方，周之德業從此開始，即《魯頌・閟宮》所謂「居岐之陽，實始翦商」的「始」之內涵。綜上所述，《天作》與《緜》均爲祭祀大王所用的樂章。

（二）合祭大王、王季、文王

周本至武王時期方滅商而代有天下，但是在周人眼中王朝的基業奠定於亶父、季歷、姬昌三代。亶父遷岐，是周人滅商有天下的開始（《緜》）；季歷繼續開拓，至姬昌已「三分天下有其二」（《論語・泰伯》），奠定了周國的基業；姬昌更被視爲受天命，成爲周王朝的開國之君（《文王》）。因此，周人有天下之後追稱姬昌、季歷、亶父三代先公王號，尊其爲文王、王季、大王（《皇矣》、《尚書・金藤篇》），且並稱爲「三后」。顯然，這表明周人認爲這三代對新王朝的誕生起了關鍵性的作用。因而，周人對此「三后」進行專門的合祭。《下武》曰「下武維周，世有哲王，三后在天，王配于京」，《毛傳》云「三后，大王、王季、文王也」，言「三后」世代相續且「在天」，正如「文王在上」（《文王》）乃文王受到祭祀，「三后在天」表明此三王曾受到合祭。

本文認爲「雅頌」有兩詩篇是合祭大王、王季、文王的所用的樂歌，這就是《皇矣》和《思齊》。先看《皇矣》。對於此詩大旨，有人認爲它表現了周不斷壯大的過程，如《詩序》之「美周也」以及《詩經原始》之「周始大也」，有人認爲它其實乃歌頌文王開疆闢土（如姚際恒、王宗石），有人認爲它是歌頌「王季之德」（如陳子展）〔註160〕。其實，這三種說法或者言不及義，或者過於片面，都是沒有考慮全詩內容的偏頗之見。詩篇的內容是很顯豁的，首章言上帝選定周國，次章言大王遷岐開闢周原，第三章言王季之德，第四、五、六、七、八章言文王之德及其伐崇伐密，可見朱熹所言「一章二章言天

〔註160〕阮元《十三經注疏・毛詩正義》，上海：上海古籍出版社，1997 年，第 519 頁。方玉潤《詩經原始》，北京：中華書局，2006 年，第 489 頁。姚際恒《詩經通論》，北京：中華書局，1958 年，第 272 頁。王宗石《詩經分類詮釋》，長沙：湖南教育出版社，1993 年，第 425 頁。陳子展《詩經直解》，上海：復旦大學出版社，1983 年，第 893 頁。

命大王，三章四章言天命王季，五章六章言天命文王伐密，七章八章言天命文王伐崇」在結構上看是大致不誤的〔註 161〕，也就說此詩主要就是歌頌上帝授命周家三代賢君大王、王季、文王以及此三君造周的各自功績；儘管詩中贊頌文王的部分篇幅最大，但是全詩上帝分命三君的思路和結構還是非常清晰的。據此，我們認爲《皇矣》乃是歌頌大王、王季、文王的樂歌，朱熹所謂「此詩敘大王王季之德以及文王伐密伐崇之事也」最得詩旨。上述的「周始大」的說法實屬隔靴搔癢、不夠確鑿，「詠文王」之說則完全抹殺歌頌大王開拓周原、王季之「友」的內容，頌「王季之德」之說則僅僅爲湊足周族六篇史詩的「王系」而附會的結果，三種說法均不可據。

《皇矣》既然確爲贊述大王、王季、文王業績，那麼作爲祭歌，它乃合祭大王、王季、文王的典禮所用的樂歌。這一點可以從詩中找到若干佐證。首先是詩中所描述的先王與「上帝」關係。《皇矣》曰「皇矣上帝，臨下有赫」，又有「帝遷明德」（大王）、「帝作邦作對」（王季）、「帝謂文王」等語，可見詩所言之大王、王季、文王均與上帝交通、秉承上帝意旨而行事；不僅如此，詩中甚至載錄了上帝與文王的對話「帝謂文王，詢爾仇方，同爾弟兄。以爾鉤援，與爾臨衝，以伐崇墉」，「爾」即帝對文王的稱呼，體現了上帝與文王非同一般的關係。這顯然是周人將先王「神化」的種種表現，但是，聯繫《文王》一詩來看，「神化」的行爲是在「文王在上，於昭于天」的語境中，也即先王死後、祭祀先王的祭典中，是在宗廟神壇前面對神尸所展開的。也就是說，《皇矣》是在祖神面前演唱的樂歌，是祭祀大王、王季、文王所用的樂歌。

其次，詩中一些指示代詞可以佐證整個結論。詩中言及三代之君時稱「維此王季」、「維此文王」，「此」爲近指，如果係王季、文王在場的話，那麼滿篇稱頌之辭將是不可理解的；但如果解釋爲王季、文王之神（神尸或者木主）在場，則這一疑竇就會渙然冰釋了〔註 162〕。而如果詩篇用於先王之神面前，

〔註 161〕第四章「維此王季」，根據魯昭公二十八年《左傳》引《詩》當作「維此文王」。阮元《十三經注疏·春秋左傳正義》，上海：上海古籍出版社，1997 年，第 2119 頁。

〔註 162〕李山先生認爲近指代詞「此」暗示詩篇乃祭祀中贊述宗廟壁圖而作成的，見注 12。我們認爲，「此」如果理解爲祭祀現場的「神尸」應是最爲通順的，詩中固然有鮮明的畫面感，但那是詩人的想像圖景，不一定爲贊圖；比如詩中數次出現的「帝謂文王」確係想像，圖畫似無法刻畫這一情景。

則其爲祭祀樂歌無疑。

綜上所述,《皇矣》爲合祭大王、王季、文王的樂歌。如果說這一結論尙不難理解的話,那麼以《思齊》亦爲合祭大王、王季、文王的樂歌似乎有點不著邊際。下面將從兩個層面的討論來說明《思齊》亦爲合祭大王、王季、文王的樂歌。

首先,先來看《思齊》的內容和詩旨。對此詩,歷來只有兩種見解:一是《詩序》所謂「文王所以聖也」,文王所以聖在於其聖母和聖妃,因而歌「文王所以聖」也就是「歌頌女祖先」即大姜、大任、大姒三代〔註163〕,這是主流看法;二是《詩集傳》所謂「歌文王之德」,認爲此詩後四章都是歌頌文王之德,首章言三女祖也是「推本」文王之德;此說也有較大影響。由此可見,弄清《思齊》詩旨的關鍵在於確定此詩的表現對象到底是文王還是「三聖母」(《列女傳》)。本文認爲,結合詩篇的內容看,僅僅「歌文王」的觀點是不能成立的,理由有二:一是如僅僅因爲歌頌文王而追本「文王之聖」,重點應在大任,《大明》詩第二章就是這一內容,首章所言之大姜、大姒於此關係不大;二是第二章之「刑于寡妻」,絕非如大多數學者認爲的僅僅指文王刑於大姒〔註164〕,如此的話,將置前文之大姜、大姒於何地,其實「刑于寡妻」是指「三后」即大王、王季、文王而言,「寡妻」就是指大姜、大任、大姒,只有作此理解,上下文理方才通順無礙。因而,詩第二章所謂「惠于宗公」、敬事神靈、齊家治國的對象實乃指大王、王季、文王三王,而非僅指文王或指「三聖母」;第三章「雝雝在公,肅肅在廟」則說的是宗廟中「三后」、「三聖母」同在的情形,所謂「不顯亦臨,無射亦保」指的就是先王先妣之神的保祐;第四章言邦國大治,第五章言育人有成,都是指先王先妣保祐的結果。由此可見,《思齊》一詩重點還在於表現周家的三代聖母大姜、大姒、大任,因而準確而言,「文王所以聖」也是錯誤的(其實它是《詩序》承「文王之什」各篇解說詩旨的結果);此詩顯然是獻給三代先妣的樂章,並且根據第三章對宗廟以及祖神「臨保」的描寫〔註165〕,

─────────────

〔註163〕阮元《十三經注疏‧毛詩正義》,上海:上海古籍出版社,1997 年,第 516 頁。馬銀琴《兩周詩史》,北京:社會科學文獻出版社,2006 年,第 122 頁。

〔註164〕《毛傳》「刑,法也。」《箋》「文王以禮法接待其妻,至於宗族。」這種看法爲大多數人所贊同。

〔註165〕于省吾云「『不顯亦臨,無射亦保』,言神靈之丕顯,保之無厭也,《毛公鼎》『斯皇天無,臨保我有周』。」《澤螺居詩經新證》,北京:中華書局,2003

它應爲合祭大姜、大任、大姒的樂歌。

其次，根據周代祭祖不單獨祭祀女祖，而是將其與男祖合祭的禮制，此詩當爲合祭大王、王季、文王的典禮所用的儀式樂歌。周人祭祖與殷人不同點之一表現在對女祖的祭祀方式上，殷人對先妣單獨祭祀，而周人對女祖只有配祭而無獨祭，《周頌·雝》云「既右烈考，亦右文母」〔註166〕，《儀禮·少牢饋食禮》在主祭者及祝所言曰「用薦歲事於皇祖伯某，以某妃配某氏」，都表明了這一點〔註167〕。正因爲這一祭祀體制，《思齊》本爲歌頌「三聖母」之樂歌，但其中卻有「刑于寡妻」之言，既稱之爲「寡妻」就不可能以「三聖母」爲主語，而是應以「三聖母」所配之先王爲主語方能符合語境。因此，此詩即爲歌頌配祀「三后」之「三聖母」無疑。無獨有偶，《大雅》中還有《皇矣》一篇爲歌頌「三后」大王、王季、文王的樂歌，這正是「既右烈考，亦右文母」的最好例證。

（三）祭祀公劉

周人追王止於大王，大王以上的周族領袖屬於「先公」序列了，其中有兩位重要人物，這就是公劉和后稷。后稷是周人始祖，以農立國，其重要性自不待言；公劉的卓著功勳則與遷豳聯繫在一起。周人本居於邰，後來備受戎狄侵擾，至公劉開始遷於豳地，這一次民族遷徙，雖然史籍失載，但慶幸的是《詩經·大雅·公劉》將其保存在唇吻之間〔註168〕。

對《公劉》一詩的內容，歷來人們是沒有異議的，它是歌頌公劉遷豳定居的詩篇：首章言啓程，二章言相地，三章言安處，四章言歡飲，五章言治

年，第35頁。

〔註166〕《毛傳》云「烈考，武王也；文母，大姒也」，朱熹云「烈考，猶皇考也；文母，大姒也」，是說「烈考、文母」指文王、大姒。母子對文，實在難通，顯然朱子說法較爲通順。但其實，朱子之說也不準確，實際上這裡「烈」、「文」都是形容詞，是對祖靈的泛泛稱頌而非特指某人，鄭玄所云「光明之考」、「文德之母」最得詩意。這一點王引之已詳辨之，參《經義述聞·毛詩·雝》，南京：江蘇古籍出版社，2000年，第172頁。

〔註167〕楊向奎《宗周社會與禮樂文明》，北京：人民出版社，1992年，第77頁。晁福林《論殷代神權》，《中國社會科學》，1990年，第1期。劉源《商周祭祖禮研究》，北京：商務印書館，2004年，第167頁。

〔註168〕太史公《周本紀》記載了公劉的「復修后稷之業」的史實，但卻將定居於豳歸到公劉之子慶節的名下。但顯然，《詩經》的記載更爲可信，因爲整個《周本紀》就是取材於《詩經》的。陳桐生《史記與詩經》，北京：人民文學出版社，2000年，第209頁。

田，六章言定居，展現了遷豳之後篳路藍縷、步步為營、開拓進取以至定居的整個過程，確實帶有某些「史詩」的色彩。但是，問題的關鍵是在何種場景要歌頌公劉遷豳定居這些史迹呢，也即此詩是如何創制的。如上所述，本文認為此詩與《緜》、《皇矣》一樣都是祭祀樂歌，是周王室祭祀「公劉」所用的儀式樂歌。

歷來人們對此詩詩旨主要有兩個看法：一是陳戒樂歌，二是豳地舊詩。前者以《詩序》的「召康公戒成王」為代表，後者以明人金履祥所謂「言情言物如此之詳若身親見者」為代表〔註 169〕。這兩個看法都是有問題的，金履祥、何楷、姚際恒所謂「豳之舊詩」的說法不過是從詩中描寫詳細如親見而得來，而這種詳細的描寫其實只是詩人設身處地的想像性描繪，全詩「韻律的流暢、描寫技巧的嫺熟，絕非早在殷商時期的豳人所能為」，因而金氏等人的說法是不成立的〔註 170〕；至於《詩序》的說法，「召康公」、「成王」云云不知從何而起，在詩中也沒有任何依據。自從孫作雲等將包括《公劉》在內的「史詩」視為祭祖歌之後，此詩的解讀才獲得了光明的前景。

將《公劉》視為周王室祭祀公劉的儀式樂歌，基於以下理由：首先，上文已經指出此詩全部內容是在歌頌公劉率領周民遷豳定居的歷史功績，它將公劉列為詩篇歌頌對象，這就具備了作為祭祀公劉樂歌的充分條件。其次，詩中「篤公劉」一語可以旁證這一點。詩分六章，每章章首均以「篤公劉」起句，並且這一起句與下文並無文理上的聯繫，這表明它顯然是某種結構的體現。考之《詩》本文，《文王有聲》之「某王烝哉」與此最為相近，都是人名與形容詞結合出現在每一章中，只不過有一前一後的差異罷了〔註 171〕；「烝哉」即「美哉」，「某王烝哉」則是對「某王」的高聲贊頌，是典禮中「眾口合唱、曼聲長詠」歌辭〔註 172〕。本文認為《公劉》每章起句「篤公劉」與《文

〔註 169〕阮元《十三經注疏·毛詩正義》，上海：上海古籍出版社，1997 年，第 541 頁。金氏說法轉引自何楷，參《詩經世本古義》，《影印文淵閣四庫全書》第 81 冊，臺北：臺灣商務印書館，1986 年，第 18 頁。

〔註 170〕郭沫若說「《公劉》一詩所敘的雖然是周初的傳說，但並不是周初的作品」，意思是說儘管《公劉》一詩可能保留當初公劉遷豳的某些真實史迹，但是這些史迹形成文字絕非在周初。其實，這是《大雅》諸篇「史詩」的共同特點。參郭沫若《郭沫若全集·歷史編第一卷·中國古代社會研究》，北京：人民出版社，1982 年，第 107 頁。

〔註 171〕對於《文王有聲》的「烝」字，毛鄭視其為名詞，釋為「君」，則於文理窒礙難通。陸德明云「烝，美也」，「烝」為形容詞，釋為「美」，則極為通順。

〔註 172〕程俊英、蔣見元《詩經注析》，北京：中華書局，1991 年，第 794 頁。

王有聲》的「某王烝哉」在性質上是類似的，只不過由於它處於章節的開端，因而應是典禮歌唱中的起辭或領唱；「篤」釋爲「厚」，「篤公劉」是典禮歌唱的每個階段開始時對表現對象公劉的呼喚和贊美，是一種樂歌結構的標誌。由此可知，《篤公劉》實即以公劉爲表現對象的典禮樂歌。再結合它與作爲祭祖詩的《緜》、《皇矣》的相似性，如「乃」字句、「既」字句等句式和疊詞，可知其作爲典禮樂歌當用於祭祀公劉的典禮之中。

（四）祭后稷

周人實際上有男、女兩位始祖，女始祖是有邰氏姜嫄（《史記・周本紀》），男始祖爲后稷，據說爲姜嫄之子。「后稷」可能爲官名而非人名，這是一個專司農藝稼穡的官職，周族之興起可能就在其首領被封爲「后稷」之官之時〔註173〕，周人的男性始祖棄即爲第一任「稷」官。正因爲如此，周人對其始祖的歌頌專注於他的農業技能和稼穡之功，如《魯頌・閟宮》「黍稷重穋，植稚菽麥。奄有下國，俾民稼穡。有稷有黍，有稻有秬。奄有下土，纘禹之緒」就是如此。而言此更爲詳細的，當爲《大雅》、《周頌》中保留的詩篇。「雅頌」中涉及后稷的除了《閟宮》、《雲漢》之外，只有兩篇，即《思文》、《生民》。巧合的是這一「雅」一「頌」之間有著顯著的共同點：兩者都是以后稷爲表現對象，並且集中表現於他的農藝上，《思文》之「立我烝民」、「貽我來牟」正可以概括《生民》的主體部分。而這種相同之處和對應關係的根源就在於它們都是用於祭祀后稷典禮的樂歌。

先看《思文》。歷來人們對此詩詩旨的看法大體一致，認爲其爲「后稷配天」（《詩序》）的樂歌。所謂「配天」是指祭天典禮中以人神配享，因而「后稷配天」實際上是祭天典禮（「郊」）中的以后稷配享。看來，人們斷定《思文》爲祭天典禮所用的樂歌，只是在何種祭天典禮上有些爭議〔註174〕。但是，

〔註173〕昭公二十九年《左傳》云「稷，田正也。有烈山氏之子曰柱爲稷，自夏以上祀之。周棄亦爲稷，自商以來祀之。」可見，最初的「稷」官並非周人。《尚書・堯典》記載了舜封棄爲「后稷」的情形「棄，黎民阻饑，汝后稷，播時百穀」，雖未必爲信史，但卻說明周人爲「稷」乃中道受命。

〔註174〕如孔穎達認爲是祭感生帝於郊，何楷以爲是「迎長日之郊」，姚際恒以爲「祈穀之郊」，魏源以爲「周公初至洛用牲於郊」等等。阮元《十三經注疏・毛詩正義》，上海：上海古籍出版社，1997年，第 590 頁。何楷《詩經世本古義》，《影印文淵閣四庫全書》第 81 冊，臺北：臺灣商務印書館，1986年，第 273 頁。姚際恒《詩經通論》，北京：中華書局，1958 年，第 332頁。魏源《魏源全集・詩古微》，長沙：嶽麓書社，1989 年，第 328 頁。

竊以爲此說大可懷疑。考此說的根據，無非兩點：一是詩本文，即其中有「思文后稷，克配彼天」和「帝命率育」之語，但是，很顯然「配天」只是用於形容后稷功績之大而已，並非意味著出現此語的詩篇即用於「祭天配享」的儀式中，比如《大雅・文王》亦有「永言配命」、「克配上帝」之語，有「文王在上，於昭于天」等語，不能因此以其爲配享文王之歌；另外，如果此詩用於祭天配享儀式中，天、帝就在典禮之中，爲何言「彼天」，也不合邏輯。二是《詩》以外的證據，主要是《左傳》襄公七年的「郊祀后稷以祈農事也」和《孝經・聖治章》「周公郊祀后稷以配天」，但有「郊祀后稷」是一回事，《思文》是否爲其樂歌是另外一回事，況且這兩條記載時代晚出，不足爲據。

　　本文認爲，首先就《思文》全部內容來看，它是獻給后稷的樂歌。詩中有著清晰的人稱，「立我烝民」、「貽我來牟」、「陳常于時夏」承接首句「思文后稷」而來，顯然是以后稷爲主語，可見后稷是全詩要歌頌的對象；其次，「莫匪爾極」的「爾」即指后稷，而其中的「我」即主祭者自稱，這種「我」、「爾」之間的對話結構說明主祭者與后稷（之神）是面對面，因而詩篇是獻神之歌。由此可見《思文》作爲祭獻后稷的樂歌在詩中就有足夠證據。

　　再看《生民》。對此詩題旨，人們大都將其視爲歌頌周人始祖后稷的篇章如《小序》之「尊祖」；但也有人認爲它與《思文》一樣都是「后稷配天」的樂歌，如何楷就認爲此詩是「郊祀后稷以祈穀」所用的樂歌，理由是詩末章云「其香始陞，上帝居歆」〔註175〕，言及「上帝」。但是，姚際恒、陳啓源等早已指出了這一理由的謬誤，即混淆了「詩語」和「詩用」的區別：第七章所言之「我祀」的祭祀活動實際上是后稷所爲，是詩的內容（「詩語」）而非詩本身的使用場合（「詩用」）〔註176〕，把后稷開始的祭祀活動作爲《生民》所用的禮典，豈非荒謬至極？

　　當然，第七、第八兩章所言的祭祀行爲對認識全篇的性質確實是很關鍵的。首先，必須認清詩篇描寫這些祭祀行爲的意義和目的。全詩先言后稷誕生之神異，接著歌頌后稷突出的稼穡本領及獲得豐收，然後說后稷「以歸肇祀」、描寫「我祀如何」的情形。可見，對祭祀的描寫是因爲農業的豐收，而

〔註175〕何楷《詩經世本古義》，《影印文淵閣四庫全書》第 81 冊，臺北：臺灣商務印書館，1986 年，第 276 頁。
〔註176〕姚際恒《詩經通論》，北京：中華書局，1958 年，第 279 頁。陳啓源《毛詩稽古編》，阮元《清經解》第 1 冊，上海：上海書店，1988 年，第 424 頁。

農業的豐收又與后稷農藝密不可分，因而描寫「我祀如何」不過是稱頌后稷提供了祭品，使得對神靈的祭祀得以順利進行，所以，詩才會以「庶無罪悔，以迄于今」作結。何爲「罪悔」？顯然是指周人與神靈的關係而言，正因爲從后稷開始，周人得以豐碩祭品貢獻神靈，才避免了天降災難。只有如此理解，全詩文脈方能通順無礙。可見，詩中描寫后稷「肇始」的祭祀活動，不過是稱頌后稷的事神行爲，正如《皇矣》篇言「維此文王，小心翼翼。昭事上帝，聿懷多福」，不是祈於上帝而是贊頌文王。

因而，《生民》不過是歌頌后稷出生、稼穡、祭祀這三個內容而已，全詩始終緊緊圍繞著始祖后稷這個表現對象，與「祈穀於上帝」沒有任何關聯。因而，詩篇顯然是獻給后稷的樂章。對此，詩中還有一些細節作爲佐證。如詩開頭曰「厥初生民」，結尾則以「庶無罪悔，以迄于今」呼應，可見，詩篇實際上是以一種追敘的結構展開的，是後人在某個場合下對后稷其人其事的歌唱；作爲祭歌，它必然用於祭祀后稷的典禮之中。又如第六章、第八章均稱道「后稷肇祀」，然後對祭典津津樂道，末章又曰「庶無罪悔，以迄于今」，隱約暗示了當下似乎處於祭典之中。當然，根據全文當下祭典是祭后稷而非祭天。

（五）合祭文武

《雅頌》中所體現的周人祭祖以文王爲核心，向上推就是王季、大王、公劉、后稷等，已論次如上，往下推就是武王、成王、康王了。此三王確立並鞏固了周政權，恭王時《牆盤》銘文曰「強圉武王，撻殷，畯民永不恐狄」，又曰「憲聖成王，左右柔會剛鯀，用肇徹周邦。睿哲康王，遂尹帝僵」，高度概括了他們的功績，可見此三人亦爲周人先王中之功勳卓著者〔註177〕。其中，尤其是武王，他以武力推翻了殷政權，實際確立了周家的統治權，其光輝業績僅次於文王，《周頌》中的《武》、《酌》、《賚》、《桓》等「大武樂章」都是歌頌武王克商的巨大功勳，都曾用以祭祀武王（見前文）。

文王受命、武王克商，是周人贏得天下的決定性步驟，因而周人常常並稱「文武」，視之爲周人得天命的關鍵性人物，《魯頌·閟宮》曰「至于文武，纘大王之緒，致天之屆」。因此，周人也常在祭典中並祭文武，最典型的例子莫過於《尚書·洛誥》「王在新邑烝，祭歲，文王騂牛一，武王騂牛一」，此處並祭雖未必合祭，但是周人特重文武二王之祭卻是肯定的。另外，《大雅·

〔註177〕馬承源《商周青銅器銘文選三》，北京：文物出版社，1988年，第153頁。

文武有聲》中也保留了文、武並祭的情況，而最爲典型的則是《大明》一詩，它是合祭文武所用的樂歌。

　　歷來人們對《大明》詩旨的認識有較大的分歧，有的認爲此詩旨在表現文武二聖相承（《詩序》），有的認爲此詩「主美文王之德」（《孔疏》），有的認爲此詩意在歌頌文武二王之母（如明人孫鑛）〔註178〕。其實，這些說法僅僅抓住了詩篇的部分內容而已。全詩從結構上看包括三方面的內容：一是天命周人（首章），二是文王出生以及文王之德（二章三章），三是文王的婚姻、武王的出生以及武王克商（四、五、六、七八章），可見詩篇表現的有三個對象：天命、文王、武王，這其中顯然蘊涵著一個邏輯，即周人豔稱的「文武受命」。《尙書・顧命》、《畢命》、《逸周書・祭公解》莫不有「文武克受殷命」的記載，金文中亦屢見文武受命的記載，如《師詢簋》「不顯文武，膺受天命」，《大盂鼎》「不顯文武，受天有大命」，《毛公鼎》「丕顯文武，皇天弘厭其德，配我有周，膺受大命」等〔註179〕。可見《大明》全篇內容本爲周人固有之觀念，只不過此詩在文武受命的結構中增加了一個內容，即文武二王的父母的婚配和他們的出生，如王季與大任結親、文王與大姒的結親。這一內容在這裡是作爲文武受天命的體現而出現的——父母之德以及天作的婚配正是兒子爲聖的體現，正如《文王》一詩言「文王受命」是從「本枝百世」和「濟濟多士」來表現一樣。由此可知，《大明》一詩的表現對象其實是文武二王，詩的大旨在於歌頌二王得到天命眷顧，所謂「二母」、「文王之德」、「武王伐紂克商」都不過是這一主旨的分支而已。

　　此詩既然歌頌文武，那麼它產生於何種場景呢？朱子所云「此亦周公戒成王之詩」，純屬臆測，馬瑞辰以此詩爲《逸周書・世俘解》之《明明》、產生於武王獻俘的典禮中，也僅僅是從篇名二字所作的臆斷〔註180〕。本文認爲，《大明》與《文王》、《縣》、《思齊》等詩的性質是一樣的，都是祭典樂歌。詩曰「大任有身，生此文王」，又曰「維此文王，小心翼翼，昭事上帝」，「有命自天，命此文王」，「涼彼武王，肆伐大商」，三個「此」、「彼」的指示代詞

〔註178〕阮元《十三經注疏・毛詩正義》，上海：上海古籍出版社，1997 年，第 506 頁。何楷《詩經世本古義》，《影印文淵閣四庫全書》第 81 冊，臺北：臺灣商務印書館，1986 年，第 259 頁。

〔註179〕陳夢家《西周銅器斷代》，北京：中華書局，2004 年，第 292 頁。

〔註180〕朱熹《詩集傳》，南京：鳳凰出版社，2007 年，第 207 頁。馬瑞辰《毛詩傳箋通釋》，北京：中華書局，1989 年，第 801 頁。

表明此篇樂歌當爲文王、武王之神在場時歌唱的，因而它應爲合祭文武二王時所用的樂歌。

（六）祭祀成王

「雅頌」是否有成王的稱號，引起了歷代學者的不少爭論。涉及這個詞的詩篇有《周頌·昊天有成命》、《噫嘻》和《大雅·下武》。毛鄭等大批學者均將「成王」解爲「成此王業」，避而不談「成王」名號，因爲他們堅信《周頌》、「正大雅」都是周公成王的詩篇〔註181〕；宋人歐陽修等不信漢人之見，根據《國語》將「成王」釋爲姬誦的稱號〔註182〕；清代馬瑞辰、王先謙又提出了「成王」爲姬誦生稱之號而以爲證，近代學者根據金文資料又進一步肯定了成王爲「生稱」之說〔註183〕。顯然，這些爭論包含兩個層次：一是「成王」是不是人名，二是如果「成王」爲人名是生稱還是謚號。從表面上看這似乎是一個簡單的稱呼問題，其實這個問題涉及到了對上述詩篇性質和題旨的認識。本文認爲，「周頌」中不僅「成王」當爲周成王謚號，而且「成康」（《執競》）亦爲周成王、康王父子的謚號。因而，《昊天有成命》、《下武》都是祭祀周成王所用的樂歌（《噫嘻》爲籍禮的降神樂歌，詳下）。

《雅頌》中所體現的周人祭祖以文王爲核心，往下推就是武王、成王、康王。對武王的祭祀樂歌已論述如上，而成王的祭祀樂歌，本文認爲就是《周頌·昊天有成命》和《大雅·下武》兩篇。

先來看《昊天有成命》，對此詩題旨歷來只有兩種看法：一是《詩序》的「郊祀天地」，二是祭祀成王。前說之荒謬至宋人以後已經昭然若揭，所謂「郊祀天地」不知從何而起，或許只是對詩首句「昊天有成命」的附會吧。其實，此詩爲頌成王之說，古已有之，《國語·周語下》載晉羊舌肸聘於周「語說《昊天有成命》」，說此詩乃「道成王之德」，漢代賈誼《新書·禮容下》論及此詩亦曰「成王者，武王之子，文王之孫也」，可見古人早已將「成王」釋爲周成王。詩曰「成王不敢康，夙夜基命宥密。於緝熙！單厥心，肆其靖之」，與《牆

〔註181〕阮元《十三經注疏·毛詩正義》，上海：上海古籍出版社，1997年，第587、525頁。

〔註182〕說見《時世論》，轉引自朱熹《詩序辨說》，《朱子全書》第三冊，上海古籍出版社&安徽教育出版社，2002年，第395頁。

〔註183〕馬瑞辰《毛詩傳箋通釋》，北京：中華書局，1989年，第1051頁。王先謙《詩三家義集疏》，北京：中華書局，1987年，第1009頁。王國維《觀堂集林·通敦跋》，北京：中華書局，1959年，第895頁。

盤》所稱「憲聖成王，左右柔會剛緐，用肇撤周邦」十分接近，是歌頌周成王秉承文武二王所確立的基業，夙夜謹敬、保有天命，這是非常明顯的；首句「昊天有成命，二后受之」，不過言明成王所處的十分關鍵的歷史處境而已。因而，周成王作爲詩的表現對象是毫無疑問的。這是其一。

其二，此詩作爲「頌」乃獻神樂歌，如果是「郊祀天地」也即獻給天神、地祇的樂歌的話，則詩中並無歌頌天神、地祇的內容；詩中稱頌「成王之德」，因而它只能是祭祀成王時所用的獻神樂歌。詩中出現的周王名號爲祭祀對象，這在《周頌》有很多例子，如《維天之命》、《維清》的「文王」，《天作》的「大王」，《武》、《桓》的「武王」等等，這表明《昊天有成命》的「成王」亦爲作爲祭祀對象的周成王姬誦。因此，朱熹的「祀成王之詩」最得詩旨。至於馬瑞辰、王先謙所提出的「生稱說」是不能成立的：一方面從《詩經》文本來看，周王參與祭禮時，在《周頌》中多以「我」、「予」、「曾孫」自稱（《維天之命》、《雝》等），在《雅》中多以「王」稱之（《靈臺》、《文王有聲》等），而凡稱王號的周王多爲祭祀對象；另一方面，從禮制看，《周頌》多爲事神樂歌，在這種樂歌中稱道健在周王於神靈之前顯然是不合邏輯的。可見，即使「生稱周王」在有功之臣銘功祭祖的銅器銘文中是存在的，但在作爲周王事神樂歌的《周頌》中卻不可能存在。

再來看《下武》一詩。對此詩詩旨，歷來分歧較大，有三說：一是歌頌周武王德業，以《詩序》、《詩集傳》爲代表；二是歌頌成王，以何楷、孫作雲、王宗石爲代表；三是歌頌時王，是李山先生的看法。本文認爲，既然《昊天有成命》、《噫嘻》、《執競》中的「成王」、「成」均爲周成王姬誦，那麼，此詩中「成王」亦當爲周成王。認爲此詩爲歌頌成王之作，正從這一稱號得來，而其他兩說則均將「成王」二字分開解讀。竊以爲，周成王姬誦作爲此詩的表現對象可以從「成王之孚，下土之式」一句得知：

一是從文理上看，全詩篇章結構上具有明顯的「頂眞」體的特點，上章與下章尾首相連、內容一致，章章順聯而下、一氣呵成。這種特點說明二章之「成王之孚」與三章的「成王之孚」內容完全一致，從三章「成王之孚，下土之式」來看，「下土」爲名詞，則作爲詩句對文的「成王」亦當爲名詞，而不能釋爲「成周家王道之信」（鄭玄），因而「成王之孚」應爲偏正短語而非動賓短語；同時，也表明首章、二章「王配于京」之「王」實即二章、三

章「成王之孚」之「成王」，同樣的，四章之「媚茲一人」的「一人」即三章「成王之孚，下土之式」的「成王」。

二是從詩意看，「成王之孚，下土之式」中的「下土」實爲與神靈所處的天國相對應的人間世界，《邶風・日月》之「日居月諸，照臨下土」，《小雅・小旻》之「旻天疾威，敷于下土」，《小明》之「明明上天，照臨下土」無不表明此意；不過，住在天國之中可不僅只有上天，還有祖神，如《文王》之「文王在上，於昭于天」就是明證。因此，此處的「成王」只有理解爲在上之神，方能與「下土之式」相應成文，否則，「成王之孚」如係時王所爲，又何能言「下土」呢？

三是從史實來看，末章「受天之祜，四方來賀」與成王時期的史實較爲符合，《尚書・康誥》曰「成王既伐管叔、蔡叔，以殷餘民封康叔……公初基作新大邑於東國洛，四方民大和會」，《周頌・昊天有成命》「成王不敢康，夙夜基命宥密……肆其靖之」，《牆盤》曰「憲聖成王、左右柔會剛鯀、用肇撤周邦」，說明周成王時期的王朝趨於穩定強盛，從而臣服四方。

綜上所述，我們認爲《下武》一詩所歌頌的對象是周成王，不僅如此，詩篇還是面對作爲神靈的周成王歌唱的樂歌，這從「成王之孚，下土之式」一語中可以窺知〔註 184〕。另外，首章之「三后在天，王配于京」，所言之「配」實即「配享」之意〔註 185〕，這也表明「成王」已被置於與「在天」的「三后」同等的位置，則其爲祖先神無疑；並且，也許正因爲「成王」配享於「三后」才用此樂歌。總之，《下武》是祭獻周成王所用的樂歌。

（七）合祭武王、成王、康王

周人祭祖以文王爲中心，往下推即爲武王、成王、康王。這三王的偉大功績在於，武王克商確立了周政權，成王康王則鞏固政權、穩定局面並開拓四方、發展壯大。對此，《周頌》有一首祭歌進行了歌頌，這就是《執競》。歷來人們對此詩詩旨的認識有許多偏差，如有的認爲此詩「祀武王」（《詩序》），有的認爲此詩「祭成康」（何楷），或者是「祀武王而以成康配」（魏源），

〔註 184〕王宗石曰「孚爲孵之本字，庇護爲其引申義。之孚，是護。」王宗石《詩經分類詮釋》，長沙：湖南教育出版社，1993 年，第 517 頁。

〔註 185〕「配」，有人以「對」釋之，有人以「祭」釋之，但顯然此「配」即《孝經・聖治章》所謂「昔者周公郊祀后稷以配天、宗祀文王於明堂以配上帝」之「配」，指祭禮中的「配食」。

或者是「祭成王而推本於武王」（朱鬱儀）〔註186〕。其實，這些說法無法正確回答以下兩個問題：一是「成康」是不是人名，二是武王與「成康」是何種關係。

如果回歸到詩篇的內容本身，這兩個問題是不難回答的。《執競》全詩可以分爲兩個部分，前半部分曰「執競武王，無競維烈。不顯成康，上帝是皇。自彼成康，奄有四方，斤斤其明」，從文理上看「執競武王」與「不顯成康」同爲偏正短語，「成康」與「武王」處於同一位置，當指周成王、周康王，《毛傳》所謂「成大功而安之也」不過是增字解經且迂腐不堪〔註187〕，因爲依此下句「自彼成康」便解釋不通了。可見，前半部分其實是分別歌頌武王和成康二王的偉大功績，所謂武王之「無競維烈」即《牆盤》之「撻殷」（克商），所謂成康「奄有四方，斤斤其明」實即《牆盤》之「用肇徹周邦」、「遂尹帝僵」以及《古本竹書幾年》之「天下安寧，刑措四十餘年不用」，詩義是非常顯豁的。因而，此詩的表現對象顯然是武王、成王、康王。

詩的後半部分曰「鐘鼓喤喤，磬筦將將，降福穰穰。降福簡簡，威儀反反。既醉既飽，福祿來反」，描述的實際上是一派典禮的景象，「鐘鼓」、「磬筦」是典禮中的樂器，「威儀」則是行禮之人的儀態。那麼，這裡所描寫的是何種典禮呢？曰：祭祖典禮。這可以從「既醉既飽」、「降幅」等儀節中得知。鐘鼓齊鳴而又「既醉既飽」者，當爲祭祖禮中的神尸，《小雅・楚茨》曰「禮儀既備，鐘鼓既戒。孝孫徂位，工祝致告。神具醉止，皇尸載起。鼓鐘送尸，神保聿歸」，說的情況正與此詩若合符契（詩中所謂「降福穰穰」、「降福簡簡」者則指神尸離開前工祝錫嘏的環節）。可見，此詩所處的典禮儀節是鐘鼓送尸的時候，也即在典禮進行到一定階段，武、成、康三神尸已經歆享祭品、「既醉既飽」，然後就在鐘鼓的伴奏下魚貫離開，這時便奏唱《執競》一詩。由此可見，《執競》不僅「祀武王」，而且「祭成康」，是合祭武王、成王、康王所用的典禮樂歌，朱子之說最得詩旨〔註188〕。

〔註186〕何楷《詩經世本古義》，《影印文淵閣四庫全書》第81冊，臺北：臺灣商務印書館，1986年，第396頁。朱氏的說法轉引自姚際恒《詩經通論》，北京：中華書局，1958年，第331頁。魏源《魏源全集・詩古微》，長沙：嶽麓書社，1989年，第731頁。

〔註187〕李學勤《十三經注疏・毛詩正義》，北京：北京大學出版社，1999年，第1307頁。

〔註188〕朱熹《詩集傳》，南京：鳳凰出版社，2007年，第264頁。

古人曾因爲此三王並祭於禮書找不到根據，而不敢斷定《執競》詩旨，如何楷、姚際恒等。其實，周人祀典遠比後世禮書要繁縟得多，三王並祭禮書不載，但在「雅頌」卻有此禮，如《大雅・下武》云「三后在天」表明周人曾將三位先王放在一起加以祭祀。據我們考察，《皇矣》、《思齊》也是三王並祭的樂歌，即並祭大王、王季、文王以及三先妣大姜、大任、大姒的樂歌，巧合的是，《執競》並祭的武王、成王、康王與之正好補滿了周朝先王的譜系。由此可見，「雅頌」中的周人先王譜系正爲：大王、王季、文王、武王、成王、康王。

結　語

綜上所述，《大明》等頌祖樂章本質上不過是周人若干祭祖典禮所用的樂歌而已，祭典才是頌祖樂歌產生和形成意義的語境，不管是《周頌》還是「正雅」，詩篇的本質都是禮儀性的歌唱。通過考察，我們發現這些詩篇所用的祭典包括：祭文王、祭大王、合祭大王王季文王、祭公劉、祭后稷；合祭文武、祭武王、祭成王、并祭武王成王康王。不僅如此，這些祭典之間是緊密聯繫的，體現某種邏輯關係。

四、這些祭祖禮典的共同指向

上文通過考察《大明》、《天作》等頌祖詩篇，已經還原出這些詩篇所針對（產生）的若干祭祖典禮。不過，這個頌祖系列樂章所反映的各個祭典並非互不相關的，而是有著緊密的聯繫，體現了明顯的邏輯。本文認爲，這幾個祭典之間的深刻聯繫在於它們都與「文王」有著千絲萬縷的關係，實際上都是「大祭文王典禮」的後續活動，它們與「大祭文王」的祀典構成了一個祭典體系。換言之，這些祭典其實是一次以「祭文王」爲核心的大型宗廟祀祖活動的各個組成部分而已。這個結論可以從以下三方面得到說明：一是這些頌祖樂章大致產生於同一時期，二是這些樂章都與「文王」密切相關，三是這些樂章所用的祭典以「祭文王」爲核心。以下試分而證之：

首先，這些詩篇的文本特點表明它們大致產生於同一時期。這個頌祖系列樂章的 11 首詩由兩個部分組成：《大雅》的《大明》等七詩和《周頌》的《天作》等四詩。先看《大明》等七詩的時代。儘管還有學者認爲這七首詩分別

產生於成、康、穆等不同時代〔註189〕，但是大多數人還是將其視爲同時期的作品，或者認爲作於周初的周公成王時代（《詩序》），或者認爲作於西周晚期的周宣王的時代（孫作雲），或者認爲作於西周中期的穆王時期〔註190〕。這是因爲它們不僅在內容和性質上具有相似性（如上所述），而且在文本形式也有許多共同特點：

一是句式特點，如「迺」字句，《緜》之「迺慰乃止，迺左乃右。迺疆迺理，迺宣迺畝」與《公劉》「迺場乃疆，迺積乃倉，迺裹餱糧」如出一轍，並且《生民》之「實」字句（實方實苞）、《皇矣》「是」字句（是類是禡）也與此「迺」字句極爲相似，另外，「爰」字句（爰始爰謀）、「克」字句（克明克類）、「我」字句（我陵我阿）、「維」字句（維秬維秠）、「或」字句（或舂或揄）等句式其實都是並列句式，與「迺」字句本質上是一樣的，可見這些詩篇在句式使用上具有很多相似點。

二是語詞特點，如疊音詞的連串使用，《大明》之「洋洋」、「煌煌」、「彭彭」，《緜》之「陾陾」、「薨薨」、「登登」、「馮馮」，《思齊》之「雝雝」、「肅肅」，《皇矣》之「閒閒」、「言言」、「連連」、「安安」、「茀茀」、「仡仡」，《生民》之「旆旆」、「穟穟」、「濛濛」、「唪唪」，《公劉》之「處處」、「言言」、「語語」；又如使用一些相同的指示代詞，如「此」，《大明》之「生此文王」、「生此文王」、「命此文王」，《皇矣》之「維此王季」、「維此文王」等。

三是頂眞手法的使用，如《下武》全篇使用頂眞，與《文王》篇完全一樣。另外，《緜》之「迺立皋門，皋門有伉。迺立應門，應門將將。迺立冢土，戎醜攸行」，顯然也用了頂眞手法。可見，《大明》等詩在句式選擇、語詞修飾和修辭手法的選用上都反映了較爲相近的特點和習慣，這些共同點自非偶然，而是恰恰是它們產生於同一時期的各種迹象。

再來看《周頌》四詩。從文本形制上看，《思文》、《天作》、《昊天有成命》都極爲簡質，三詩中依次出現「后稷」、「大王」、「成王」等稱號，而這三者恰恰是其表現對象。從用韻看，《天作》、《昊天有成命》均押「之」韻，由此

〔註189〕如朱熹、何楷、馬銀琴等人。朱熹《詩集傳》，南京：鳳凰出版社，2007年。何楷《詩經世本古義》，《影印文淵閣四庫全書》第81冊，臺北：臺灣商務印書館，1986年，第14～18頁。馬銀琴《兩周詩史》，北京：社會科學文獻出版社，2006年。

〔註190〕參拙文《〈雅頌〉斷代的三個體系性見解》，《詩經研究叢刊》，北京：學苑出版社，2009年。

可知它們可能作於同一時期。《執競》一詩雖然形制較大，但是它的前半部分的結構特點則與《思文》三詩完全一樣，因而它亦可能為同時之作；至於它比《思文》三詩多出的描寫典禮的篇幅，有人據以認為其時代晚出〔註 191〕，我們認為這並無確鑿的證據。相反地，據這一部分的描寫，可以推測上述四詩的時代，詩中所出現的六個疊詞「喤喤」、「將將」、「穰穰」、「簡簡」、「反反」、「斤斤」，與《大明》等詩喜用疊音詞的習慣十分接近，其中「ang」、「an」二韻更為後者所常用。由此可見，《執競》與《大明》等詩的時代可能極為相近。總而言之，根據以上論述可知《大明》等頌祖樂章在文本形式上有著諸多共同點，這表明它們即使不能說是作於同一個時代，至少可以說是在同一個歷史時期寫定並使用於祭典的。

其次，這些詩篇不僅年代極為相近，而且都與「祭文王」密切相關。這體現在以下兩點：一是在周人所祭的先王先公中，「文王」所佔的比例最大，除了專祭文王的《維天之命》、《維清》、《我將》、《文王》四詩之外，還有《大明》、《皇矣》、《思齊》等詩也包括祭文王的內容：《大明》歌頌了文王的出身、德行以及婚配，《皇矣》以極大的篇幅歌頌了文王的德行和征伐，《思齊》歌頌三聖母是以文王之母、文王之妻、文王之祖母的形式而言的，可見文王仍是這些合祭典禮的核心。二是除了祭文王的樂歌之外，其他祭祖樂歌都有意無意地與「文王」聯繫起來，隨處可見「文王」的蹤迹。如《天作》與《緜》本為祭祀大王的詩篇，但是《天作》云「彼作矣，文王康之」，《緜》亦在末章言及「文王蹶厥生」；如祭祀武王的《武》、《賚》，一曰「允文文王，克開厥後」，又曰「文王既勤止，我應受之」，在歌頌武王克商的功績時不忘推及文王；又如《昊天有成命》和《下武》為歌頌成王之作，但前者曰「二后受之」，後者曰「三后在天」，其實都言及了「文王」。可見，這些頌祖樂章雖然歌頌文王之祖父、文王之父、文王之子、文王之孫四代，但時時不忘推及文王，表明文王是這些樂章的核心。

總之，由於祭文王在周人祭先王先公的祭典所佔的比重最大，並且除文王之外的其他祀典也都與文王有著千絲萬縷的關係，因而祭文王顯然就是這些祭典的核心。由於這些祭典大致發生於同一時期，因而它們其實就是當時「大祭文王」祭典的後續活動，是當時周王室的一次大型祭祖活動的組成部

〔註 191〕王宗石《詩經分類詮釋》，長沙：湖南教育出版社，1993 年，第 965 頁。

分〔註192〕。換言之，這是一次有意識的、系統的祭祖行爲，目的在於將以文王爲核心的先公先王確立爲代表天命神意的祖先神，本質上是建立說明周家政權合法性的意識形態觀念。顯然，「文王」在這個活動中被確定爲「天命」授受的對象，作爲祖先神的模範，而「祭文王」的典禮就是完成這些目的的直接手段；不僅如此，以文王爲中心，其他祖先也按照同樣的方式在祭典中加以重塑，而這些祭典因而也就成爲對「祭文王」典禮的補充，與後者有著密切的聯繫。這些聯繫在典禮樂歌中留下了痕迹。

結　語

綜上所述，以大祭文王爲開端，「雅頌」中有一系列周王祭祀先王先公的樂章；這些樂章雖然散佈於《雅》、《頌》之間，但卻相互呼應、緊密聯繫。它們包括：祭大王的《天作》、《緜》、《皇矣》，祭聖母的《大明》、《思齊》，祭公劉的《公劉》，祭后稷的《思文》、《生民》，祭成王的《昊天有成命》、《下武》，以及合祭成康的《執競》。通過考證這些祀典可以發現，它們都有一個主題即周家的受命得天下，都與一個對象即文王緊密聯繫；其實，這些禮典乃是大祭文王禮典的後續活動，與大祭文王有著相同的目的，即以祭禮的形式重塑先公先王，建構周家代殷的意識形態。

第五節　祭祖樂歌之四：諸侯助祭樂歌

引　言

《孔子詩論》第五簡云「有成功者何如？曰：頌是也。」〔註193〕這一說法證實了《詩大序》對於「頌」的定義「頌者，美盛德之形容，以其成功告於神明者也」〔註194〕。既然是「告於神明」，則《頌》詩均爲獻神樂歌，與祭

〔註192〕至於這個大型的祭祖活動發生於何時，主要有三種看法，古人以爲是周公成王時期，這顯然是錯誤的，因爲這其中有祭祀成王、康王的詩篇。有人認爲發生於西周晚期的宣王時代，有人認爲發生於西周中期的穆王時代，均有其合理性。本文暫從西周中期說。參孫作雲《孫作雲文集·〈詩經〉研究》，開封：河南大學出版社，2003年，第358頁；李山《詩經的文化精神》，北京：東方出版社，1997年，第176頁。
〔註193〕李學勤《〈詩論〉簡的編聯與復原》，《中國哲學史》，2002年第2期，第5～8頁。
〔註194〕李學勤《十三經注疏·毛詩正義》，北京：北京大學出版社，1999年，第18頁。

禮密切相關。朱熹云「頌皆天子所制，郊廟之樂歌」〔註195〕，認爲《頌》乃天子祭天、祭祖所用的樂歌（主要指《周頌》），這一說法爲後世所廣泛認同。《頌》之禮儀性質既明，古往今來學者們對《周頌》三十一篇具體的應用場合進行了深入的探討，有很多創論，但也有不盡明晰的地方。《周頌》之《清廟》、《載見》、《雝》、《烈文》就是很明顯的例子。兩千多年來，人們對這四首詩的認識雖然也有所變化，但總體上還停留在《小序》的框架之內「《清廟》，祀文王也」；「《載見》，諸侯始見乎武王廟也」；「《雝》，禘大祖也」；「《烈文》，成王即政、諸侯助祭也」。

本文認爲，人們所尊崇的《小序》對四詩詩旨的概括反映了詩篇的部分實際，但是存在兩個重大缺陷：一是對詩旨的認識有一個先入爲主的前提，即詩篇爲周公成王「制禮作樂」所作；二是忽略了詩篇之間的聯繫，孤立地認識詩篇。前者設立了一個既定的解釋「視域」，實際上將詩篇固定於單個歷史語境之中，所以四詩中的周王都變成了周成王，詩篇作者爲周公，而這在詩篇中其實沒有確鑿的證據；後者則切斷了詩篇的共時聯繫，也就使詩篇的禮儀背景更爲模糊，從而使解讀流於對表面字句的無限推論，造成了一些誤解，比如《清廟》爲祭祀文王之詩、《載見》爲成王免喪之詩等。因此，人們對《清廟》等四詩的認識還是很不夠的。

竊以爲對《詩》的解讀，任何預設的歷史語境都是不可取的，因爲詩篇的時代並不確定。因而，詩篇的歷史語境必須從考證中加以勾勒：《詩》文本提供的事實即「內證」應爲首要證據；其次用《詩》文本與特定歷史時期其他文本進行比勘，如史傳文獻、出土文獻、禮書等。本此，筆者發現《清廟》《載見》《雝》《烈文》四詩實際上乃是一個祭祖典禮的不同環節所用的詩篇；並且，此祭典所強調的不是祭祀對象，而是助祭者，即所謂的「辟公」和「多士」。

一、《清廟》《載見》《雝》《烈文》四詩之間的聯繫

其實，《周頌》中的許多詩篇都不是單篇使用的，如《左傳》宣公十二年記載《武》、《賚》、《桓》爲一首詩的不同篇章〔註196〕。《清廟》《載見》《雝》

〔註195〕朱熹《朱子全書·詩序辨說》第三冊，上海古籍出版社＆安徽教育出版社，2002年，第345頁。

〔註196〕楊伯峻《春秋左傳注》，北京：中華書局，1981年，第745頁。

《烈文》四詩雖然不同屬於一首詩，但它們之間有著緊密的聯繫。

首先，《載見》《雝》《烈文》三詩描寫同一個禮儀事件，即天子、辟公祭祖於宗廟。《載見》開篇云「載見辟王」，《毛傳》曰「載，始也」，這始來見周王的是誰呢？下文云「烈文辟公，綏以多福，俾緝熙于純嘏」，可見那始來見周天子的就是「烈文辟公」；辟公何事見周天子，詩云「率見昭考，以孝以享，以介眉壽」，原來係爲祭已故先王而來。可見，《載見》一詩歌唱的是「辟公」來見周天子並祭於宗廟的事。無獨有偶，《雝》也是如此「有來雝雝，至止肅肅。相維辟公，天子穆穆。於薦廣牡，相予肆祀」，天子與辟公相與祀祖，與《載見》所述顯爲一事；並且，「有來」、「至止」一句亦表現「辟公」之來，巧妙地呼應了《載見》之「載見辟公」，所謂「雝雝」描繪「辟公」到來的情狀，也與後者之「龍旂陽陽、和鈴央央、鞗革有鶬、休有烈光」相應。不僅《載見》、《雝》如此，《烈文》也是爲「辟公」來見和助祭之事，詩云「烈文辟公，錫茲祉福」，與《載見》「烈文辟公，綏以多福」幾乎相同。由此可見，《載見》《雝》《烈文》三詩都是以「辟公」參與周王之祭祖爲主要表現對象的，而且有明顯的前後相承接的關係（詳下），這表明它們最初絕非單篇使用，而是聯合用於某一個禮典。李山先生指出，「《載見》一篇」與《烈文》、《雝》等不僅同時，而且同禮、同事，其具體次序爲《載見》、《雝》、《烈文》」，是非常準確的〔註197〕。

其次，竊以爲《清廟》亦爲描述助祭於宗廟之事，詩中之「濟濟多士」正是指助祭者，「駿奔走在廟」正是指助祭之事。「濟濟多士」，又見於《大雅·文王》「濟濟多士，文王以寧」，《毛傳》云「濟濟，多威儀也」，《孔疏》「此多士是上世顯之人，則諸侯及公卿大夫」〔註198〕，可見助祭者非職事人員，而是諸侯公卿大夫。「駿奔走在廟」，《爾雅·釋詁》云「駿，疾也」〔註199〕，《禮記·大傳》「遂率天下諸侯、執豆籩、逡奔走」，鄭玄注曰「駿，疾也」〔註200〕，可見「駿奔走」正是《大傳》「逡奔走」，指的是諸侯在武王的率領下祭於宗廟的情形，由此可以推測上文之「濟濟多士」，雖然包括卿士，但主要指諸侯。簡言

〔註197〕李山《詩經析讀》，海口：南海出版社公司，2003年，第444頁。
〔註198〕阮元《十三經注疏》，上海：上海古籍出版社，1997年，第504頁。
〔註199〕李學勤《十三經注疏·爾雅注疏》，北京：北京大學出版社，1999年，第28頁。
〔註200〕李學勤《十三經注疏·禮記正義》，北京：北京大學出版社，1999年，第998頁。

之,《清廟》一詩重點不在頌贊所祭神靈,而在於展現與祭的諸侯奔忙於宗廟的情景。這一點與《載見》《雝》《烈文》三詩是非常契合的。李山先生說「《清廟》只是祭祀大禮的序曲而已」,這是非常正確的〔註201〕;但是竊以爲此序曲非「祀文王」之序曲,而是諸侯助祭之序曲(詳下)。

由以上論述可知,《清廟》《載見》《雝》《烈文》四詩具有相同的表現內容,即天子祭祖、諸侯助祭於宗廟,詩篇不是著意於歌頌祭祀對象的德行(如《維清》、《維天之命》、《我將》等),而是著重表現諸侯到來、奔走助祭情狀以及天子對諸侯的告誡。顯然,這些禮儀樂歌是有所針對的;它們雖爲祭祖樂歌,但卻是圍繞諸侯來歌唱的。因而,本文將其稱爲「諸侯助祭於宗廟之樂歌」,作爲祭禮樂歌的一種特殊類型。

二、《清廟》《載見》《雝》《烈文》四詩所用的儀節

考察《清廟》《載見》《雝》《烈文》四詩可以發現,《清廟》是祭祖的序曲,《載見》乃諸侯初見周王並助祭於宗廟,《雝》爲君臣祭祖、祈告祖先,《烈文》爲祭畢周王賜福並敕戒諸侯。它們分別用於周王祭祖禮典的不同環節,前後相應,互相連接。試證如下:

1、《清廟》不是祀文王的樂歌而是諸侯助祭的序曲

詩曰:

> 於穆清廟,肅雝顯相。濟濟多士,秉文之德。對越在天,駿奔走在廟。不顯不承,無射于人斯。

《清廟》爲《周頌》之首、「四始」之一,在《詩》中具有重要的地位。然而,歷來人們賦予此詩過多的意義,事實上造成了對詩旨的誤解。表現在兩種觀點上:一是「祀文王」之說,二是「合祭文武」之說。

第一種看法乃是古今的主流看法。《小序》云「祀文王也」,《續序》繼而曰「周公既作洛邑,朝諸侯,率以祀文王焉」,認爲《清廟》係周公祭祀文王所用的樂歌〔註202〕。此說得到了人們的廣泛接受,蔡邕、鄭玄、孔穎達、何楷、魏源等人均持同樣的看法,就連一向崇尚獨立見解的姚際恒、方玉潤雖然不同意《續序》,但對《小序》的「祀文王」之說也沒有異議,姚氏云「《小

〔註201〕李山《詩經析讀》,海口:南海出版社公司,2003年,第427頁。
〔註202〕李學勤《十三經注疏·毛詩正義》,北京:北京大學出版社,1999年,第1279頁。

序》謂祀文王，是」〔註203〕，方玉潤云「然此自祀文王之樂歌，不必執泥洛成告廟之言」〔註204〕。甚至到了當代，不少學者仍然持此觀點，陳子展說《清廟》是「祀文王之樂章」，程俊英也認爲此詩爲「周王祭祀文王於宗廟的樂歌」〔註205〕。看來，《清廟》爲祭文王的禮儀樂歌的看法極有影響。

　　竊以爲此觀點似是而非。其實，「祀文王」之說是對詩中「秉文之德」一句的誤解，並且，此誤解從《序》開始。顯然，《序》將「文德」理解爲「文王之德」，從而將此樂歌的祭祀對象定爲文王。鄭玄的箋注最能得《序》之意旨「濟濟之眾士，皆執行文王之德，文王精神已在天矣，猶配順其素如生存」，言下之意詩篇爲獻祭文王而唱〔註206〕。然而，事實上「文德」並不能訓爲「文王之德」，這是從《毛傳》就開始的，其云「執文德之人也」，以「文德」爲人之德行的形容之語。「文德」之「文」乃德行之一種，並非「文王」稱號之省稱，對此清代學者戴震早已識破「按詩中言文王不單舉文字，倘祀武王、成王必不可云秉武之德、秉成之德也，凡經傳以文贊美其人者不一，皆經緯明備、敬愼威儀之稱。」〔註207〕其實，「文德」爲贊美之辭而非指文王，這不僅能從《詩》的其他篇章得到旁證，也能從西周文獻中的語彙得到引證。此工作王引之爲之甚詳：

> 古人讚美先世，多謂之文。《堯典》「受終於文祖」，傳曰「文祖者，堯文德之祖廟」。《康誥》曰「今民將在祗遹乃文祖」，傳曰「將在敬循汝文德之父」。《洛誥》曰「承保乃文祖受命民」，《傳》曰「承安汝文德之祖文王所受命之民」。《文侯之命》曰「追孝於前文人」，《傳》曰「使追孝於前文德之人」。《大雅‧江漢》篇「告于文人」，《毛傳》曰「文人，文德之人也」。《周頌‧思文》篇「思文后稷」，《箋》曰「思先祖有文德者」，是也。〔註208〕

可見，《詩》《書》中有大量「文」作爲形容詞的語例，證明了「文德」之「文」非指文王。其實，這一點還可以從金文語例中得到旁證。金文中有「文人」、

〔註203〕姚際恒《詩經通論》，北京：中華書局，1958年，第323頁。

〔註204〕方玉潤《詩經原始》，北京：中華書局，2006年，第576頁。

〔註205〕陳子展《詩經直解》，上海：復旦大學出版社，1983年，第1064頁。程俊英、蔣見元《詩經注析》，北京：中華書局，1991年，第933頁。

〔註206〕阮元《十三經注疏‧毛詩正義》，上海：上海古籍出版社，1997年，第583頁。

〔註207〕戴震《戴震遺書‧毛鄭詩考正》卷四，微波榭刻本，第166頁。

〔註208〕王引之《經義述聞‧毛詩》，南京：江蘇古籍出版社，2000年，第171頁。

「文考」之常用語，如《師艅鍾》「用侃喜前文人」、《師湯父鼎》「作文考毛書尊彝」等等〔註209〕，它們的基本內涵爲形容美好的德行，與《毛傳》對「文德」的解釋是相同的，這表明以「文」形容德行乃西周時人的用語慣例〔註210〕。由此可見，將「文德」之「文」解釋爲文王不過是《詩序》作者的想當然之見，因而認爲此詩祭獻對象爲文王的看法自然也就失去了根據。從詩篇本文來看，讀者是無法找到與「文王」相關的確鑿證據的。

第二種看法是兼祀文武，此說以朱熹、戴震、王引之爲代表。他們認爲此詩與周公建成洛邑之後的禮樂活動有關，朱熹說「此周公既成洛邑而朝諸侯，因率之以祀文王之樂歌。……《書》稱王在新邑，烝祭歲，文王騂牛一，武王騂牛一，實周公攝政之七年，而此其升歌之詞也」〔註211〕。戴、王二人從訓詁上認識到了「文德」之「文」非指文王，而是形容先祖德行的形容詞，進而提出了詩中的祭祀對象當爲文武。戴震云：

> 據《洛誥》，是爲成王七年，周之正月戊辰，在新邑烝祭文武之詩。周公相成王朝諸侯後，故咸至廟助祭。詩中「丕顯」頌文王、「丕承」頌武王甚明，蓋同一丕顯耳。以後承前則謂之丕承；此詩先言助祭者之致敬，而推本先王之丕顯於前、丕承於後，是以人心自無或厭倦。《書》曰「丕顯哉，文王謨；丕承哉，武王烈。」〔註212〕

王引之曰「是漢初言《清廟》者，兼有既成洛邑祭文武之說，證以「丕顯丕承」之文而益信矣」，亦以此詩爲兼祀文武之樂歌〔註213〕。從王氏之言可知，「兼祀文武」之說來自於漢初的說法，即《尚書大傳·洛誥》：

> 卜洛邑，營成周，改正朔，立宗廟，序祭祀，易犧牲，制禮樂，一統天下，合和四海而致諸侯，皆莫不依紳端冕以奉祭祀者，太廟之中繚乎其猶模繡也。天下諸侯之悉來進受命於周公而退見文武之尸者，千七百七十三；諸侯皆莫不磬折玉音、金聲玉振，然後周公與升歌而弦文武，諸侯在廟中者僾然淵其志、和其情，愀然若見文武之身。〔註214〕

〔註209〕馬承源《商周青銅器銘文選》，北京：文物出版社，1988年，第227、147頁。

〔註210〕姜昆武《詩書成詞考釋》，濟南：齊魯書社，1989年，第313頁。

〔註211〕朱熹《詩集傳》，南京：鳳凰出版社，2007年，第260頁。

〔註212〕戴震《戴震遺書·毛鄭詩考正》卷四，微波榭刻本，第167頁。

〔註213〕王引之《經義述聞·毛詩》，南京：江蘇古籍出版社，2000年，第171頁。

〔註214〕陳壽祺《尚書大傳輯校》，《皇清經解續編》第2冊，上海：上海書店，1988年，第415頁。

其實，此文所述乃古人美言之「周公攝政」，是根據《周誥》予以理想化的圖景；其中，周公與諸侯合祭文武的說法來自於《尚書‧洛誥》的記載「戊辰，王在新邑烝，祭歲，文王騂牛一，武王騂牛一」。但是，有這個祭祀活動是一回事，在合祭文武時「升歌」《清廟》又是另外一回事。戴、王等人以此詩爲「兼祀文武」，其根據主要就是詩中「不顯不承」（即丕顯丕承）一句。他們認爲「丕顯丕承」與《尚書‧君牙》「丕顯哉，文王謨！丕承哉，武王烈」一句正相合，以此說明詩中「丕顯丕承」即指周文王、周武王。

　　本文認爲，這種說法也是似是而非的。首先，根據詩篇邏輯，「不顯不承」承上描述的是在宗廟中奔走助祭的「濟濟多士」，啓下的是「無射于人斯」（其義爲不對此厭倦），顯然指的是助祭一事，而不是什麼文韜武烈；它的主語是助祭者而不是神靈。其次，從《詩》《書》用詞慣例中可知「丕顯」、「丕承」均爲「初周成詞，頌贊之常詞也」〔註215〕，可頌贊文王卻不專贊文王。如「丕顯」一詞，《詩》凡十二見，可指其他周王，如《周頌‧執競》「丕顯成康」係稱頌成王、康王，可指神靈如《大雅‧思齊》「丕顯亦臨」，也可指助祭的眾士如《文王》「凡周之士，丕顯亦世」，另外還包括稱頌諸侯、有周、車馬等等；《書》中「丕顯」凡五見，除了稱頌文王之外，還稱頌文武、先王等〔註216〕；金文中語例更多，有指先王、文武的，更有稱頌周天子的，如《克鼎》「丕顯天子」、《大鼎》「天子丕顯休」等。「丕承」與「丕顯」類似，「專用於頌贊先王、先聖、德業、休美，是乃成詞」，不一定指武王而言〔註217〕。由此可見，丕顯、丕承均爲修飾之常詞，僅僅以《尚書‧君牙》一例是無法確定「不顯不承」指文王、武王。其實，所謂「兼祀文武」之說更多是把詩篇與《洛誥》記載的祭祀活動進行比附，並非來自於詩篇自身的內容。

　　林義光說「按此詩雖爲祭祀之樂歌，而謂爲既成洛邑而祭則詩無明文，至謂祭文王或並祭文王武王，亦皆無確證。《洛誥》禋祀文王所言與詩既不相涉，而詩中雖有『丕顯丕承』一語，又不可遂指爲稱美文武之辭」〔註218〕。

〔註215〕姜昆武《詩書成詞考釋》，濟南：齊魯書社，1989年，第218頁。
〔註216〕《洛誥》「公稱丕顯德」、《太甲》「先王昧爽丕顯」、《文侯之命》「丕顯文武」等。李學勤《十三經注疏‧尚書正義》，北京：北京大學出版社，1999年，第412、208、556頁。
〔註217〕姜昆武《詩書成詞考釋》，濟南：齊魯書社，1989年，第227頁。
〔註218〕林義光《詩經通解》，北京師範大學圖書館藏衣好軒刻本，第518頁。

林氏的說法是非常通達的,《清廟》確爲祭祖之樂歌。《漢書・韋玄成傳》曰「《清廟》之詩,言交神之禮無不清靜」,所謂「交神之禮」就是祭祖禮〔註219〕。

但是,僅僅以「祭祀樂歌」概括《清廟》大旨過於疏略,且忽略了詩篇的要旨;詩作爲樂歌用於祭禮,有很多儀節,如降神、告神或送神等等;詩篇的內涵與所用的儀節緊密相關。竊以爲《清廟》一詩乃諸侯助祭於宗廟的祭禮樂歌,它是祭禮開始時的序曲;「助祭」乃此詩之要旨。

首先,詩篇的內容以「助祭於宗廟」爲核心。詩分兩層,第一句爲一層,刻畫了宗廟清靜的氣氛和助祭者莊嚴肅靜的神情。所謂「顯相」,《毛傳》曰「相,助也」,《箋》云「其禮儀敬且和,又諸侯有光明著見之德者來助祭」,可見,「顯相」指的就是助祭者的神態。後三句爲第二層,刻畫了助祭者的行爲舉止和助祭情態。上文已經論證所謂「濟濟多士」就是在宗廟中助祭的諸侯和公卿,而「對越在天」其實就是「遵從上天神靈意志行事」(即事神之謂),「駿奔走」更是助祭之謂。可見,中間兩句均描寫助祭者;由此,竊以爲末句「不顯不承,無射于人斯」亦寫助祭者,所謂「無射」即「無斁」,即不知疲倦,指的是助祭者「駿奔走」之事。可見,詩篇其實都在表現助祭者,前後一氣呵成、文理連貫,《孔子詩論》認爲《清廟》「敬宗廟之禮,以爲其本」,「秉文之德,以爲其業」,所謂「敬宗廟之禮」正指恭敬地參與祭祖禮典,所謂「秉文之德,以爲其業」說的就是與祭的助祭者的事〔註220〕。

其次,此詩所表現的助祭者主要指諸侯。上文已引《禮記・大傳》證「駿奔走」爲諸侯隨從天子祭先王、助祭的形容語,「濟濟多士」雖然包括諸侯和公卿大夫,但是主要指諸侯。這一點還可以從「肅雝顯相」一句中得到證實,上文已經指出「顯相」即助祭者。那麼,此作爲助祭者之「相」爲何種身份呢?其實,「肅雝」一詞透露了消息。《周頌・雝》曰「有來雝雝,至止肅肅」,正以「雝」、「肅」形容到達之人,與《清廟》形容「相」不謀而合,所以《雝》之「有來」而「至止」者即《清廟》之「相」。《雝》又曰「相維辟公,天子穆穆」,《箋》云「有是來時雝雝然,既至止而肅肅然者,乃助王禘祭百辟與諸侯也」,《集傳》云「辟公,諸侯也」,可見所謂「雝雝」、「肅肅」者正是指

〔註219〕〔漢〕班固撰、〔唐〕顏師古注《漢書》,北京:中華書局,1962年,第3120頁。

〔註220〕廖名春《上海博物館藏詩論簡校釋》,《中國哲學史》,2002年第1期,第9~19頁。

前來助祭的諸侯，即《載見》與《烈文》之「烈文辟公」〔註221〕。所以，《清廟》之「肅雝顯相」者就是指助祭於宗廟的諸侯。王宗石說「周天子祭祀祖先，來助祭的都是各國的諸侯辟公；這篇詩寫他們在祭祀前的緊張活動和精神面貌」，這一概括是非常符合詩篇內容的〔註222〕。

從以上兩點論述可以判斷《清廟》一詩乃表現天子祭祖時諸侯助祭於宗廟的情狀。根據《周頌》中其他詩篇對諸侯隨從天子祭先王的記載，如《烈文》言諸侯之來、《雝》言諸侯之祭、《烈文》言諸侯之去，可知《清廟》爲祭前之事；從詩篇內容看，詩不言降神、告神與送神，只是描述助祭者的恭敬和勤謹，因而馬銀琴說此詩「非正式的祝禱之辭」，李山先生說此詩係「祭祀大禮的序曲」，都是符合詩篇的禮樂場景的〔註223〕。《禮記・樂記》云「清廟之瑟，朱弦而疏越，一倡而三歎，有遺音者矣」，《大戴禮記・禮三本》亦云「清廟之歌一倡而三歎也」，可知《清廟》之樂較爲舒緩而悠揚；《禮記・仲尼燕居》記載《清廟》移用於兩君相見之禮「入門而金作，示情也，升歌《清廟》，示德也」〔註224〕，由此似乎可以推測此詩本爲助祭之諸侯剛入於宗廟之門、就於職事之位時所演奏。

《孔子詩論》曰「《清廟》，王德也，至矣」〔註225〕，爲何作爲諸侯助祭樂章的《清廟》能表現「王德」呢？這正是此詩所用的禮儀場景的深刻含義，即以祭禮規範確認周天子與諸侯的權力關係。周人獲得天下以後，以分封的方式建立了權力架構，在這個結構中不僅周王室的同姓分享了土地，而且異姓和先代之後（包括殷商）也有一席之地。但是，這個權力結構有一個前提就是周天子是天下的大宗，是諸侯的共主。因而，周天子與諸侯的權力關係往往被植入禮樂制度中加以強化和展現。其中，祭禮是最重要的方式之一。

諸侯助祭於周王宗廟，正是體現周天子作爲天下共主的地位和權力的禮

〔註221〕李學勤《十三經注疏・毛詩正義》，北京：北京大學出版社，1999年，第1334頁。朱熹《詩集傳》，南京：鳳凰出版社，2007年，第268頁。

〔註222〕王宗石《詩經分類詮釋》，長沙：湖南教育出版社，1993年，第975頁。

〔註223〕馬銀琴《兩周詩史》，北京：社會科學文獻出版社，2006年，第110頁。李山《詩經析讀》，海口：南海出版社公司，2003年，第427頁。

〔註224〕王文錦《禮記譯解》，北京：中華書局，2000年，第525、741頁。黃懷信《大戴禮記彙校集注》，西安：三秦出版社，2005年，第96頁。

〔註225〕李學勤《〈詩論〉簡的編聯與復原》，《中國哲學史》，2002年第2期，第5～8頁。

儀形式。《大雅・文王》一詩旨在表現文王受命、周人獲得天下，它對於商人臣服於周的現實正是通過描寫助祭一事來表現的「侯服于周，天命靡常。殷士膚敏，祼將于京。厥作祼將，常服黼冔」。商人助祭於周王宗廟，表明商人已經臣服於周天子。《周頌》之《有客》、《振鷺》、《有瞽》等詩中的「客」即作爲商人之後的宋人，詩篇記載了他們參與周王的禮樂活動，表明了諸侯入周參與禮樂活動確爲他們應盡的義務。《尙書》之《武成》篇「祀于周廟，邦甸、侯、衛，駿奔走，執豆、籩」，《多士》「予惟四方罔攸賓，亦惟爾多士攸服奔走臣我多遜」，《多方》「猷告爾有方多士暨殷多士，今爾奔走臣我監五祀」，表明周初曾明確要求諸侯要「奔走」事於周天子，即參與周王的禮樂活動〔註226〕。由此可見，《清廟》所歌唱的諸侯助祭乃是西周的一項常規的禮樂活動，周天子和諸侯以此明確各自的權力和地位；從詩中之「肅雝」、「駿奔走」、「無射于人斯」等所描述的諸侯謹敬姿態，表明當時周家強盛、周王對諸侯尙有強大的威懾力，所以《孔子詩論》稱道《清廟》爲「王德也，至矣」。

　　以上論《清廟》爲諸侯助祭於周王宗廟時所用的序曲，這是就詩篇的產生或本義而言的。但是，詩的禮儀用途除了本義之外，還有後來移用的意旨，魏源說「夫詩，有作詩者之心，而又有采詩、編詩者之心焉」〔註227〕。對於《清廟》而言，周天子祭祖、諸侯前來助祭時所歌便是詩篇最初的禮儀目的，便是「作詩者之心」。但是，後來《清廟》一詩又被移用於他處，成爲各種禮儀的「升歌」樂章。有養老禮之升歌，如《禮記・文王世子》「始之養也：適東序，釋奠於先老，遂設三老五更群老之席位焉，適饌省醴，養老之珍，具；遂發詠焉，退修之以孝養也，反，登歌《清廟》，既歌而語，以成之也」；有禘禮之升歌，如《禮記・明堂位》「季夏六月，以禘禮祀周公於大廟，牲用白牡……升歌《清廟》，下管《象》；朱干玉戚，冕而舞《大武》；皮弁素積，裼而舞《大夏》」，《禮記・祭統》「夫大嘗禘，升歌《清廟》，下而管《象》；朱干玉戚，以舞《大武》」；有相見禮之升歌，如《禮記・仲尼燕居》「兩君相見，揖讓而入門，入門而縣興；揖讓而陞堂，陞堂而樂闋……升歌《清廟》，示德也，下而管《象》，示事也」〔註228〕。可見《清廟》已成爲「升歌」之通用樂章，正如《雝》產生之後移用

〔註226〕李學勤《十三經注疏・尚書正義》，北京：北京大學出版社，1999年，第288、421、455頁。

〔註227〕魏源《魏源全集・詩古微》，長沙：嶽麓書社，1989年，第54頁。

〔註228〕李學勤《十三經注疏・禮記正義》，北京：北京大學出版社，1999年，第621、930、1381頁。

於祭禮之撤俎、《陔》用於飲酒禮之送賓一樣。

但是，作爲升歌樂章的《清廟》並非「作詩者之心」，而是「編詩者之心」。這一點除了上文對此詩本義考證可據之外，還可以從「升歌」用詩慣例中得知。所謂「升歌」，或曰「登歌」，是樂工在堂上的歌唱（升堂之後），實際上是禮書中所載用樂之「工歌」部分。《禮記·鄉飲酒義》「工入，升歌三終，主人獻之，笙入三終，主人獻之。間歌三終，合樂三終，工告樂備」，可見「升歌」實即《儀禮·鄉飲酒禮》、《燕禮》之「工歌」〔註229〕。並且，升歌以「三終」爲節，這與「笙入三終」、「間歌三終」、「合樂三終」是一致的。孔穎達《正義》云「升歌三終者，謂升堂歌《鹿鳴》、《四牡》、《皇皇者華》，每一篇而一終也」，此說不僅在《儀禮》中得到證實，而且在《逸周書·世俘解》所載獻俘用樂、《左傳》《國語》所載外交場合用樂中也能得到證實〔註230〕。因而，《禮記·明堂位》、《祭統》、《仲尼燕居》所載的「升歌《清廟》」實際上即升歌《清廟》之三，即歌《清廟》、《維天之命》、《維清》，正如《郊特牲》所載賓禮中「奠酬而工升歌」，《孔疏》云「歌《鹿鳴》三終」。既然升歌《清廟》包括三詩，則只能在《詩》已經編訂之後；那個編訂的《詩》本不一定爲今本，但是其中《清廟》、《維天之命》、《維清》、《文王》、《大明》、《皇矣》，《鹿鳴》、《四牡》、《皇皇者華》必定已經依次相連。總而言之，《清廟》作爲升歌樂章並非禮用本義，乃爲移用之義。

2、《載見》

詩曰：

> 載見辟王，曰求厥章。龍旂陽陽，和鈴央央。鞗革有鶬，休有烈光。
>
> 率見昭考，以孝以，以介眉壽。永言保之，思皇多祜。烈文辟公，
>
> 綏以多福，俾緝熙于純嘏。

此詩意旨較爲顯豁。《小序》云「諸侯始見乎武王廟也」，蔡邕《獨斷》云「諸

〔註229〕李學勤《十三經注疏·禮記正義》，北京：北京大學出版社，1999年，第1626頁。

〔註230〕《逸周書·世俘解》「王入，進《萬》，獻《明明》三終。乙卯，侖人奏《崇禹生開》三終，王定。」黃懷信等《逸周書彙校集注》，上海：上海古籍出版社，1995，第428頁。《左傳》襄四年「晉侯享之，金奏《肆夏》之三，不拜。工歌《文王》之三，又不拜。歌《鹿鳴》之三，三拜。」楊伯峻《春秋左傳注》，北京：中華書局，1981年，第932頁。《國語·魯語下》「叔孫穆子聘於晉，晉悼公饗之，樂及《鹿鳴》之三，而後拜樂三。」徐元誥《國語集解》，北京：中華書局，2002年，第174頁。

侯始見於武王廟之所歌也」，齊、韓略同，可見漢四家均以此詩爲諸侯朝見成王於武王之廟時所用的樂歌〔註231〕。此說實際上包含兩層意思，一是諸侯朝見周王，二是諸侯助祭於宗廟。《箋》云「諸侯既以朝禮見於成王，至祭時，伯又率之見於武王廟，使助祭也，以致孝子之事，以獻祭祀之禮，以助考壽之福」，正是對《序》說的最好解說〔註232〕。

本文認爲漢人之說準確地概括了詩篇的內容，詩的兩段式結構是非常明顯的：前三句爲第一層，歌唱諸侯初來朝見周王。其中，「載見辟王」一句表明了這一點。「載」，《毛傳》云「始也」，說明諸侯係初次來見；「辟」，《大雅・蕩》「蕩蕩上帝，下民之辟」，《毛傳》云「辟，君也」，又《假樂》「百辟卿士，媚于天子」，可見「辟」指諸侯國君，「辟王」指諸侯共主即周天子。所謂「龍旂陽陽，和鈴央央。鞗革有鶬，休有烈光」，正是對諸侯朝見的盛大儀容的描繪，《韓奕》言「王錫韓侯」之物中就有「淑旂綏章」、「鞗革金厄」，韓侯馬車用「八鸞鏘鏘」，鸞即和鈴〔註233〕，可見龍旂、和鈴、鞗革等正是諸侯的身份標誌。後四句，歌唱諸侯隨周王祭於宗廟。所謂「率見昭考」，率領的人乃周王（見於《雝》），被率領的乃下文的「烈文辟公」即諸侯，「昭考」，不管是否指武王〔註234〕，但作爲周家先王是毫無疑問的，可見此句所寫的是諸侯隨從周王祭先王於宗廟；所謂「以孝以享，以介眉壽。永言保之，思皇多祜」，寫的是諸侯們跟隨祭祀先王並祈福，所謂「綏以多福，俾緝熙于純嘏」，乃工祝代神尸致嘏於助祭的諸侯。

由以上分析可知，詩中「載見辟王」、「率見昭考」的兩個「見」字實際上代表兩個禮儀內容：一是諸侯初次以朝禮見周王，二是諸侯在周王的祭祖禮中助祭於宗廟。諸侯既初次朝周王，又隨之祭於宗廟，表明這兩個禮儀乃針對舊王喪畢入廟、新王即位而舉行的。明代何楷云「成王免喪，朝諸侯，率以見於武王廟，助祭既畢而慰勞之詩」，清代陳奐云「武王喪畢入祔廟，

〔註231〕王先謙《詩三家義集疏》，北京：中華書局，1987年，第1030頁。

〔註232〕李學勤《十三經注疏・毛詩正義》，北京：北京大學出版社，1999年，第1338頁。

〔註233〕《蓼蕭》「和鸞雝雝」，《毛傳》云「在鑣曰鸞」，《秦風・駟驖》「輶車鸞鑣」，《集傳》云「鸞，鈴也，效鸞鳥之聲」，可見，「鸞」訓爲「鈴」。宗福邦、陳世鐃、蕭海波《故訓彙纂》，北京：商務印書館，2003年，第2612頁。

〔註234〕「昭考」，《毛傳》云「武王也」，歷代學者多數從之。李山先生不同意此說，認爲「昭考」指周昭王。參李山《詩經的文化精神》，北京：東方出版社，1997年，第169頁。

而諸侯於是乎始見之，此其樂歌也」，儘管說法不夠準確，但都看到了詩篇所反映的禮儀內容。〔註 235〕李山先生說「按周代禮制，即位新王為先父守孝三年（實際只有兩年多），要舉行升附先王靈位進入宗廟的典禮，成為吉禘，此詩就作于吉禘大禮之際。」這個論斷則準確地解釋了詩篇產生的禮儀背景。〔註 236〕

　　儘管詩篇因吉禘禮典而產生，但是，需要強調的是詩作為儀式樂歌則是為諸侯助祭而作的。詩曰「載見辟王」，又曰「烈文辟公，綏以多福」，顯然是以「辟公」即諸侯為主人公的，詩中的禮儀行為也是針對諸侯而言的；而且，諸侯之來當以助祭為主要行禮內容，這不僅可以從詩中助祭所佔的比重看出來，也可以在《雝》中所描述的諸侯的行為上得到證明。明人鄒子靜云「此篇諸侯之來本為來朝，而是詩之作，則為助祭，如《車攻》詩，東都之行本為會同，而是詩之作，則重田獵。」這一說法準確地道出了詩篇大旨〔註 237〕。詩既為諸侯助祭而作，那麼它用於祭禮的何種儀節中呢？詩曰「以孝以享，以介眉壽」，言諸侯向神祈福；「永言保之，思皇多祜」，是諸侯向神的祈福之語；「烈文辟公，綏以多福，俾緝熙於純嘏」，則以神的口吻賜福於諸侯，使之發揚光大。可見，詩篇是以第三人稱的口吻演唱的，是在諸侯面對祭祀神靈的時候唱響的。因而它應是「工祝致告」即致嘏詞於與祭者的環節所演唱的樂歌。

3、《雝》

詩曰：

> 有來雝雝，至止肅肅。相維辟公，天子穆穆。於薦廣牡，相予肆祀。
>
> 假哉皇考，綏予孝子。宣哲維人，文武維后。燕及皇天，克昌厥後。
>
> 綏我眉壽，介以繁祉。既右烈考，亦右文母。

對於此詩的詩旨，有兩說需要理清。一是認為詩篇係撤俎之樂歌。朱熹云「此詩但為武王祭文王徹俎之詩，而後通用於他廟耳」，認為此詩為祭祖典禮中撤俎儀節所唱的樂歌〔註 238〕，持此觀點者還有明代何楷、清人姚際恒、今人高

〔註 235〕何楷《詩經世本古義》，《影印文淵閣四庫全書》第 81 冊，臺北：臺灣商務印書館，1986 年，第 234 頁。陳奐《詩毛氏傳疏》下冊，北京：中國書店，1984年，第 206 頁。

〔註 236〕李山《詩經析讀》，海口：南海出版社公司，2003 年，第 442 頁。

〔註 237〕何楷《詩經世本古義》，《影印文淵閣四庫全書》第 81 冊，臺北：臺灣商務印書館，1986 年，第 234 頁。

〔註 238〕朱熹《詩序辨說》，《朱子全書》第三冊，上海古籍出版社&安徽教育出版社，

亨、陳子展等。但是，這種說法其實不是來自於詩篇內容，而是來自於後世禮書，是根據後世的記載來釐定詩旨。朱子云「《周禮》:『大師及徹，帥學士而歌《徹》』，然則此蓋徹祭所歌，而以名為《徹》也。」〔註239〕對於《雝》為撤俎樂歌，後世典籍確頗有記載，除了《周禮‧樂師》之外，還有如《周禮‧小師》「徹歌」，《疏》云「撤器亦歌《雝》」，《論語‧八佾》「三家者以《雝》徹」，《淮南子‧主術訓》「奏《雝》而徹」等。〔註240〕可見，春秋以降《雝》可能一直作為撤俎樂歌。

但是，詩篇在後世的禮儀用途不一定就是最初的用途，這在《詩》中不止一例:如《清廟》後世一直視為「升歌」樂章而用於各種禮儀中，但其最初卻是宗廟助祭樂歌;如《關雎》後世曾作為鄉飲酒禮、燕禮的「合樂」樂章，但其最初卻為婚禮樂歌;《鹿鳴》後世被作為「工歌」(即升歌)樂章，但其最初為燕賓樂歌〔註241〕;《文王》後世被作為「兩君相見」的儀式樂歌，但其初為祭禮樂章等等〔註242〕。這種現象的出現，是因為詩在產生尤其是編訂以後發生了「移用」的情況，《詩》不僅有作詩之義，還有編詩之義。因此，《詩》在後世的禮儀用途並不能作為判斷詩旨的可靠依據。

以《雝》為撤俎樂歌實際上就犯了這個錯誤。其實從詩篇文本中，我們找不到其為撤俎時所歌的證據。魏源云「《雝》為撤俎之樂歌，在祝告列成之後，皇尸起而神保歸，臣下進嘏祝之詞與?」這種說法可能代表古人的見解。〔註243〕但是，所謂「祝告利成」「神保歸」即《小雅‧楚茨》所言「工祝致告，神具醉止，皇尸載起」，可是《雝》中的歌唱截止於「既右烈考，亦右文母」，「右」即「侑尸」之「侑」〔註244〕，可見《雝》止於《楚茨》

2002 年，第 399 頁。

〔註239〕朱熹《詩集傳》，南京:鳳凰出版社，2007 年，第 269 頁。

〔註240〕李學勤《十三經注疏‧周禮注疏》，北京:北京大學出版社，1999 年，第 616 頁。劉寶楠《論語正義》，《諸子集成》第一冊，上海:上海書店，1986 年，第 43 頁。高誘《淮南子》，《諸子集成》第七冊，上海:上海書店，1986 年，第 149 頁。

〔註241〕李學勤《十三經注疏‧儀禮注疏‧鄉飲酒禮、燕禮》，北京:北京大學出版社，1999 年，第 147、272 頁。

〔註242〕楊伯峻《春秋左傳注》，北京:中華書局，1981 年，第 933 頁。

〔註243〕魏源《魏源全集‧詩古微》，長沙:嶽麓書社，1989 年，第 713 頁。

〔註244〕《箋》訓為「右助」，《集傳》訓為「尊也」，其實都是錯誤的，馬瑞辰《毛詩傳箋通釋》已駁之。馬云「《周禮‧大祝》『以享右祭祀』，鄭《注》:『右讀為侑，侑勸尸食而拜。』此詩右亦當讀為侑勸之侑。」《毛詩傳箋通釋》，北京:

之「神保是饗」、「爲俎孔碩」的侑食儀節，亦即《儀禮‧特牲饋食禮》之「三侑」儀節〔註245〕，遠未至撤俎儀節。因而，朱熹、魏源之說顯然是先入爲主的結果。

　　二是認爲此詩爲禘祭樂歌。《小序》云「禘大祖也」，三家詩同之〔註246〕。但是所謂「禘祭」指涉過於空泛，《爾雅‧釋天》云「禘，大祭也」〔註247〕，馬瑞辰認爲禘有時禘、吉禘、殷禘、大禘之分，陳奐認爲禘有祭天、祭地、祭人鬼之分且禘人鬼又可分爲吉禘和時禘。〔註248〕可見，禘祭所關涉的對象不同，禮儀類別也就有較大差異。以此詩爲表現禘祭，概括起來，主要有兩種說法。一是以禘祭爲殷禘，即大合祭先王，如鄭玄、馬瑞辰以爲《序》之「大祖」即文王，詩篇爲禘祭文王、未毀廟之主合食的樂歌，陳奐以爲《序》之「大祖」即后稷，詩篇爲禘祭后稷、先王之主皆合食的樂歌；二是以禘爲吉禘，李山先生說「本詩既言「皇考」、「烈考」，又言「文武」、「皇天」，按禘祭義，是將周王亡靈附在有文王、武王的太廟中的吉禮」，認爲詩篇爲吉禘樂歌。

　　竊以爲第一種看法是不符合詩篇內容的，鄭、孔、馬、陳諸人顯然過分迷信《詩序》的說法了。詩中何處言「殷禘」？陳奐云「此詩本禘后稷之詩也，獻昭尸故『假哉皇考』也，獻穆尸故『既右烈考』也，祝辭稱孝子孝孫故『綏予孝子』也，《詩》與逸禮義正脗合，詩不言毀廟爲異焉耳。」看來他們的根據在於「假哉皇考」、「既右烈考」的稱謂〔註249〕。其實，以「皇考」爲昭尸、「烈考」爲穆尸不過是先入爲主的牽合罷了，事實上在文獻中並沒有關於「皇考」爲昭、「烈考」爲穆的證據；而且，根據《詩》和金文可知，「皇考」只是對逝去先父的尊稱而已，既非指先祖（稱皇祖考），亦非含有「昭」之義；一樣，「烈考」也只是逝去先父的尊稱而已，如同與之對應的「文母」只是對先母之靈的尊稱而已。如《周頌‧閔予小子》「於乎皇考，永世克孝」，

　　　　中華書局，1989年，第1083頁。
〔註245〕《特牲饋食禮》雖爲士大夫之祭禮，但其實天子、公卿、士大夫祭禮只有規格的不同，禮節大類，亦可參詳。李學勤《十三經注疏‧儀禮注疏》，北京：北京大學出版社，1999年，第837～875頁。
〔註246〕王先謙《詩三家義集疏》，北京：中華書局，1987年，第1031頁。
〔註247〕李學勤《十三經注疏‧爾雅注疏》，北京：北京大學出版社，1999年，第180頁。
〔註248〕馬瑞辰《毛詩傳箋通釋》，北京：中華書局，1989年，第1080頁。陳奐《詩毛氏傳疏》下冊，北京：中國書店，1984年，第202頁。
〔註249〕陳奐《詩毛氏傳疏》下冊，北京：中國書店，1984年，第202頁。

《訪落》「休矣皇考，以保明其身」，「皇考」均指新逝的周王；另外，如昭王
時期《師飠鼎》銘中周王言辭有「汝克盡乃身，臣朕皇考穆王」，可見皇考正
指亡父。「烈考」，金文爲「剌考」，與「皇考」同義，《單伯昊生鍾》銘云「丕
顯皇祖剌考，述匹先王」，「剌考」與「皇祖」並列，正指亡父。〔註250〕由此
可見，詩中指稱亡靈的「皇」、「烈」、「文」三字意義是一樣的，三者都稱呼
周王之亡父亡母。林義光說：

> 烈考即皇考也，諸彝器稱皇考、剌考、文考、皇母、文母者甚多，
> 且有稱皇文考、皇祖考、皇神祖考者，必無某人宜稱皇考、某人宜
> 稱烈考、宜稱文母之區別也。毛謂烈考爲皇王，文母爲大姒，鄭玄
> 謂皇考爲文王，皆失之。……按篇中皇考、烈考既非分指二人，則
> 無兼祀文武之說，而不得以爲禘大祖之義也。〔註251〕

林氏的駁論是有道理的，由此可見僅僅以皇考、烈考的稱謂爲根據是無法證
明《雝》爲殷禘樂歌的。那麼，詩篇是否爲吉禘樂歌呢？吾師李山的根據是
詩既言皇考、烈考，又言「文武」、「皇天」，竊以爲以「文武維后」中的「文
武」爲文武二王並不妥當〔註252〕，但詩篇的確爲吉禘樂歌。其根據有二：一
是此詩確係表現周王祭祀先父。上文已經指出，詩篇的祭祀對象爲周王的先
父，「皇考」、「烈考」均指亡父，「既右烈考，亦右文母」的內在含義就是祭
亡父並及亡母，否則如《毛傳》以「文母」爲大姒，則母子亡稱並列，不合
文理，亦不合禮制〔註253〕。

其二，詩中能證明吉禘禮儀的關鍵證據在於「相維辟公」。《毛傳》云「相，
助」，《集傳》云「辟公，諸侯也」，可見「相維辟公」是說諸侯助祭於宗廟；
不僅此句，上文「有來雝雝，至止肅肅」正指諸侯之來，下文「相予肆祀」
也說是諸侯幫助行禮。所以，前三句作爲此詩第一層，其目的在於描述在諸

〔註250〕馬承源《商周青銅器銘文選》，北京：文物出版社，1988 年，第 135、165 頁。

〔註251〕林義光《詩經通解》，北京師範大學圖書館藏衣好軒刻本，第 536 頁。

〔註252〕徵之《詩》本文，固然有以「文武」爲文王、武王如《魯頌·閟宮》「至于文
武，纘大王之緒」，但更多的是能文能武，如《小雅·六月》「文武吉甫、萬
邦爲憲》，《大雅·崧高》「不顯申伯，王之元舅，文武是憲」，可見此處之「文
武」不一定指文武二王。再從文理上看，「宣哲維人，文武維后」一句係並列
結構，「文武」對「宣哲」，自應爲形容詞而不爲名詞，因而鄭玄、馬瑞辰、
王宗石、高亨均訓爲「能文能武」之「文武」，竊以爲此訓釋是妥當的。

〔註253〕按周代禮制，婦入配祭，《儀禮·少牢饋食禮》記載祝辭曰「用薦歲事於皇祖
伯某，以某妃配某氏」，則與「烈考」相配的自然應爲先母。李學勤《十三經
注疏·儀禮注疏》，北京：北京大學出版社，1999 年，第 898 頁。

侯的幫助下、周天子祭先王的情景，諸侯助祭被擺在突出的位置。不過，光有諸侯助祭還不足以證明此禮為吉禘，更重要的是此「辟公」乃《載見》、《烈文》之「烈文辟公」，他們來助祭乃初次。《載見》云「載見辟王，曰求其章」，《毛傳》云「載，始也」，可見，所謂「烈文辟公」係初次來見，且「率見昭考」之祀亦為初次。初次見周王，可見周王新即位；初次祀「昭考」，可見此「昭考」新入宗廟。所以，上文已指出《載見》只能用于吉禘典禮。其實，《雝》涉及的禮儀行為與《載見》是相同的，《雝》之「烈文辟公」實即《載見》之「烈文辟公」，《雝》「有來雝雝，至止肅肅」實即承接《雝》之「率見昭考」而來，前文已經指出二者的緊密聯繫。實際上，《雝》所言之祭皇考，實即《載見》之「率見昭考」，二詩前後相連，都是為吉禘典禮而作的樂歌。

　　詩既然是吉禘樂歌，那麼它用於典禮的何種儀節呢？李山先生說「很明顯，歌唱是分成兩個部分的：前四句，是序歌，是樂人唱敘祭祀者和助祭者；從「於薦廣牡」開始，人稱轉為第一人稱形式，則是在以祭者的口吻唱，想來是樂人代天子唱的。」這個論斷準確地揭示了詩篇結構和演唱方式。〔註254〕其實，前四句作為樂人的歌唱與《載見》全詩是一樣的，後半部分則為樂官代天子歌唱。從歌詞內容看，其中「相予肆祀」是說對廣牡「舉全體而陳之」〔註255〕，實即《小雅·楚茨》之「為俎孔碩」、《儀禮·少牢饋食禮》之「載俎」儀節〔註256〕；另外，如上所述，「既右烈考，亦右文母」為侑尸儀節，可見詩篇歌唱止於侑尸。綜合此兩點可知，詩篇當演奏於饋食於尸之時，為周天子對尸的祈福樂歌。

4、《烈文》

　　詩曰：

　　　烈文辟公，錫茲祉福。惠我無疆，子孫保之。無封靡于爾邦，維王其崇之。念茲戎功，繼序其皇之。無競維人，四方其訓之。不顯維德，百辟其刑之。於乎，前王不忘！

《序》云「成王即政，諸侯助祭也」，三家義同。〔註257〕《箋》云「新王即政，

〔註254〕李山《詩經析讀》，海口：南海出版社公司，2003年，第442頁。
〔註255〕馬瑞辰《毛詩傳箋通釋》，北京：中華書局，1989年，第1082頁。
〔註256〕李學勤《十三經注疏·儀禮注疏》，北京：北京大學出版社，1999年，第906、907頁。
〔註257〕王先謙《詩三家義集疏》，北京：中華書局，1987年，第1004頁。

必以朝享之禮祭於祖考，告嗣位也」〔註258〕，可見，漢人以此詩爲成王掌權後祭祖、諸侯助祭所用的樂歌。雖然「成王即政」在詩中並沒有證據，但是「諸侯助祭」卻比較準確地道出了此詩的大旨。其實，此詩應當同《載見》、《雝》和《清廟》聯繫起來解讀，竊以爲它是周王吉禘、諸侯助祭所用的敕戒樂歌。可以從兩個層次來證明這一點：

其一，從內容和結構看，此詩爲周天子敕戒諸侯的言辭。詩可以爲三節，開頭兩句爲第一節，中間四句爲第二節，末句爲第三節。王宗石說「篇首四句（實爲兩句——引者）從祭祀說起、保持此福，中間四個『其……之』的排比句，是告誡諸侯的中心內容，最後以不忘前王作結」，準確地揭示了詩篇的結構。〔註259〕詩的第一節稱「烈文辟公」，又言「惠我無疆」，只能是周天子的口吻，「我」即爲周天子；第二節中，所謂「爾邦」與崇王，明明白白是對諸侯而言的，「念茲戎功」與第一節的「錫茲祉福」相呼應，都是指周王對諸侯的禮遇；第三節「前王不忘」承接上文，自應爲告誡諸侯不要忘記受封的緣由。可見，全詩乃以周王的口吻對諸侯的告誡之辭，類似於《周書》所載的誥命之辭。

有一些學者認爲此詩爲一種對唱的結構，前半部分爲以周天子的口吻對諸侯而唱，後半部分則爲以諸侯的口吻對周王而唱。歐陽修云「以『繼序其皇之』以上爲君敕其臣之辭，『無競維人』以下爲臣戒其君之辭也」，並以此詩爲「諸侯來助祭，既祭而君臣受福、自相勑戒之辭」，明代何楷、清代方玉潤均持同樣的看法。〔註260〕其實這種看法是不符合詩篇結構的，《詩》中的樂歌確有包含對唱結構的如《周頌·敬之》即爲典例，但是《烈文》並非如此；顯而易見的是此詩中間四句爲並列結構，不僅「維王其崇之」、「繼序其皇之」、「四方其訓之」、「百辟其刑之」明顯是排比結構，而且「無封靡于爾邦」、「無競維人」、「不顯維德」之間也存在前後勾連的關係。因而，不能從「無競維人」處將此詩割裂爲兩層。

其二，詩篇既然是周王告誡諸侯的樂歌，那麼它產生於什麼場合呢？漢

〔註258〕李學勤《十三經注疏·毛詩正義》，北京：北京大學出版社，1999 年，第 1289頁。

〔註259〕王宗石《詩經分類詮釋》，長沙：湖南教育出版社，1993 年，第 946 頁。

〔註260〕歐陽氏之說見於何楷稱引。何楷《詩經世本古義》，《影印文淵閣四庫全書》第 81 冊，臺北：臺灣商務印書館，1986 年，第 237 頁。方玉潤《詩經原始》，北京：中華書局，2006 年，第 584 頁。

人以爲係「成王即政」祭祖的典禮，但其實這個說法沒有根據，所謂「即政」也不過是對詩中周王告誡諸侯話語的過度推論；清代一些學者認爲其爲成王即政、合祭文武二王的祭禮，陳奐云「《洛誥》『王在洛邑烝祭歲，……用二特牛祭文武，與詩義正合」，馬瑞辰云「成王即位、遍祭列祖，則祉福宜謂列祖錫之」，魏源云「其《洛誥》王在新邑烝祭文、武時旅酬獻賓所歌歟」，這些說法也不過是將漢人之說進一步落實而已。〔註261〕今人高亨云「這篇是周王在舉行封建諸侯的儀式時所唱的樂歌」〔註262〕，看到了此詩類似於冊命言辭的特徵，但僅僅以此斷定其爲封建儀式的樂歌是不夠的。

　　竊以爲如果聯繫《載見》、《雝》和《清廟》來看的話，《烈文》一詩具有與之相同的禮儀背景。首先，詩中「烈文辟公」一語既見於《載見》，又見於《雝》，也就是《清廟》中的「肅雝顯相」；並且，《載見》表現「辟公」到來和見於宗廟、《雝》表現辟公參與祭祖和祈福，顯然「辟公」正是兩篇樂歌的主角，這與《烈文》中「辟公」作爲言說對象是一致的。其次，《載見》言「烈文辟公，綏以多福」，《雝》言「綏我眉壽，介以繁祉」，正與《烈文》「烈文辟公，錫茲祉福」相應，三者既極爲相似，又內含前後承接之意，表明它們正是針對同一典禮而作。何楷云「愚按此與《載見》同爲一時之作，觀二詩皆稱『烈文辟公』，可據彼爲廟中贊勞之語，此則諸侯事畢將行、當陛辭之時因而交相敕戒也」，馬瑞辰云「天子諸侯皆有君號，故通稱爲辟，天子曰辟王，《詩》『載見辟王』是也；諸侯則曰辟公，此詩『烈文辟公』、《雝》詩『相維辟公』是也」，他們都看到了這些詩篇之間的聯繫和相似性。〔註263〕上文已經考證，《載見》、《雝》都是周王吉禘先父、諸侯助祭的樂歌，筆者認爲《烈文》同樣爲周王吉禘先父、諸侯前來助祭的樂歌。

　　如果說在吉禘典禮上《雝》爲饋食儀式所歌，《載見》爲錫嘏儀式所歌的話，那麼《烈文》用於何種儀式呢？關於這一點，可以從「錫茲祉福」一語中略作考察。「祉」亦爲福，《小雅·六月》「既多受祉」，《巧言》「君子如祉」，

〔註261〕陳奐《詩毛氏傳疏》下冊，北京：中國書店，1984 年，第 146 頁。馬瑞辰《毛詩傳箋通釋》，北京：中華書局，1989 年，第 1048 頁。魏源《魏源全集·詩古微》，長沙：嶽麓書社，1989 年，第 716 頁。

〔註262〕高亨《詩經今注》，上海：上海古籍出版社，1980 年，第 478 頁。程俊英、蔣見元《詩經注析》，北京：中華書局，1991 年，第 939 頁。

〔註263〕何楷《詩經世本古義》，《影印文淵閣四庫全書》第 81 冊，臺北：臺灣商務印書館，1986 年，第 237 頁。馬瑞辰《毛詩傳箋通釋》，北京：中華書局，1989 年，第 1048 頁。

《大雅・皇矣》「既受帝祉」，《毛傳》俱曰「祉，福也」；可見，「錫茲祉福」即「錫福」、「錫祉」之意。那麼，「錫祉」在典禮中通常用於何種儀節呢？《詩》本身有所提示，《大雅・江漢》「肇敏戎公，用錫爾祉。釐爾圭瓚，秬鬯一卣」，《小雅・六月》「吉甫燕喜，既多受祉」，《魯頌・閟宮》「魯侯燕喜……既多受祉」，所謂「錫祉」、「受祉」都是賞賜儀式。既是賞賜，賜什麼呢？《江漢》中的冊命、《六月》《閟宮》中的慶功賞賜的都是弓箭、財物等（參《小雅・彤弓》），而《烈文》中的祭典所賜之物當為胙肉。祭祀中有獻牲，祭畢則有胙肉賜予，也許不一定賜予所有人，但是賜胙肉當為賜福的象徵。「福」字本身即有胙肉之義，《國語・晉語》「必速祠而歸福」，韋昭注云「福，胙肉也」。因而，可以判定《烈文》所載的敕戒諸侯的樂歌產生於諸侯助天子吉禘典禮的賜胙儀式上。

三、諸侯在吉禘典禮中的位置和意義

通過上文的考察，可知《清廟》、《載見》、《雝》、《烈文》四詩乃用於同一個典禮，即周王的吉禘禮典。其中，《清廟》作為序曲演奏於諸侯入廟之時，《雝》是對神的祈福樂歌，《載見》是錫嘏儀式上對諸侯所唱的樂歌，《烈文》乃燕饗賞賜儀式上的敕戒樂歌。綜合來看，它們具有以下特點：

其一，這些詩篇雖然是用於周天子的吉禘典禮，但卻不以新逝的周王為表現對象，而是以隨從周王的助祭的「烈文辟公」和「肅雝顯相」（即諸侯）為歌唱的中心。助祭的諸侯在這個系列的樂歌中被置於典禮的核心位置。《載見》一開篇即言「載見辟王」，又曰「率見昭考」，都是以諸侯為主語，詩中的朝見禮和祭禮都是由諸侯實行的；《清廟》中的「顯相」、「多士」指的都是助祭的諸侯，「駿奔走在廟」、「無射于人斯」是描繪他們在宗廟中助祭的情狀；《雝》雖然主要記載周天子的祈福歌詞，但是又不忘強調「有來」、「至止」、「相維辟公」、「相予肆祀」，都是指向助祭諸侯的；《烈文》更是全篇都是周王對「烈文辟公」的諄諄告誡。可見，前來助祭的「辟公」即諸侯乃這些詩篇中的表現主體。從諸侯之來的華麗車馬到奔走於宗廟、祈福於先王，再到離去時接受告誡，無不說明這一點。

其二，諸侯被置於典禮的核心意在確認周天子的權威。這些典禮樂歌都是力圖刻畫諸侯朝見的鄭重、助祭的勤謹、祈福的虔誠、受戒的恭敬，這些禮儀內容都指向一點：諸侯服從於周天子。根據周制，周代分封實際上是周

王向各級諸侯進行某種程度的讓權，諸侯擁有相當大的權力；但是，諸侯要承認和服從作爲天下共主的周天子。李山先生說「分封制之所以具有如此大的貢獻，只在於它是一個讓渡權益的制度。」〔註264〕周王和諸侯由此構成了一種既相互依賴又互相制約的緊張關係，這種關係往往通過典禮一再確認。如建諸侯要行分封大典，定公四年《左傳》記載分封魯公、康叔、唐叔〔註265〕，《大雅・崧高》分封申伯都是典例；如諸侯新君初立要入覲周王，《大雅・韓奕》「韓侯入覲，以其介圭，入覲于王」等。

《載見》這組詩所要反映的是當王朝舊王去逝、新王始立的時候，如何確認和維繫周王與諸侯的關係。因爲新君始立，自然沒有舊主的威望，更需要四方諸侯的擁護。辦法就是周王實行吉禘大典，而讓諸侯助祭於廟中；通過諸侯行「朝見」、「助祭」、「祈福」、「接受敕戒」的種種儀節，旨在表明：他們必須承認和服膺在先代就已建立的與周天子的關係，並且延續至新君身上。這就是詩中吉禘典禮和這些樂歌的政治含義。如果說《載見》、《雝》、《清廟》還只是通過諸侯的禮儀行爲來展示這一點的話，那麼《烈文》曰「無封靡于爾邦，維王其崇之。念茲戎功，繼序其皇之」，又曰「於乎，前王不忘」，實際上已經把整個典禮的深意說得明明白白了。

由此可見，《清廟》、《載見》、《雝》、《烈文》四詩本質上乃是以典禮儀式來表現周王與諸侯的權力關係。正因爲這一點，歷代學者把它們當作描寫君臣關係的典範作品來對待。人們在談到《清廟》的內涵時，常常引證《尚書大傳》對周公朝諸侯的描寫「卜洛邑，營成周，改正朔，立宗廟，序祭祀，易犧牲，制禮樂，一統天下，合和四海而致諸侯，皆莫不依紳端冕以奉祭祀者，太廟之中繽乎其猶模繡也。天下諸侯之悉來進受命於周公而退見文武之尸者，千七百七十三；諸侯皆莫不磬折玉音、金聲玉振，然後周公與升歌而弦文武，諸侯在廟中者僾然淵其志、和其情，愀然若見文武之身。」〔註266〕儘管《清廟》並非周公朝諸侯所用的樂歌，但是諸侯在周公的率領下助祭於廟的情景確實與此詩有契合的地方。

另，《墨子・尚同中》曰「《周頌》道之曰『載來見彼王，聿求其章』，則此語古者國君諸侯之以春季朝聘於天子之廷，受天子之嚴教，退而治國政，

〔註264〕李山《先秦文化史》，北京：中華書局，2008年，第59頁。

〔註265〕楊伯峻《春秋左傳注》，北京：中華書局，1981年，第1536頁。

〔註266〕陳壽祺《尚書大傳輯校》，王先謙《皇清經解續編》第2冊，上海：上海書店，1988年，第415頁。

政之所加莫敢不賓，當此之時，無有敢分天子之教者」〔註267〕，認為《載見》乃諸侯春季朝見天子的樂歌，儘管不夠準確，但認為此詩反映諸侯與天子的關係則是無誤的。又，《漢書‧劉向傳》載「文王既沒，武王周公繼政，朝臣和於內，萬國驩於外，故盡得其驩心以事其先祖，其詩曰『有來雝雝，至止肅肅。相維辟公，天子穆穆』」〔註268〕，文王、武王云云雖然不一定準確，但認為《雝》係表現萬國諸侯事於周代先王的內容卻是正確的。又，《白虎通義‧誅伐篇》曰「王者受命而起，諸侯有臣弒君而立，當誅君身死，子不得繼者，以其逆，無所天也，《詩》云『毋封靡于爾邦，惟王其崇之』，此言追誅大罪也」，又《瑞贄篇》曰「王者始立，諸侯皆見何？當受法稟正教也，……《周頌》曰『烈文辟公，錫茲祉福』，言武王伐紂定天下，諸侯來會，聚於京師受法度也，遠近莫不至，受命之君天之所興，四方莫敢違，夷狄咸率服故也」，更是用《烈文》一詩來說明天子與四方諸侯的關係〔註269〕。由此可見，《清廟》、《載見》、《雝》、《烈文》作為典禮歌唱，反映的是周王通過典禮來強化與諸侯的權力關係。

結　語

　　綜上所述，《周頌》之《清廟》、《載見》、《雝》、《烈文》四詩表面上是獨立的獻神樂歌，其實它們都是針對一個禮典，即周王吉禘、諸侯助祭於宗廟。其中，《清廟》是祭祖的序曲，《載見》乃諸侯初見周王並祭先王於宗廟，《雝》為君臣祭祖、祈告祖先，《烈文》為祭畢周王賜福並敕戒諸侯。四詩雖然都是祭祖禮儀的樂歌，但其本質內容乃以祭禮的儀式確認周天子與諸侯的關係。

第六節　祭祖樂歌之五：宋人入周助祭樂歌

引　言

　　學者們已經發現，《詩》之三百篇詩並非相互獨立，很多詩篇不僅是緊密

〔註267〕孫詒讓《墨子閒詁》，《諸子集成》第一冊，上海：上海書店，1986年，第54頁。

〔註268〕〔漢〕班固撰、〔唐〕顏師古注《漢書》，北京：中華書局，1962年，第1933頁。

〔註269〕陳立《白虎通疏證》，北京：中華書局，1994念，第215、355頁。

聯繫、密切相關的，而且非常相似，甚至作於同時同地，產生於同樣的文化語境。這種現象不僅《周頌》中有之，如宣公十二年《左傳》所載作爲《大武》的《武》、《賚》、《桓》，與被視爲「嗣王踐阼」樂歌的《閔予小子》、《訪落》、《敬之》〔註270〕，跨越《雅》、《頌》分部者亦有之，如《文王》與《維天之命》《維清》《我將》，《緜》與《天作》，《生民》與《思文》等〔註271〕。從詩篇之間的關聯性入手，也就是從詩篇本文所提供的歷史信息認識詩篇，竊以爲這是勾勒《詩》的文化歷史語境的可靠方法。從這個視角看，「雅頌」中的《振鷺》、《有瞽》、《白駒》、《有客》就是一組互相聯繫、別有深意的詩章。竊以爲，此組詩章與周人接待作爲殷代之後的宋人有關。

一、「雅頌」中一組關於「有客」的詩篇

　　《振鷺》、《有瞽》、《白駒》、《有客》四詩在《詩》的編排中分散各地，看似相互獨立、互不相關，實際上它們不僅有著相同的主題，而且很可能還曾經共同運用於同一個禮典當中〔註272〕。它們之間的聯繫是非常明顯的：

　　首先，四詩都是以「客」爲表現對象的。《振鷺》曰「我客戾止」，《有瞽》亦曰「我客戾止」，表明二者都是針對「我客」而歌唱的，並且客人的身份和行爲都是一樣的。另外，《有客》一詩亦言「有客」，《白駒》一詩亦曰「於焉嘉客」，可見，《有客》與《白駒》都是表現「有客」的詩篇。同樣是「客」至，對己方曰「我客」，第三人稱則稱「有客」、「嘉客」，因而《振鷺》、《有瞽》、《白駒》、《有客》具有同樣的表現對象。

　　《詩》中「客」字共出現10次，除了上述四詩之外，還有《小雅・吉日》的「以御賓客，且以酌醴」，《楚茨》的「爲賓爲客，獻醻交錯」，以及《商頌・那》的「我有嘉客，亦不夷懌」。筆者以爲，這些「客」實際上有兩種含義。

〔註270〕楊伯峻《春秋左傳注》，北京：中華書局，1981年，第744～747頁。傅斯年《詩經講義稿》，北京：中國人民大學出版社，2004年，第24頁。

〔註271〕孫作雲《孫作雲文集・〈詩經〉・說二雅》，開封：河南大學出版社，2003年，第363頁。李山，《詩大雅》若干篇圖贊說及由此發現的《雅》《頌》間部分對應〔J〕文學遺產，2000（4）：24～32。

〔註272〕它們不一定作於同一個時代，如李山先生認爲此四詩當作於西周中期，但不排除《白駒》作於宣王朝的可能；如馬銀琴認爲《振鷺》、《有瞽》作於西周初期，而《有客》作於中期以後。參李山《詩經析讀》，海口：南海出版社公司，2003年，第258頁；馬銀琴《兩周詩史》，北京：社會科學文獻出版社，2006年，第119～121頁。

一種是「賓客」之「客」，實與「賓」字同義〔註273〕，指行禮中與「主」對應
的角色，並不特指某種身份，《吉日》與《楚茨》之「客」即是如此，二者與
《鹿鳴》《南有嘉魚》《彤弓》之「嘉賓」、《賓之初筵》《行葦》之「賓」實際
上並無分別。另一種就是《振鷺》、《有瞽》、《白駒》、《有客》中的「客」，亦
包括《那》中的「我有嘉客」；此處的「客」雖亦為行禮中的某個角色，但它
卻具有特定的內涵，即專指前來「助禮」的先代之後。《振鷺》「我客戾止」，
《毛傳》云「客，二王之後」，孔穎達《正義》云「但先王之後，時王遍所尊
敬，特謂之客」；《有瞽》「我客戾止」，鄭玄《箋》云「我客，二王之後也」；
《有客》「有客有客」，朱熹《集傳》云「客，微子也」；《白駒》之「嘉客」
可從《那》之「我有嘉客」得知，鄭玄《箋》云「嘉客，謂二王后及諸侯來
助祭者」〔註274〕。這些都證明了《振鷺》等五詩之「客」實具有作為先王之
後的特殊身份。

其次，四詩不僅以「客」為核心，而且在內容上互相關聯、前後承接。
四詩雖然都表現「客」的禮樂活動，但是側重點各不相同：《振鷺》曰「我客
戾止」，又言及「于彼西雝」、「亦有斯容」，可見詩篇乃從主人的角度寫「我
客」初至時的情形，「庶幾夙夜、以永終譽」之「庶幾」表希望口氣，正說明
客人初到；《有瞽》亦曰「我客戾止」，但詩篇重在描寫樂官的到來、樂器的
擺設以及奏樂的盛況，所謂「永觀厥成」說明此詩所歌為「我客」觀樂之情
景；《有客》曰「言授之縶，以縶其馬。薄言追之，左右綏之」，《白駒》重言
「縶之維之，以永今朝」，可見二詩乃別「客」之際的留客之詩。由此可見，
《振鷺》言「客」之來，《有瞽》言「客」為何而來，《有客》《白駒》則言「客」
之去，四詩之間前後承接，彼此關聯，原因就在於它們具有相同的禮樂場景。

再次，從詩篇用詞和某些細節亦可證明它們之間的關聯。以《有客》與
《白駒》為例：其一，二詩都談及了白馬，前者云「亦白其馬」，後者反覆歌
唱「皎皎白駒」，再聯繫作為「客」的身份，可見二者具有相同的指向，其相
似性自不待言；其二，二者都言及了留客，前者曰「言授之縶，以縶其馬」，
後者曰「縶之維之，以永今朝」，用語和表達方式如出一轍，顯然，《有客》

〔註273〕《玉篇・宀部》「客，賓也」；《周禮・大行人》「掌大賓之禮及大賓之儀」，賈
　　　　公彥《疏》「客亦名賓，是賓、客通也。」宗福邦、陳世鐃、蕭海波《故訓彙
　　　　纂》，北京：商務印書館，2003年，第574頁。
〔註274〕阮元《十三經注疏・毛詩正義》，上海：上海古籍出版社，1997年，第594、
　　　　620頁。朱熹《詩集傳》，南京：鳳凰出版社，2007年，第269頁。

與《白駒》都是「留客」之作。再以《振鷺》、《有瞽》爲例，二者除了皆言「我客戾止」之外，前者曰「西雝」實即辟廱，後者曰「有瞽」奏樂，再聯繫《大雅・靈臺》「於論鼓鐘，於樂辟廱。鼉鼓逢逢，矇瞍奏公」，西雝正是「有瞽」奏樂之地，由此可以窺見二詩之間的承接關係。

　　總而言之，《振鷺》、《有瞽》、《白駒》、《有客》四詩確爲一組有著共同表現對象、相互之間聯繫緊密的詩篇。孔穎達認爲《有客》「與上《有瞽》、《振鷺》或亦一時事也」，孫作雲認爲「它們（《白駒》、《有客》——引者）是講著同類事實，即美宋公來朝」，李山先生曰「《周頌》中竟有三首與宋客有關，《振鷺》表迎客，《有瞽》贊客人帶來的禮樂，《有客》則重言留客之意」，他們都發現了三詩之間有著緊密聯繫，並都以「宋客」爲主題，這是非常正確的〔註275〕。竊以爲，《白駒》亦當列入這一組詩中；並且，此四詩不僅僅描寫「宋客」，更重要的是載錄了宋人入周參與的禮樂活動。

二、《振鷺》等四詩的禮儀場景

　　《振鷺》、《有瞽》、《白駒》、《有客》四詩緊密關聯的實質是，它們乃是「有客」入周行禮過程中不同階段所用的樂歌。考察詩篇可知，《振鷺》是周人迎接宋國賓客的樂歌，《有瞽》乃瞽矇典禮中獻給宋人的樂歌，《有客》《白駒》乃餞別宋人的留客樂歌。試分別辨析如下：

1、《振鷺》是迎賓樂曲

詩曰：

　　振鷺于飛，於彼西雝。我客戾止，亦有斯容。在彼無惡，在此無斁。

　　庶幾夙夜，以永終譽。

對於此詩詩旨，歷來沒有太大的爭議。《序》云「二王之後來助祭也」，蔡邕《獨斷》曰「二王助祭之所歌」也，齊韓亦同〔註276〕；《箋》云「二王，夏殷也。其後，杞也，宋也」；可見，漢人認爲此詩係表現杞、宋之人入周助祭的樂歌。後人基本贊同所謂「入周助祭」之說，只是對助祭者的身份有所修正。首先，人們認爲助祭者只有「宋客」而無「夏客」，方玉潤云「況詩

〔註275〕李學勤《十三經注疏・毛詩正義》，北京：北京大學出版社，1999年，第1340
　　　　頁。孫作雲《孫作雲文集・〈詩經〉研究》，開封：河南大學出版社，2003年，
　　　　第379頁。李山《詩經析讀》，海口：南海出版社公司，2003年，第445頁。
〔註276〕王先謙《詩三家義集疏》，北京：中華書局，1987年，第1022頁。

明言容似白鷺，則可僅商客而無夏客可知也」，這一修正是符合詩篇內容的〔註277〕。其次，對於「宋客」是誰，人們有不同見解。對於詩中之「客」的身份，漢人僅僅混言「二王之後」，孔穎達、朱熹認爲宋客當爲微子〔註278〕，明人季本、鄒肇敏則以爲當爲武庚〔註279〕；其實，這些說法都過於鑿實了，詩篇內容只可支持「我客」爲宋國之人（君）而已。詩中提及「振鷺」，《毛傳》云「鷺，白鳥也」，且又曰「我客戾止，亦有斯容」，表明客人的服飾正以白色爲主色調；《禮記·檀弓上》曰「殷人尚白」〔註280〕，由此可以斷定此「客」必爲宋人，至於此「客」爲誰，則篇中實無證據，微子、武庚之說均係過度引申。

詩既然爲宋人入周而作，那麼它作於何種場合呢？《序》言「助祭」，經學家遂以爲此詩用於祖廟之中。《箋》云「來助祭於周之廟，得禮之宜也」，朱熹云「古者祭每一受胙，主與賓尸皆有獻酬之禮，既畢然後亞獻，至獻畢復受胙」，「看此文意，都無告神之語，恐是獻助祭之臣」，認爲此詩爲祭禮中獻酬儀節針對助祭者所唱的樂歌〔註281〕。這種說法其實是對《序》說的想當然推論，在詩中找不到任何根據。此詩從內容上看，前兩句主要描寫「客」的到來和儀容；後兩句則是對「客」此行的稱道和希冀。因而，要考察詩篇的產生場景只能從「我客戾止」的地點和所行之禮入手。

實際上對於「我客戾止」的地點，詩言「于彼西雝」已經交代很清楚了。問題是，「西雝」爲何地？「西雝」所行之禮爲何？

《毛傳》云「雝，澤也」，又《大雅·靈臺》一則曰「麀鹿濯濯，白鳥翯翯。王在靈沼，於牣魚躍」，再則曰「於論鼓鐘，於樂辟廱」，由此即可推斷所謂有白鳥出沒且名爲「西雝」的場所指周王之辟廱無疑，「雝」實即辟廱〔註282〕，「西」

〔註277〕方玉潤《詩經原始》，北京：中華書局，2006年，第603頁。

〔註278〕李學勤《十三經注疏·毛詩正義》，北京：北京大學出版社，1999年，第1323頁。朱熹《詩集傳》，南京：鳳凰出版社，2007年，第266頁。

〔註279〕分別爲何楷、姚際恒所稱引。參《詩經世本古義》，《影印文淵閣四庫全書》第81冊，臺北：臺灣商務印書館，1986年，第326頁。姚際恒《詩經通論》，北京：中華書局，1958年，第337頁。

〔註280〕王文錦《禮記譯解》，北京：中華書局，2000年，第63頁。

〔註281〕李學勤《十三經注疏·毛詩正義》，北京：北京大學出版社，1999年，第1324頁。朱熹《詩集傳》，南京：鳳凰出版社，2007年，第266頁。

〔註282〕「雝」本爲「廱」，參李富孫《詩經異文釋》，王先謙《清經解續編》第2冊，上海：上海書店，1988年，第1391。《說文》「廱，天子饗飲辟廱。」段玉裁《說文解字注》，上海：上海古籍出版社，1988年，第442頁。

不過指其方位而已。辟廱爲何地呢？《毛傳·靈臺》曰「水旋丘如璧曰辟廱，以節觀者」，是從辟廱的形制而言的。對於辟廱的性質和功能，有人以爲是明堂，有人以爲是太學，有人以爲是宗廟，異說蜂起〔註283〕；其實，辟廱乃是周天子極爲重要的綜合的禮樂場所。吾師李山云「辟廱的作用是多方面的：以其爲國子們學習音樂、射御的場所言，是教育機構；以其爲貴族們舉行燕射、饗禮的場所言，是公益設施；以其爲召集國老『定兵謀』的場所言，是議事機關；以其爲接待朝拜諸侯、接受戰爭獻俘的場所言，辟廱屬於整個貴族階層。」〔註284〕

　　辟廱雖爲周天子綜合的禮樂場所，但就《詩》文本而言，首先是一個瞽瞍奏樂的地方。《大雅·靈臺》「虡業維樅，賁鼓維鏞。於論鼓鐘，於樂辟廱。於論鼓鐘，於樂辟廱。鼉鼓逢逢，瞽瞍奏公。」《箋》云「文王立靈臺，……故合樂以詳之」，說明詩中所謂「鼓鐘」、「瞽瞍」說的是樂官們在辟廱奏樂的事。詩又曰「王在靈囿」、「王在靈沼」，表明周天子參與辟廱瞽瞍奏樂之事。

　　竊以爲，《振鷺》與宋客在辟廱所參與的典禮有關。詩曰「於彼西雝，我客戾止」，顯然係表現宋客到達辟廱的情景，「振鷺于飛」正是辟廱獨有的場景。另外，更重要的是因爲「我客戾止」的目的在《有瞽》中有明確交代「我客戾止，永觀厥成」，《集傳》云「成，樂闋也，如『簫韶九成』之成」，「成」爲奏樂術語，再結合詩的全篇內容，所言的確是「觀樂」之事；而《有瞽》之奏樂，又是爲祭祖而作「喤喤厥聲，肅雝和鳴，先祖是聽」（詳下）。不過，《振鷺》並非助祭樂歌，而是周王燕勞初至辟廱的宋客所用的樂歌〔註285〕。這一點可以從「振鷺于飛」一句約略得知。《傳》云「鷺，白鳥也」，鷺確爲白鳥，但是「振鷺于飛」卻不是描述白鷺飛翔於辟廱的情景，而是描述持鷺羽的舞蹈。

　　《魯頌·有駜》云「振振鷺，鷺于下」，《詩集傳》云「鷺，鷺羽，舞者所持，或坐或伏，如鷺之下也……鷺于飛，舞者振作鷺羽如飛也」，指出所謂「振鷺于飛」實際上指鷺羽之舞〔註286〕。這一說法顯然是正確的，因爲詩之首章已經明言「鼓咽咽，醉言舞」，又曰「亦有斯容」。而且，鷺羽之舞確實

〔註283〕何楷《詩經世本古義》，《影印文淵閣四庫全書》第81冊，臺北：臺灣商務印書館，1986年，第209頁。
〔註284〕李山《詩經析讀》，海口：南海出版社公司，2003年，第365頁。
〔註285〕明人濮一之曰「疑此微子來朝始至，而王燕勞之所奏之樂歌」，得詩篇意旨，但微子無據，且未能表明宋客爲何而來。參何楷《詩經世本古義》，《影印文淵閣四庫全書》第81冊，臺北：臺灣商務印書館，1986年，第326頁。
〔註286〕朱熹《詩集傳》，南京：鳳凰出版社，2007年，第278、279頁。

為周代實際存在的舞蹈,《陳風·宛丘》云「坎其擊鼓,宛丘之下,無多無夏,值其鷺羽」,《毛傳》曰「鷺鳥之羽,可以爲翳」,《箋》云「翳,舞者所持以指麾」,《正義》曰「此舞所持,持其白羽也」〔註287〕,可見當時確實有擊鼓而跳「鷺羽之舞」,表明《有駜》所載並非偶然。由此可見,《振鷺》「振鷺于飛,於彼西雝」說的是在辟廱上演的鷺羽之舞,所以,馬瑞辰云「振鷺一名振羽,《仲尼燕居》『撤以振羽』,鄭注『振羽當爲振鷺也』,蓋因其爲羽舞,故一名振羽耳;舞以習容,故下云『亦有斯容』,言如舞者之動容中節也。」〔註288〕

而且,根據《有駜》之「鷺羽之舞」是在「夙夜在公,在公飲酒」,「夙夜在公,在公載燕」即燕飲場合中所進行的。據此可知《振鷺》「振鷺于飛」亦於燕飲場合中進行,再結合「我客戾止」、「在彼西雝」,可知詩篇乃周天子燕勞初至辟廱的宋客時所用的樂歌。

2、《有瞽》為獻「觀樂」之宋客的樂歌

詩曰:

> 有瞽有瞽,在周之庭。設業設虡,崇牙樹羽。應田縣鼓,鞉磬柷圉。
> 既備乃奏,簫管備舉。喤喤厥聲,肅雝和鳴,先祖是聽。我客戾止,
> 永觀厥成。

《序》云「始作樂而合乎祖也」,是說此詩之作是由於初次作樂,並且是爲「合乎祖」而作。「合乎祖」是什麼意思?《序》說過於模糊,對此後人有兩種不同意見:一是鄭玄的看法,本於三家詩,認爲「合」的是乃歷代之樂,「祖」泛指先祖〔註289〕;二是孔穎達的見解,認爲奏樂乃合各種樂器而奏之,「祖」指太祖即文王。另外,明代之後又躍立新說,何楷、方玉潤等以此爲「祫祭典禮」所用樂歌,鄧元錫以之爲「合於樂祖,祭瞽宗」的樂歌等〔註290〕。這

〔註287〕李學勤《十三經注疏·毛詩正義》,北京:北京大學出版社,1999 年,第 439 頁。

〔註288〕馬瑞辰《毛詩傳箋通釋》,北京:中華書局,1989 年,第 1073 頁。

〔註289〕蔡邕《獨斷》云「始作樂合諸樂而奏之之所歌也」,齊韓亦同。參王先謙《詩三家義集疏》,北京:中華書局,1987 年,第 1026 頁。《箋》「王者治定制禮,功成作樂。合者,大合諸樂而奏之。」李學勤《十三經注疏·毛詩正義》,北京:北京大學出版社,1999 年,第 1327 頁。

〔註290〕何楷《詩經世本古義》,《影印文淵閣四庫全書》第 81 冊,臺北:臺灣商務印書館,1986 年,第 328 頁。方玉潤《詩經原始》,北京:中華書局,2006 年,第 605 頁。

些說法其實都不夠準確，原因在於它們都企圖用詩篇的內容來牽合《詩序》，而不是立足於詩篇本身來挖掘其禮儀場景。

從詩篇本身看，《有瞽》主要刻畫了一次奏樂的過程。「有瞽有瞽，在周之庭」，說的是瞽矇等樂官所處的方位；「設業設虡，崇牙樹羽。應田縣鼓，鞉磬柷圉」，說的是樂器的擺設；「既備乃奏，簫管備舉。喤喤厥聲，肅雝和鳴，先祖是聽」，說的是奏樂的聲響；「我客戾止，永觀厥成」說的是觀樂的客人。宋人陳暘指出，「先鼗而磬次之，先柷敔而簫管次之，故詩言鞉磬柷敔，繼之以簫管備舉，固作樂之序也」〔註291〕，可見瞽矇奏樂是全詩表現的重點。問題是，奏什麼樂？在什麼禮儀場景中奏樂？

首先，所奏之樂是合各種樂器而作，而不是歷代之樂。詩的重點在於表現樂官的落位，樂器的依次擺設，以及奏樂的盛況；其中對應、田、縣鼓、鞉、磬、柷、圉、簫、管等樂器的強調，及「既備乃奏」的交代，都表明合樂應指合各種樂器。孔穎達云「知不合諸異代樂者，以序者序經之所陳，止說周之樂器，言既備乃奏，是諸器備集，然後奏之，無他代之樂，故知非合諸異代樂也。」這一說法是符合詩篇實際的。鄭玄等以為合歷代之樂，是根據《周禮·大司樂》「以六律、六同、五聲、八音、六舞大合樂」以及歌六代之樂的記載推論而來的〔註292〕，詩中並沒有這方面的證據。

其次，詩中合樂當為祭祖所奏。詩曰「既備乃奏，簫管備舉。喤喤厥聲，肅雝和鳴，先祖是聽」，已經明確說明合樂是為先祖而作的，是獻給先祖的。因而，詩中瞽矇奏樂當與祭祖典禮密切相關。考之後世禮書，祭祖中的奏樂有用於降神的，如《周禮·春官·大司樂》「路鼓路鼗、陰竹之管、龍門之琴瑟、《九德》之歌、《九韶》之舞，於宗廟之中奏之，若樂九變，則人鬼可得而禮矣」；有用於獻神的，如《大宗伯》「乃奏無射、歌夾鍾、舞《大武》，以享先祖」〔註293〕。以《詩》證詩，則奏樂的目的更多是用於娛樂先祖的，即所謂「烝衎烈祖」。《小雅·賓之初筵》曰「籥舞笙鼓，樂既和奏。烝衎烈祖，以洽百禮。百禮既至，有壬有林。錫爾純嘏，子孫其湛。」《箋》云「衎，樂也，

〔註291〕何楷《詩經世本古義》，《影印文淵閣四庫全書》第81冊，臺北：臺灣商務印書館，1986年，第328頁。

〔註292〕李學勤《十三經注疏·周禮注疏》，北京：北京大學出版社，1999年，第578頁。

〔註293〕阮元《十三經注疏·周禮注疏》，上海：上海古籍出版社，1997年，第787頁。

奏樂和，必進樂其先祖」，可見，此處奏樂就是娛先祖的典範例子〔註294〕。《周頌·執競》「鍾鼓喤喤，磬莞將將，降福穰穰，降福簡簡，威儀反反」，《箋》云「祭祖考之廟，奏樂而八音克諧」，顯然此處之樂亦為祭禮中娛樂祖先〔註295〕。

　　據此可知，《有瞽》之奏樂可能是祭祖典禮的一個儀節；因而，詩中所言之「我客戾止，永觀厥成」之客（宋人）自然也就是助祭之人。先王之後助祭而觀樂於典禮之中，這似乎是商周時期的常禮。《商頌·那》曰「猗與那與，置我鞉鼓。奏鼓簡簡，衎我烈祖。湯孫奏假，綏我思成。鞉鼓淵淵，嘒嘒管聲。既和且平，依我磬聲。」此處奏樂的情狀與《有瞽》極為相似，詩中又明言奏樂的目的是「衎我烈祖」，還提及「我有嘉客，亦不夷懌」，《箋》云「客，二王之後及助祭諸侯也」，描寫的正是助祭之人觀樂於祭禮中——其禮儀場景與《有瞽》如出一轍，表明《有瞽》中有「客」觀樂於祭禮中並不是偶然的。

　　另外，由於詩篇表現的是祭祖之奏樂，因而有人將它與《禮記·月令》所載的「大合樂」聯繫起來。今人高亨說「大合樂於宗廟是把各種樂器會合在一起演奏給祖先聽，為祖先開個盛大的音樂會，周王和群臣也來聽」，認為《有瞽》為「周王大合樂於宗廟所唱的樂歌」；王宗石也說「周王照例在每年春三月之末，命樂師合奏各種樂器，以娛祖先，周王自己率領諸侯群臣一同參加，本篇記載了這一音樂會的盛況〔註296〕。從奏樂以娛先祖的內容看，這種說法是正確的；但是，《月令》所謂「擇吉日，大合樂，天子乃率三公、九卿、諸侯、大夫親往視之」〔註297〕，其中的「大合樂」實際上行於所謂「學」，而不是宗廟；因為根據上文孟春「命樂正入樂習舞」、仲春「命樂正入學習樂」，此處大合樂顯然舉行於「學」，《文王世子》云「凡大合樂，必遂養老」〔註298〕，證明了這一點。由此可見，《有瞽》即使是表現周天子季春大合樂的樂歌，其禮亦不當行於宗廟，而是行於「學」。據《振鷺》，「我客戾止」之地為辟廱，

〔註294〕《毛傳》以此為燕飲禮儀中的奏樂，但詩中明言「烝衎烈祖」、「錫爾純嘏，子孫其湛」，可見毛說不確。鄭玄以為「大射擇士與祭」，較符合詩義。李學勤《十三經注疏·毛詩正義》，北京：北京大學出版社，1999年，第885頁。

〔註295〕阮元《十三經注疏·毛詩正義》，上海：上海古籍出版社，1997年，第589頁。

〔註296〕高亨《詩經今注》，上海：上海古籍出版社，1980年，第490頁。王宗石《詩經分類詮釋》，長沙：湖南教育出版社，1993年，第978頁。

〔註297〕李學勤《十三經注疏·禮記正義》，北京：北京大學出版社，1999年，第448頁。

〔註298〕王文錦《禮記譯解》，北京：中華書局，2000年，第271頁。

這意味著亦有「我客戾止」的《有瞽》中「觀樂」之地似亦為辟廱。而辟廱
正是周代大學之地，表明《月令》季春之「大合樂」或與《有瞽》之奏樂關
係緊密。

　　但是，《有瞽》之奏樂如果發生於辟廱，那麼它又如何是「先祖是聽」、
用於祭祖典禮呢？難道祭祖典禮亦行於辟廱？辟廱之制，古來爭議頗多，筆
者姑置不論。但是，古者祭祀之前有所謂「肄習禮樂」之事，即行禮之前要
對禮儀進行練習、「彩排」。《周禮・春官・大宗伯》「凡祀大神、享大鬼、祭
大示，……治其大禮」，《注》云「治，猶簡習也，豫簡習大禮」；《小宗伯》「凡
王之會同、軍旅、甸役之禱祠，肄儀為位」，《注》云「肄，習也」〔註299〕。
顯然，這種預習禮儀的場所不是「肅肅雝雝」的宗廟，應即為「學」。因而，
周天子祭祖禮儀的肄習自應舉行於太學之地。這或許是《有瞽》「觀樂」隱約
的禮儀背景？

3、《有客》、《白駒》為留客樂歌

　　《振鷺》是宋客初至辟廱、受到燕勞的樂歌，《有瞽》則是宋客觀樂的樂
歌，而《有客》、《白駒》兩首都是宋客欲去、周人留客所用的樂歌。二者都
產生於周人為宋客餞行的禮儀上，《有瞽》是燕飲樂歌，《白駒》是獻給宋客
的樂歌。

　　《有客》曰：

　　　有客有客，亦白其馬。有萋有且，敦琢其旅。有客宿宿，有客信信。

　　　言授之縶，以縶其馬。薄言追之，左右綏之。既有淫威，降福孔夷。

《序》云「微子來見祖廟也」，蔡邕《獨斷》云「微子來見祖廟之所歌也」，
齊、韓亦同〔註300〕；《白虎通義》云「『有客有客，亦白其馬』，謂微子朝周
也」〔註301〕，可見漢人都持「微子朝周於祖廟」的看法。明人鄒肇敏立新
說，認為「客」當為箕子而非微子，詩篇是「箕子來朝見祖廟」的樂歌，姚
際恒、方玉潤和之〔註302〕。其實，微子、箕子云云，見祖廟、朝周也罷，
都是對詩中「客」字的引申和推論。如上所述，乘白馬的「客」是宋人，僅

〔註299〕阮元《十三經注疏・周禮注疏》，上海：上海古籍出版社，1997 年，第 757
　　　　頁。
〔註300〕王先謙《詩三家義集疏》，北京：中華書局，1987 年，第 1033 頁。
〔註301〕陳立《白虎通疏證》，北京：中華書局，1994 念，第 316 頁。
〔註302〕姚際恒《詩經通論》，北京：中華書局，1958 年，第 342 頁。方玉潤《詩經
　　　　原始》，北京：中華書局，2006 年，第 610 頁。

此而已，未有見其必爲微子或箕子。另外，「見祖廟」之說亦係想當然，詩中並無這樣的內容。

其實，詩篇是爲留客而作的。「有客有客，亦白其馬」，《毛傳》云「殷尚白也」，可見首句指出此「客」尚白且所乘爲白馬，表明其身份爲商人之後（即宋人）；「有萋有且，敦琢其旅」，《正義》云「旅是從者之眾」，次句寫宋客及其隨從的形狀。古人認爲頭兩句是寫「微子來至京師」的情形，但是寫宋客初至的情形其實是爲下文「有客」欲去所作的鋪敍而已。「有客宿宿，有客信信」，《毛傳》云「一宿曰宿，再宿曰信」，宿宿、信信重言，表明「客」來已久，亦爲「客」之去作鋪墊。詩的核心內容「言授之縶，以縶其馬。薄言追之，左右綏之。既有淫威，降福孔夷」，說的就是送客的兩個細節：一是留客，通過「以縶其馬」來表現，《箋》云「縶，絆也」，《毛傳》云「欲縶其馬而留之」〔註303〕，《集傳》曰「縶其馬，愛之不欲其去也」〔註304〕，馬是「客」的身份性標誌，絆馬就是留客。

二是餞行。所謂「薄言追之」，實際上是周人常見的留客儀節，即對客人餞行送別的禮儀。《箋》云「追，送也，……王始言餞送之，左右之」，「追」即送行之燕；「綏」訓安，指的是祭禮或燕飲禮中賜予、勸侑的動作，《周頌·雝》「假哉皇考，綏予孝子」，《商頌·那》「湯孫奏假、綏我思成」，《小雅·楚茨》「樂具入奏，以綏後祿」，《南有嘉魚》「君子有酒，嘉賓式燕綏之」，由此可見，「左右綏之」即指「追送」餞行的一個禮儀動作。明代何楷云「《有客》，微子助祭於周，事畢而歸，王使人餞之」，此說除了鑿實「微子」之外，基本上是準確的〔註305〕。周天子送別餞行來朝之人的燕禮，在《詩》中兩見之：《大雅·崧高》「申伯信邁，王餞于郿」，《韓奕》「韓侯出祖，出宿于屠。顯父餞之，清酒百壺，……侯氏燕胥」；其中，申伯、韓侯入覲周王而離去，其性質與宋人入朝極爲相似〔註306〕，周天子對他們所用的餞行燕禮完全可能

〔註303〕李學勤《十三經注疏·毛詩正義》，北京：北京大學出版社，1999年，第1340、1341頁。

〔註304〕朱熹《詩集傳》，南京：鳳凰出版社，2007年，第269頁。

〔註305〕何楷《詩經世本古義》，《影印文淵閣四庫全書》第81冊，臺北：臺灣商務印書館，1986年，第344頁。

〔註306〕魏源已經認識到「薄言追之」類似於《崧高》之「餞」「而詩言『薄言追之』，則是餞之於祖廟，猶申伯之受命而餞之於眉也」，但他認爲餞行的地點在祖廟，詩中沒有依據。魏源《魏源全集·詩古微》，長沙：嶽麓書社，1989年，第724頁。

亦用於宋客身上，所謂「薄言追之，左右綏之」就是詩篇透露的證據。高亨說「這篇是諸侯或大臣來朝，將要回國，周王設宴踐行時所唱的樂歌」，所謂「諸侯」實即作為「客」的宋人，此說是符合詩篇內容的。由此可見，《有客》乃周天子餞行宋客所用的樂歌。

再看《白駒》：

> 皎皎白駒，食我場苗。縶之維之，以永今朝。所謂伊人，於焉逍遙？
> 皎皎白駒，食我場藿。縶之維之，以永今夕。所謂伊人，於焉嘉客？
> 皎皎白駒，賁然來思。爾公爾侯，逸豫無期。慎爾優游，勉爾遁思。
> 皎皎白駒，在彼空谷。生芻一束，其人如玉。毋金玉爾音，而有遐心。

此詩頗為奇特，在《詩》的編排中又處於《小雅》之中，導致了人們對詩旨的各種奇異的猜想，如「憂慮姦人」、「中春通淫」等說〔註307〕。《小序》云「大夫刺宣王也」，是根據其處於宣王詩（前有《六月》等、後有《斯干》《無羊》）之間立說，以詩之編排順序解說詩旨，失之。《毛傳》云「宣王之末，不能用賢，賢者有乘白駒而去者」，蔡邕《琴操》云「《白駒》者，失朋友之所作也，其友賢，居仕於衰亂之世，君無道，不可匡輔，依違成風，諫不見受，國士詠而思之」，《韓》說略同，可見漢人以為此詩是歌詠賢人不遇而離去〔註308〕。此說為大多數人所秉承，朱子、陳啓源、姚際恒、方玉潤等均持此解。所謂「賢者」云云，實即對詩中「其人如玉」、「金玉爾音」的想像性概括；實際上，如果是憫賢人離去，詩中對一個在山林的賢者說出「爾公爾侯，逸豫無期」、「慎爾優遊，勉爾遁思」、「毋金玉爾音，而有遐心」這樣的告誡之詞是令人難以理解的。「憫賢人離去」之說仍不得詩旨。

其實從詩篇內容看，這是一篇留客的樂歌。全詩以「皎皎白駒」開頭，所謂白駒食場苗、場藿、賁然而來的情形，實際上是寫客人在主人之處的情景，「白駒」是作為客人的身份性象徵。何以如此？因為首兩章明言「縶之維之，以永今朝」、「縶之維之，以永今夕」，《毛傳》云「縶，絆；維，繫」，「之」顯然指前文的「白駒」，《正義》云「謂絆縶其馬，留其人，以久今之朝」，「縶

〔註307〕王宗石《詩經分類詮釋》，長沙：湖南教育出版社，1993年，第793頁；郭沫若《蠡器銘考釋》，《文史論集》，北京：人民出版社，1961年。

〔註308〕《藝文類聚》二十一引曹植《釋思賦》文「彼朋友之離別，猶求思乎白駒。」此即韓說。魯詩說見《御覽·樂部》引《琴操》。王先謙《詩三家義集疏》，北京：中華書局，1987年，第643頁。

馬」正是爲了留客，可見前文「白駒」云云正是描寫客人尚未離去的情形。《周頌・有客》「言授之縶，以縶其馬」，又曰「有客有客，亦白其馬」，《白駒》之「縶馬」留客與此完全相同；據此可知詩中「皎皎白駒」的主人正是「有客」，詩的第二章曰「所謂伊人，於焉嘉客」說明了這一點。「嘉客」即爲「有客」，還可從《詩》本文得知，《商頌》「我有嘉客，亦不夷懌」，《箋》云「嘉客，謂二王后及諸侯來助祭者」，可知「嘉客」正有以「客」的身份助祭的意義，正與《有客》之「客」相通。如此看來，《白駒》之「嘉客」實即《有客》之「有客」，並且，二者所乘之馬都是白色之馬，都是殷人所崇尚的顏色，可知《白駒》之「嘉客」與「有客」一樣都是宋人。《有客》是留客樂歌，《白駒》也是留客樂歌。

這一點還可以從詩中「告誡客人」的內容中得到印證。如上所述，《有客》是周天子餞行宋客的燕禮樂歌，詩的末句「既有淫威，降福孔夷」實即燕客禮儀中對宋客委婉的告誡之詞，《毛傳》云「淫，大；夷，易」，「淫威」即大威，隱喻周人革商之命、誅武庚等史實〔註 309〕，這裡則是強調周天子對宋人的權威，「降福孔夷」即公平地賜福，實指周王朝對宋客的禮遇。王宗石說「結語兩句最堪玩味，顯示了周王朝對亡國後代恩威並濟的手段。」〔註 310〕無獨有偶，《白駒》中也有這樣的內容，詩云「爾公爾侯，逸豫無期。慎爾優遊，勉爾遁思」，又曰「毋金玉爾音，而有遐心」，即爲此意。對於第三章，何楷說「唯此章乃對語叮嚀之詞，故稱『爾』也」，這是正確的〔註 311〕；可見，從人稱上看「爾公爾侯」等語正是對客人而言的。所謂「逸豫無期」、「慎爾優遊，勉爾遁思」，乃告誡客人回去之後要勤謹從事；所謂「毋金玉爾音，而有遐心」，乃告誡客人不要迷信自己的名聲而有叛逆之心。這些告誡的深意仍是強調「客」對周王朝的義務和周天子對「客」的權威，強調二者之間統治與臣屬的關係，與《有客》「既有淫威」一句是相通的。由此可見，《白駒》與《有客》在性質上是完全相同的，《有客》爲餞行燕禮的儀式樂歌，《白駒》則爲送客禮儀中獻給客人的樂歌。

〔註 309〕宋人嚴燦、呂祖謙、明人郝敬、何楷均持此解。何楷《詩經世本古義》，《影印文淵閣四庫全書》第 81 冊，臺北：臺灣商務印書館，1986 年，第 345 頁。

〔註 310〕王宗石《詩經分類詮釋》，長沙：湖南教育出版社，1993 年，第 949 頁。

〔註 311〕何楷《詩經世本古義》，《影印文淵閣四庫全書》第 81 冊，臺北：臺灣商務印書館，1986 年，第 213 頁。

三、「三恪二代」制度與此組詩篇的政治內涵

如上所述，可知《振鷺》《有瞽》《有客》《白駒》四詩記載了西周時期宋人入朝的一件歷史往事，其中反映的禮制和政治內涵都頗堪玩味。

首先，這些詩篇實際上不僅反映了周人「立先代之後」的制度，而且是周人以「客」禮禮遇宋人的直接記錄。所謂「立先代之後」，是指新立的王朝將之前滅亡的王朝後代封爲諸侯，周人所封有「三恪二王」之說。「三恪」之名始見於《左傳》，襄公二十五年載子展語曰「以元女大姬配胡公，而封諸陳，以備三恪。」杜預注曰「周得天下，封夏、殷二王後，又封舜後，謂之恪，並二王後爲三國，其禮轉降，示敬而已，故曰三恪」〔註312〕，以杞、宋、陳爲「三恪」。這種看法其實是錯誤的。《禮記·樂記》曰「武王克殷反商，未及下車而封黃帝之後於薊，封帝堯之後於祝，封帝舜之後於陳。」《史記·周本紀》曰「武王追思先聖王，乃褒封神農之後於焦，黃帝之後於祝，帝堯之後於薊，帝舜之後於陳，大禹之後於杞。」由此可見，《左傳》之「備三恪」是指薊、祝與陳，而非杞、宋與陳，杜說失之。因而，所謂「三恪」指的是黃帝之後祝、堯之後薊和舜之後陳〔註313〕。「二代」實即「二代之後」，指的是周人所立的夏、殷之後，即杞、宋。《樂記》云「下車而封夏后氏之後於杞，投殷之後於宋」，就是此意。

周人立先代之後有「尊賢」、「備三統」的意識形態目的。《禮記·郊特牲》曰「王者存二代之後，猶尊賢也。」《尚書大傳》曰「天子存二王之後，與己三，所以通天三統，立三正。」《白虎通義》曰「王者所以存二王之後何也？所以尊先王，通天下之三統也。」〔註314〕所謂「尊賢」就是尊重歷代先王，所謂「備三統」無非承認先在的政治秩序。也就是說，得天下的周人要藉此表明自己尊重既往的歷史傳統，同時也是宣告自己繼承政統的合法性。正因爲如此，周人對「三恪二代」之後以「客」禮待之，表示「不純臣」之義。隱三年《公羊傳》何休《解詁》云「王者封二王之後，地方百里，爵稱公，

〔註312〕李學勤《十三經注疏·春秋左傳正義》，北京：北京大學出版社，1999年，第1022頁。

〔註313〕「三恪」之說後人見解分歧，此處從略。參阮元《十三經注疏·禮記正義》，上海：上海古籍出版社，1997年，第1534頁。

〔註314〕王文錦《禮記譯解》，北京：中華書局，2000年，第340頁。陳壽祺《尚書大傳輯校》，王先謙《皇清經解續編》第2冊，上海：上海書店，1988年，第402頁。陳立《白虎通疏證》，北京：中華書局，1994年，第316頁。

客待之而不臣也」,《白虎通義》亦云「王者有不臣者三:二王之後、妻之父母、夷狄也」。〔註315〕當然,所謂「不純臣」只是流於禮樂層面的,在現實的政治關係中仍然是臣屬關係。

這就是《振鷺》、《有客》中宋人自稱爲「客」的禮制根源。《振鷺》「我客戾止」,《毛傳》云「客,二王之後」,顯然抓住了「二代之後」制度與詩篇的關聯。但是上文已指出,在《振鷺》《有瞽》《有客》《白駒》這一組詩中「客」並非指「二代之後」,而是特指宋人。實際上,《詩》中凡言及作爲「客」的先代之後的都指宋人,並無涉及其他歷代之後。

《詩》中屢次言及殷人入周之事。除了《振鷺》等四詩之外,《大雅·文王》亦曰「侯服于周,天命靡常。殷士膚敏,祼將于京。厥作祼將,常服黼冔」,《毛傳》曰「冔,殷冠也」,明確提及已經臣服的殷人著殷服入周助祭的事。由此可見,在「三恪二代」中周人尤其重視殷代之後,即宋人。他們的歌詞中的「客」指的就是宋人,不僅《詩》中多次提及,史籍亦多次提及。《尚書·微子之命》曰「猷!殷王元子。惟稽古,崇德象賢。統承先王,修其禮物,作賓於王家,與國咸休,永世無窮。」所謂「作賓於王家」,實即入周爲「客」之意。《左傳》僖二十四年記載皇武子言及周代禮遇宋公時曰「宋,先代之後也,於周爲客,天子有事膰焉,有喪拜焉」;昭二十五年又記載宋人樂大心語曰「我於周爲客」,可見,周人以「客」禮對待宋人、宋人以「客」自居,這是當時公認的一項制度。

其次,《振鷺》《有瞽》《有客》《白駒》還反映了周人與宋人的特殊關係。上文指出,周人以「客」禮對待先代之後有繼承政統、表明政權合法性的意識形態目的;但他們對宋人的「客」禮就不僅如此,還具有現實的政治目的。周人以「小邦周」革「大邦殷」之命,如何處理和穩固強大的殷商遺留力量就成了鞏固新生政權的核心問題;而宋人與宋君實即殷人勢力的領導集團。因而,上述問題也就變成了如何處理與宋人的關係問題。「客」禮便處於這個關鍵位置,成爲周人鎮撫宋人的制度性手段。

根據《史記·周本紀》可知,周人開國之初與殷人的關係仍經歷了一番衝突。始立的武庚叛亂,周公平定之後,更立微子於宋國。這一番曲折更加強了以「客」禮鎮撫宋人的重要性。《尚書·微子之命》所言「統承先王,修

<hr />

〔註315〕阮元《十三經注疏·春秋公羊傳注疏》,上海:上海古籍出版社,1997 年,第 2202 頁。陳立《白虎通疏證》,北京:中華書局,1994 年,第 316 頁。

其禮物，作賓於王家」，《多士》所言「今朕作大邑於茲洛，予惟四方罔攸賓，亦惟爾多士攸服奔走臣我多遜」，乃以一種威脅、震懾的典誥性語言告誡殷人之後要恪守「客」禮、「賓」於周王朝，這反映的是宋國新立、叛亂之事未遠時周人對宋人的關係。那麼，《振鷺》等四詩中的「有客」入朝是否也是這一時期的事呢？

《有客》「有客有客，亦白其馬」，鄭玄曰「亦，亦武庚也」，認爲「亦」字反映了微子對武庚的關係。這種說法是毫無根據的，《毛序》以爲《有客》爲「微子來朝周」，鄭玄遂據以推論；其實，不僅鄭說無據，《序》說也是缺乏根據的；至於明人鄒肇敏牽扯出「箕子」來，更屬憑空猜想。究其實質，這些說法不過是對「《周頌》作於周初」的想當然結論的各種引申。從四首詩的內容看，它們只是描述了曾經發生過的一次宋人入周的幾個禮樂場景：宋人在辟廱受到了燕勞，並在辟廱觀樂，在離開之際被挽留和告誡。《振鷺》曰「在彼無惡，在此無斁，庶幾夙夜，以永終譽」，《白駒》曰「所謂伊人，於焉逍遙」，可見在周人歌詞中「宋人」的形象是不錯的；「振鷺」之燕樂、「西廱」之觀樂，以及《有客》《白駒》留客之殷勤，都表明周人與宋人的關係相當和諧，並無《周書》中的劍拔弩張的緊張氣氛。據此可斷言，這一組詩篇是周人與宋人「關係正常化」了的時候所用的樂歌。有人以爲它們是周初樂歌，有人以爲它們是中期樂歌，還有人以爲係宣王時期的樂歌，可備參考〔註316〕。

結　語

《雅頌》中有一組歌唱「客」的詩篇，它們就是《振鷺》、《有瞽》、《白駒》、《有客》。所謂「客」，即作爲殷商之後的宋人，這些詩篇當爲宋人參與周王禮樂活動（即大合樂於祖）的典禮所用的樂歌。其中，《振鷺》是周人迎接宋國賓客的樂歌，《有瞽》乃合樂典禮中獻給宋人的樂歌，《有客》《白駒》乃餞別宋人的留客樂歌。這些樂章反映了周王朝與宋人的張弛關係。

〔註316〕馬銀琴《兩周詩史》，北京：社會科學文獻出版社，2006 年，第 119 頁。李山《詩經析讀》，海口：南海出版社公司，2003 年，第 445 頁。孫作雲《孫作雲文集·〈詩經〉研究》，開封：河南大學出版社，2003 年，第 379 頁。

第七節　祭祖樂歌之六：辟靡觀樂樂歌

引　言

　　辟靡曾是周代天子舉行禮樂活動的重要場所，從某種程度看它可以作為周人禮樂活動的一個象徵性建築。辟靡之制如何，歷來聚訟紛紜。東周秦漢的資料顯示，辟靡具有多方面的功能，舉凡享神、教育、朝覲、饗射、奏樂、察天文、養老、遊宴等重大政治性的禮儀活動，均與此場所密切相關。那麼，西周時期辟靡是如何興起的呢？它在當時的禮樂實踐中扮演何種角色？《詩》之《靈臺》、《文王有聲》、《有瞽》等篇提供了這方面的歷史信息。結合西周金文資料來看，周王朝辟靡首先是作為是瞽矇奏樂的場所，是周王遊樂、群臣觀成的場所，也是周王饗射的場所；它的興盛可能肇始於西周中期，與周人禮樂制度趨於完善密切相關。

一、《詩》中所見的辟靡觀樂

　　遍檢《詩》文，可以發現辟靡首先是一個奏樂和觀樂的場所。《詩》中出現「辟靡」或「靡」（地點名詞）凡 3 篇，即《振鷺》、《靈臺》、《文王有聲》。這些詩篇無一例外地與奏樂和「觀成」密切相關，顯然不是偶然的，而是與辟靡的體制有著千絲萬縷的關係。

　　先看《振鷺》。詩曰「振鷺于飛，於彼西靡。我客戾止，亦有斯容」，《毛傳》云「靡，澤也」，聯繫《靈臺》來看，「澤」即辟靡之靈沼，「靡」即辟靡。上文已經指出，「我客戾止」歌唱的是「宋客」初至辟靡、周王燕勞的情景。不過，宋客到達辟靡的目的並非燕飲，而是觀樂，這一點在《有瞽》中有明確的說明。其實，《有瞽》與《振鷺》乃共同用於「宋客」朝周禮典的樂歌，前者所言「我客戾止」「於彼西靡」，後者亦言「我客戾止，永觀厥成」，說明「我客」抵達西靡的目的正是「觀成」。《集傳》云「成，樂闋也，如『簫韶九成』之成」，可見所謂「觀成」就是觀樂〔註317〕，詩中所寫的瞽矇入位、擺設樂器以及「簫管備舉」的奏樂情景都表明這一點。由此可見，西靡曾是周王接待宋客並觀樂的地方。

　　如果說《振鷺》、《有瞽》歌唱的是客人觀樂於辟靡，《靈臺》則歌唱周王觀樂於辟靡。詩曰「王在靈囿」，又曰「王在靈沼」，說的是周王遊玩於辟靡

〔註317〕朱熹《詩集傳》，南京：鳳凰出版社，2007 年，第 278 頁。

周邊的情景；遊玩之後，周王便觀樂於辟廱。「虡業維樅，賁鼓維鏞」唱的是樂器的擺設，「鼉鼓逢逢，矇瞍奏公」唱的是「矇瞍」等樂官奏樂，而所謂「於論鼓鐘，於樂辟廱」即欣賞和享受「鼓鐘」之樂理、「辟廱」之歡樂的顯然是周王。由此可見，辟廱之圍沼是周王遊玩之處，辟廱則是周王觀樂的地方。

除了《振鷺》、《有瞽》、《靈臺》之外，涉及辟廱觀樂的，其實還有《文王有聲》。詩首章曰「文王有聲，遹駿有聲。遹求厥寧，遹觀厥成。文王烝哉」，係歌唱文王功業的歌詞。但是，對於「遹觀厥成」一句歷來解詩者都不得其意，《毛傳》解「觀」為多，《箋》解「成」為成民之德，殊為不順；《集傳》解為「觀其成功」，較為通順，但是若以文王為主語，則與史實不符。其實，以經解經便可打開思路。李山先生說「何為『觀成』？《周頌・有瞽》：『我客戾止，永觀厥成』，即包括異姓在內的各國諸侯，前往西周的都城參加祭祀並觀禮。」他所謂的「觀禮」實際上就是觀樂〔註318〕。「永觀厥成」的句式與此詩「遹觀厥成」如出一轍，表明後者所「觀」文王之「成功」實際上是以觀樂的形式實現的。因此，所謂「遹求厥寧，遹觀厥成」乃是以文王後人的口吻歌唱的，文王則是歌唱的對象，「厥寧之義顯然是說祭奠文王之靈，厥成之義顯然是文王的偉大成功」〔註319〕；從性質上看，此章是典禮現場歌唱的開端之辭，真正表現文王功業的其實是下一句「既伐于崇，作邑于豐」；這種起辭歌唱，與「我客戾止，永觀厥成」作為《有瞽》典禮歌唱終了之辭的性質是一樣的。總之，《文王有聲》首章表現的是觀樂的內容，而此詩又是用於辟廱建成典禮（詳下文），可見辟廱確實為周王觀樂的禮儀場所。

由上可知，辟廱是一個周王遊玩、燕饗、接見客人的場所，是周人奏樂和觀樂的禮儀場所。那麼，辟廱是如何興起的呢？這在《詩》中同樣可以窺知。

二、《靈臺》與辟廱的落成

對於《靈臺》一詩詩旨，歷來都以為是通過建造靈臺表現周文王與民眾的良好關係。《小序》云「民始附也」，《大序》云「文王受命，而民樂其有靈德，以及鳥獸昆蟲焉」，宋代呂祖謙曰「皆述民樂之辭也」，明代何楷云「化成也」，清代陳奐云「而於作臺觀民心之所歸」等等，這些說法都是從「文王

〔註318〕李山《詩經析讀》，海口：南海出版社公司，2003 年，第 365 頁。
〔註319〕李山《詩經的文化精神》，北京：東方出版社，1997 年，第 177 頁。

與民」的角度解說《靈臺》詩旨〔註320〕。此解實本先秦舊說，《春秋》昭公九年記載魯國「築郎囿」，而當時執政季平子欲速成，叔孫昭子諫曰「《詩》曰：『經始勿亟，庶民子來』，焉用速成？其以剿民也，無囿猶可，無民其可乎？」正是引用《靈臺》的詩句用以說明執政者如何役民的道理。這一引詩取義於詩中「經始勿亟」四個字，並不一定代表當時人對整首詩詩旨的見解；然而，它似乎對後世人們解讀《靈臺》產生了重大影響。戰國時期，孟子首先將如何役民作爲全詩的題旨，《孟子·梁惠王上》曰：

> 王立於沼上，顧鴻雁麋鹿，曰「賢者亦樂此乎？」孟子對曰「賢者而後樂此，不賢者，雖有此不樂也。《詩》云：『經始靈臺，經之營之，庶民攻之，不日成之。經始勿亟，庶民子來。王在靈囿，麀鹿攸伏。麀鹿濯濯，白鳥鶴鶴。王在靈沼，於牣魚躍。』文王以民力爲臺爲沼，而民歡樂之，謂其臺曰靈臺，謂其沼曰靈沼，樂其有麋鹿魚鼈。古之人與民偕樂，故能樂也。

可見孟子已經明確地將《靈臺》視爲表現周文王「以民力爲臺爲沼」、「與民偕樂」的作品，這一說法成爲《詩序》「民始附」詩說的前身，也爲歷代解詩者所祖法〔註321〕。但是，所謂「與民偕樂」是孟子對理想統治者的希冀，正如叔孫昭子對季平子的規諫一樣，同樣是斷章取義的結果。如果從《靈臺》本文看，全詩均爲歌唱「周王」之樂，根本沒有庶民之樂的內容。

其實，《靈臺》一詩的內容經文本身較爲明瞭：首章曰「經始靈臺」，說的是建造靈臺的情況；次章曰「王在靈囿」、「王在靈沼」，說的是周王遊觀苑囿的情況；末尾兩章曰「於論鼓鐘，於樂辟廱」，說的是在辟廱奏樂、觀賞的情形。高亨說「這首詩敘寫周王建築靈臺和他遊觀靈囿靈沼，在辟廱奏樂自

〔註320〕阮元《十三經注疏·毛詩正義》，上海：上海古籍出版社，1997年，第524頁。朱熹《詩集傳》，南京：鳳凰出版社，2007年，第219頁。何楷《詩經世本古義》，《影印文淵閣四庫全書》第81冊，臺北：臺灣商務印書館，1986年，第203頁。

〔註321〕最典型的是漢代賈誼的《新書·君道》。其曰「文王志之所在，意之所欲，百姓不愛其死，不憚其勞，從之如集。《詩》曰『經始靈臺』，『庶民攻之，不日成之。經始勿亟，庶民子來。』文王有志爲臺，令近規之，民聞之者，裹糧而至，問業而作之，日日以眾。故弗趨而疾，弗期而成。命其臺曰『靈臺』，命其囿曰『靈囿』，謂其沼曰『靈沼』，愛敬之至也。《詩》曰：『王在靈囿，麀鹿攸伏。麀鹿濯濯，白鳥皜皜。王在靈沼，於牣魚躍。』文王之澤，下被禽獸，洽于魚鼈，咸若攸樂，而況士民乎！」

娛的情況」，這個概括是十分準確的〔註 322〕。問題關鍵在於，此詩因何而作，是建成靈臺，是周王遊苑，還是辟廱奏樂？

本文認為，此詩係因建成靈臺而作，詩乃靈臺初成、行禮（奏樂）於辟廱所用的樂歌。有三點可以證此：一是詩篇顯示靈臺初成；二是靈臺、靈沼、靈囿為辟廱的組成部分；三是遊觀與奏樂乃同一禮儀內容。

首先，詩首章回顧了靈臺的建造過程，「經始靈臺，經之營之。庶民攻之，不日成之」。馬瑞辰曰「經、基雙聲，《爾雅·釋詁》『基，經也』，經亦始也」，因而「經始」實即開始之意〔註 323〕。可見，「經始」言靈臺工事的起始，「經營」言建造靈臺的過程，「不日成之」則言靈臺的建成，這是一個完整的工事過程，也只有在工事完成之後才能言及這個過程。那麼，是不是在靈臺建成許久之後追憶這個過程呢？當然不是。詩曰「庶民攻之」、「庶民子來」，強調庶民積極回應這個工事，在此事的順利完成中發揮重要作用；這表明，詩篇正是針對靈臺初成而言的。另外，詩次章曰「王在靈囿」、「王在靈沼」之「在」字，並不只是說明周王的行蹤，而是針對靈囿、靈沼而言，是指周王蒞臨初成的苑囿池沼，與上章「庶民攻之，不日成之」相呼應。

其次，所謂「靈臺」的建築實為辟廱的一個組成部分。詩首章明確說建造靈臺，次章又提及「靈囿」、「靈沼」，末兩章又涉及「辟廱」，可見，靈臺、靈囿、靈沼、辟廱四者之間必有著緊密的聯繫。其一，從靈臺、靈囿、靈沼的命名來看，此三者必為同一場所，詩曰「王在靈囿」、「王在靈沼」，由此可推論首章實乃歌唱「王在靈臺」之事，即蒞臨新建成的靈臺、舉行禮典；《毛傳》「神之精明者稱靈，四方而高者曰臺」，高臺本為交通神靈之處，稱之為「靈」者，更表明「靈臺」乃與神交接的禮儀場所。

其二，辟廱同樣有池沼、苑囿之設。金文資料表明，辟廱有所謂「大池」之地：

> 《靜簋》：隹六月初吉，王在方京。丁卯，王令靜司射學宮，小子眔服眔小臣眔尸（夷）僕學射。八月初吉庚寅，王以吳襄、呂剛合豳蓋師邦君射於大池。

> 《遹簋》：隹六月既生霸，穆穆王在方京，呼漁於大池。王饗酒，遹御，無譴。〔註 324〕

〔註 322〕高亨《詩經今注》，上海：上海古籍出版社，1980 年，第 393 頁。
〔註 323〕馬瑞辰《毛詩傳箋通釋》，北京：中華書局，1989 年，第 857 頁。
〔註 324〕另外還有《公姞鼎》、《井鼎》等。唐蘭《西周青銅器銘文斷代史徵》，北京：

此「大池」,可舉行射、漁等活動,可見它是一個苑囿;同時,它亦舉行射禮、饗禮等重要禮典,可見它不是一般的苑囿,當即周王的辟廱。《麥尊》銘文云「雩若翌日,在璧(辟)雍,王乘於舟,爲大豐,王射,大(供)禽,侯乘於赤旂舟從,司咸」,此銘記載乘舟射獵與《靜簋》、《遹簋》等如出一轍,楊樹達云「彼文雖不云射於大池,實射於大池也」,由此可知「大池」與《麥尊》所載的「璧(辟)雍」乃同一個地方〔註325〕。辟廱有池沼苑囿,這與靈臺有靈囿、靈沼是也是一致的,這表明辟廱與靈臺實爲一處。郭沫若云「大池亦見於《靜簋》,當即辟廱之靈沼,《麥尊》王乘於舟爲大禮之處」,已經指出了靈沼、靈臺與辟廱、大池的聯繫〔註326〕;日本學者白川靜更是明確指出,「根據《麥尊》之銘,……辟廱之內有一大池,池中央築以高臺,奉爲聖處,《詩經》所言「靈臺」、「靈沼」就是這個地方」。〔註327〕我們以爲這些論斷是符合詩篇和銘文的內容的,辟廱、大池、靈沼、靈囿、靈臺原本可能就是屬於同一建築群的。

其三,靈臺的落成之禮、靈沼靈囿的遊觀和辟廱的奏樂活動可能係同一禮典的內容。上文指出,詩首章言靈臺之建造過程和建成,實際上是「王在靈臺」的內容,即歌唱靈臺落成的樂章;次章言「王在靈囿」、「王在靈沼」,是歌唱周王遊觀苑囿的內容,由於靈囿、靈沼本與靈臺相連,因而,王遊賞靈囿、靈沼同樣是此苑囿落成之禮的歌唱內容。在祭奠靈臺、靈囿、靈沼之後,周王便在辟廱奏樂,這應爲祭祀之後的燕饗活動。金文記載周王在辟廱大池活動中,往往在射獵之後有「饗酒」的活動,《遹簋》云「穆穆王在方京,呼漁於大池,王饗酒,遹御」,《長甶盉》云「穆王在下減应,穆王饗禮」等,這些「饗禮」本是針對周王漁獵的活動而舉行的〔註328〕。但在《靈臺》一詩中,周王之漁獵顯然不是重點,因而緊隨遊苑之後的不是饗酒而是奏樂;這說明此詩的重點在於「靈臺」的落成,辟廱奏樂亦爲此而作。詩末章曰「鼉鼓逢逢,矇瞍奏公」,「公」即「功」,馬瑞辰云「此詩奏功亦謂奏其成功,此

文物出版社,1988 年,第 357、363 頁。

〔註325〕唐蘭、楊樹達均認爲《靜簋》之「學宮」即辟廱,學宮離大池不遠。唐蘭《西周青銅器銘文斷代史徵》,北京:文物出版社,1988 年,第 357 頁。楊樹達《積微居金文説》,北京:中華書局,1997 年,第 168 頁。

〔註326〕郭沫若《兩周金文辭大系圖錄考證》,第三冊,第 55 頁。

〔註327〕白川靜《金文的世界:殷周社會史》,溫天河、蔡哲茂譯,臺北:聯經出版事業公司,1989 年,第 85 頁。

〔註328〕陳夢家《西周銅器斷代》,北京:中華書局,2004 年,第 141～143 頁。

王者所謂功成作樂也」，可見詩言奏樂乃針對某方面的事功而作，而此事功顯然是指靈臺的建成，《箋》云「文王受命，而作邑於豐，立靈臺」，陳奐云「《靈臺》繼《皇矣》而作也」，都正確地看到了詩篇是針對建造靈臺而作，儘管詩篇並未顯示此靈臺爲文王所造。

綜上所述，《靈臺》一詩先是表現靈臺的建成，繼而表現周王遊觀囿沼，最後表現周王觀樂於辟廱。這三個內容絕非相互獨立、互不相關，而是一個綜合的禮儀活動的三個組成部分。這個禮儀活動就是靈臺建成時舉行的落成典禮，它包括祭神和燕樂兩個內容。從《靈臺》全詩來看，此詩當爲燕樂儀節中樂官奏唱的樂歌，所以首先回顧了靈臺的建造和建成，然後歌唱周王祭祀靈臺、靈囿和靈沼，最後歌唱了功成作樂的盛況和歡樂。

三、《文王有聲》與辟廱的建造

《靈臺》所歌唱的靈臺建成，其背景在《文王有聲》一詩有所揭示。歷來人們對《文工有聲》的詩旨有許多誤會。比如，將詩篇視爲表現武王繼承和發展文王功業的詩篇，《詩序》曰「既伐也，武王能廣文王之聲，卒其伐功也」，是其代表，《箋》、《正義》均同此〔註329〕；或將詩篇視爲表現文王、武王父子兩代遷都的功績，《集傳》云「此詩言文王遷豐、武王遷鎬之事」〔註330〕，是其代表，並爲多數學者所奉從。前者其實是根據此詩處於「文王之什」末尾的編排順序以及詩末兩章「武王」的稱號得出的結論，後者則根據詩篇首尾得出的結論，它們都沒有涵蓋詩的全部內容，因而也就沒有抓住詩篇的要旨。

毫無疑問，詩篇首尾各兩章確實爲表現文、武功績的歌辭，「既伐于崇，作邑于豐」唱的是周文王開創周家基業的事迹，「宅是鎬京」、「詒厥孫謀」也正是周武王的功績。問題關鍵在於中間歌唱「王后」、「皇王」的四章歌詞應如何對待？孔穎達曰「上四章言文王有令聞之聲、成名之德，作豐邑以追孝心，同四方而正法度，所爲不止於伐崇也。下四章言武王君天下，服四方，定鎬京而成卜兆，傳善謀以安後世，所爲不止於伐紂」〔註331〕，也就是說，

〔註329〕阮元《十三經注疏・毛詩正義》，上海：上海古籍出版社，1997 年，第 526 頁。

〔註330〕朱熹《詩集傳》，南京：鳳凰出版社，2007 年，第 220 頁。

〔註331〕阮元《十三經注疏・毛詩正義》，上海：上海古籍出版社，1997 年，第 526 頁。

中間四章前兩章是表現文王，後兩章是表現武王，這基本上也是古今大多數學者的看法。但這一觀點實際上似是而非，詩首章「遹求厥寧，遹觀厥成」歌唱要繼承和發揚文王的功業，（作為主祭者的周王）實際上也在歌唱的行列之中；從「築城伊淢」開始，詩轉而歌唱「王后烝哉」、「皇王烝哉」，人稱的變換實表明歌唱的對象已經發生了變化，即從文王到時王的轉換，孔穎達言「作者變其文，見其事有異」恰恰顛倒了事實。考察西周史料，「皇后」、「王后」大都是對時王或剛去世的父王的稱呼，金文中凡出現「皇王」、「王后」均指時王而言，如《小臣單觶》的「王后」、《令鼎》《癲鍾二》《梁其鍾》的「皇王」〔註332〕；以此例之，此詩之「皇王」、「王后」如果既稱呼文王，又稱呼武王則不合情理，同指時王才是合乎邏輯的。

既然中間四章乃頌美時王，那麼，此四章的核心是什麼呢？李山先生通過對「築城伊淢」的考證指出，所謂「淢」乃是下文的「鎬京辟廱」，而非傳統看法認為的「成溝」；被稱為「皇王」、「王后」的時王正因為建造了鎬京的辟廱，因而受到了頌唱〔註333〕。鎬京辟廱之所以「作豐伊匹」，即作為文王之都豐城的匹配建築，同時又與「詒厥孫謀」的武王相聯繫，是因為它被確立為周王室的核心禮儀場所，一方面是「遹觀厥成」即以禮樂形式演示文武二王功業的地方，另一方面也是繼承周武王天子地位、接受四方朝覲的地方。本文認為，這一論斷深刻地揭示了此詩獨特的結構，是有說服力的。

不僅如此，李山先生還指出，「鎬京辟廱」實即《靈臺》之「辟廱」，此詩「築城伊淢」的工程正與《靈臺》「經之營之」、「不日成之」的工事過程相呼應。歷來人們一直將《靈臺》之辟廱與《文王有聲》之辟廱區分開來，認為前者為豐京之辟廱或文王之辟廱，或徑直稱之為「靈臺之辟廱」，後者則為武王鎬京之辟廱〔註334〕。其實，這種說法是受到《詩序》誤導的結果，是根據《靈臺》為文王之詩、《文王有聲》為武王之詩進行推論的結果，顯然是錯誤的。實際上，《靈臺》中建造靈臺的周王為何王，詩從未明言。但是，以經

〔註332〕馬承源《商周青銅器銘文選》，北京：文物出版社，1988年，第16、69、193、273頁。

〔註333〕李山《詩經的文化精神》，北京：東方出版社，1997年，第176～178頁。

〔註334〕如張載云「靈臺辟廱，文王之學也；鎬京辟廱，武王之學也。」朱熹《詩集傳》，南京：鳳凰出版社，2007年，第220頁。又如林義光認為「《靜敦》之大池在鎬京，當即《文王有聲》篇之『鎬京辟廱』也。……此詩之辟廱，與鎬池自非一地。」所謂「此詩」即《靈臺》。林義光《詩經通解》，北京師範大學圖書館藏衣好軒刻本，第五冊，第18頁。

證經，則可以發現《靈臺》與《文王有聲》具有緊密的聯繫。上文已經指出，《靈臺》「於論鼓鐘，於樂辟廱」表現的是周王觀樂於辟廱的情形，這一情形還可以在《周頌・有聲》、《振鷺》中看到，《有聲》全詩歌唱樂官奏樂，詩的末尾曰「我客戾止，永觀厥成」，而根據《振鷺》「振鷺于飛，於彼西廱。我客戾止，亦有斯容」，可知「我客」、「觀成」正是在辟廱。無獨有偶，《文王有聲》一詩首章歌唱起辭即曰「遹求厥寧，遹觀厥成」，亦周王觀樂的內容；且全詩又是因鎬京辟廱建成而作，由此可知，「遹觀厥成」之地就是鎬京辟廱。據此，《周頌》有觀成於辟廱，《靈臺》有觀成於辟廱，《文王有聲》亦有觀成於辟廱；《文王有聲》之辟廱在鎬京，《靈臺》之辟廱當亦在鎬京，而二詩可能乃同時之作。

從詩篇的性質看，《文王有聲》當為頌贊樂歌的歌詞。詩每章末尾的「文王烝哉」、「王后烝哉」、「皇王烝哉」、「武王烝哉」，顯然是禮儀中的樂官歌唱的標誌；而且，這是合唱，程俊英說「當初配以音樂時，每一章末都出現了眾口合唱、曼聲長詠的高潮，氣氛一定顯得莊嚴而熱烈。」綜合上文的論述，可知此詩乃鎬京辟廱落成之時、功成作樂所用的樂歌，既歌頌文武二王，也頌贊時王。

結　語

綜上所論，《靈臺》、《文王有聲》二詩反映西周某個歷史時期辟廱的建造建成的情形。《文王有聲》篇的內容表明，辟廱的建造是在紀念周文王、周武王的歷史功績的背景下開始的，與周王反思歷史、祭祀祖先有著深刻的聯繫；辟廱被視為匹配豐都和鎬京的重要建築，是因為它作為「遹觀厥成」的奏樂和「自西自東，自南自北」的朝觀的禮儀場所，這表明辟廱具有十分重要的地位。而《靈臺》一詩作為辟廱落成觀樂的樂歌，展現了辟廱建築的幾個組成部分及其各自的禮儀用途：靈臺以供登高祭神或望氛，靈沼靈囿以供射獵，辟廱以供奏樂燕饗，實際上較為直觀地揭示了辟廱的結構和功能。綜合此二詩，便可約略窺見西周辟廱之制的大概。

第三章 農事禮儀用詩

引 言

　　周人是一個以「農德」為特色的民族。他們的始祖后稷就是一個以農業才藝立身的歷史人物，傳說他在舜庭得封為「后稷」之官，負責「播時百穀」（《尚書・堯典》），《國語・鄭語》載史伯之言亦曰「周棄能播殖百穀蔬，以衣食民人也」；而后稷天生善於稼穡，在《大雅・生民》中描寫得非常詳細。始祖后稷與農業的這種天然聯繫，實際上就是周民族以重農區別於其他民族的顯著特徵。自古以來，不僅其他部族之人以此視周人，而且周人更自覺以「農德自重」〔註1〕。根據史籍，周人自公劉遷豳之後開始定居務農，從此把「農」視為立國的根本之一，《國語・周語上》云「國之大事在農」，《尚書・周誥》載周文王「即康功田功」，周公諄諄告誡執政要「先知稼穡之艱難」，反映了周人重農從一開始就是自覺的歷史行為。這種歷史性的「自覺」，一方面體現在包括從天子以至庶民的整個人群的農業實踐中，另一方面，更重要的是周人將「重農」的意識客觀化為一整套農業禮儀，從而使務農具有一種契合天地自然、不言而喻的觀念意義。也即，周人之於農業的特殊意義在於，他們重農不僅在意識形態的構建方面，而且體現在制度建設（禮儀）上〔註2〕；前人多重視闡發周人重農的精神意義，本文將著重關注這種精神

〔註1〕 李山說「周人是一個以農德自重的人群。」見《詩經的文化精神》，北京：東方出版社，1997年，第33頁。

〔註2〕 李春青認為以周公為首的周初統治者有兩大歷史任務「一是制度建設，二是意識形態建設。」見《詩的意識形態》，北京：北京大學出版社，2005年，第

的載體，即農業禮儀。而最能體現周人農業禮儀構建的無疑是《詩經》中的
農事詩篇。

第一節　籍禮樂歌

引　言

　　《詩經》中的農事詩篇有《臣工》《噫嘻》《載芟》《良耜》《豐年》《楚茨》
《信南山》《甫田》《大田》《潛》《七月》〔註3〕。考察詩篇的內容發現，這些
詩篇乃周人農業禮儀制度的產物。詩篇所反映的農業禮儀主要有三種，即耕
耘耨穫時的籍田禮儀、收成時的報祭禮儀和嘗新禮儀。以下首先來考察籍田
典禮上的樂歌。

一、籍禮的意義和禮儀內容

　　籍田典禮是周人將他們的重農精神客觀化的禮儀制度，是最重要的農業
禮典。其實，籍田之禮並不始於周代，它起源於原始社會集體耕作的制度，
如解放後海南黎族還保存的「合畝」制即是如此〔註4〕；根據甲骨文記載，
商人也出現了借民協作耕田的情況，卜辭「劦」字象三耒耜並行之狀，卜辭
有云「大命眾人曰劦田」，有人以為即籍田的前身〔註5〕。但是，無論是原
始的共耕還是商代的「劦田」更多是實際的生產實踐，而從周代開始，借民
共耕更多的成為一種象徵形式。在周人眼中，籍田之禮不止於一種生產行
為，而是一種生存姿態，只有堅持這一生存態度，才能契合於天地自然、神
靈百姓，《國語·周語上》記載周宣王「不籍千畝」之後，虢文公說道：

　　　　夫民之大事在農，上帝之粢盛於是乎出，民之蕃庶於是乎生，事之

---

34 頁。
〔註3〕 郭沫若在《由周代農事詩論到周代社會》提出了《詩經》中有 10 篇農事詩，
　　　　本文多《潛》一篇，認為其薦魚於宗廟，與農業禮儀相類。參《郭沫若全集·
　　　　歷史編1》，北京：人民出版社 1982 年，第 405 頁。
〔註4〕 楊寬《「籍禮」新探》，見《古史新探》，北京：中華書局，1965 年，第 225～
　　　　227 頁。
〔註5〕 吳其昌、饒宗頤等人持這一看法，參于省吾《甲骨文釋林》第一冊，北京：
　　　　中華書局，1999 年，第 716 頁。

供給於是乎在，和協輯睦於是乎興，財用蕃殖於是乎始，敦庬純固
於是乎成⋯⋯。若是，乃能媚於神而和於民矣，則享祀時至而布施
優裕也。今天子欲修先王之緒而棄其大功，匱神乏祀而困民之財，
將何以求福用民？

可見，周王帶頭勤於籍田、勸民務農已成爲整個生活世界得以和諧延續的源
頭，「農」由於「媚於神而和於民」而具有了神性色彩和天然的合理性。而承
載和展現這種觀念內涵和生存態度的就是周人一整套完整的農業禮儀，首先
就是籍田典禮。西周前期的《令鼎》記載「王大耤農於諆田」，中期的《䚅鼎》
記載周王命「作司徒，官司耤田」，可見，籍禮確實行於西周時期。

《國語・周語上》所載虢文公的言辭中詳細地描述了籍禮的禮節，概括
起來有如下幾個部分：（一）行禮前的準備；（二）籍田之前的「祼鬯饗醴」；
（三）行籍禮，「王耕一墢」，然後群臣按爵位次序、以三爲倍數耕作，「庶民
終於千畝」，完成耕作；（四）陳饗，天子嘗之，庶人「終食」〔註6〕；（五）
稷官誡農和各級官吏徇農（即巡查農事），二者不僅在開耕之時，而且「耨獲
亦如之」，即除草、收穫時也要進行。

可見，所謂「籍田」，實際上是以周天子爲首的各級行政官員象徵性參與
農事的禮儀活動。它具有以下三個特點：其一，官方以此指導和管理農事，
如太史頒佈天時的消息、農官「稷」指導農事等，所以，此禮其實也是頒佈
農事政令的場合。其二，行禮人員包括自天子以至庶民各個階層的人，雖然
耕作實際由庶民完成，但是它所強調的是執政者親自開啓農耕，尤其突出宣
揚周大子參與農事的重大意義，具有「寓政於農」的色彩〔註7〕。其三，此禮
的範圍不止於開耕環節，還包括耨（除草）、獲（收割）等農業生產全過程。
由此可見，籍田禮儀實際上是周人一項常規的農業制度，包括政令的發佈、
耕作過程指導、行政監督等等，只不過是以禮樂的方式來實行而已。作爲這
一點的明證就是《詩經》中的籍禮詩篇。

〔註6〕 今人姚曉鷗創新說，認爲作爲籍田必要組成部分的「饁禮」，並非所謂送飯，
　　　 而是農夫攜婦子祭田畯。我們認爲此說在《周語上》得不到支持。相反，「饁
　　　 禮」爲送飯，卻是《周語上》明示的，不過，這飯可不是農夫自己送的，而
　　　 是官方所送。其說參《詩經三頌與先秦禮樂文化》，北京：北京廣播學院出版
　　　 社，2000 年，第四章第 120 頁。
〔註7〕 李山先生將其稱爲「農耕政道」。參《詩經的文化精神》，北京：東方出版社，
　　　 第 54 頁。

二、《噫嘻》《臣工》爲籍禮樂歌詳考

《詩經》中有不少農事詩篇，涉及到籍禮的也有一些，如《載芟》中「載芟載柞，其耕澤澤。千耦其耘，徂隰徂畛。侯主侯伯，侯亞侯旅，侯彊侯以。有嗿其饁，思媚其婦，有依其士。有略其耜，俶載南畝，播厥百穀」，《良耜》中「畟畟良耜，俶載南畝。播厥百穀，實函斯活。或來瞻女，載筐及筥，其饟伊黍。其笠伊糾，其鎛斯趙，以薅荼蓼。荼蓼朽止，黍稷茂止。獲之挃挃，積之栗栗。其崇如墉，其比如櫛」，《信南山》之「畇畇原隰，曾孫田之，我疆我理，南東其畝」，《甫田》之「今適南畝，或耘或耔。黍稷薿薿，攸介攸止，烝我髦士」，《大田》之「以我覃耜，俶載南畝。……曾孫來止，以其婦子。饁彼南畝，田畯至喜」。這些內容或者直接描寫籍田「開耕」儀式如《載芟》的詩句，或者描寫籍禮中的「陳饗」如《良耜》《甫田》《大田》的詩句，都或多或少涉及到了籍禮的內容，表明籍禮確爲周人實際踐行的農業重典。但是，它們的描寫乃是對籍禮儀式的一種追述，而非當下的陳述，因爲它們其實都是收穫之後報祭典禮上的樂歌，如《載芟》《良耜》有「烝畀祖妣」、「殺時犉牡」的記載，而《甫田》《大田》則明確唱到「報以介福」、「以介景福」，表明它們爲報祭祈福之樂歌。

真正爲籍禮樂歌的有兩首，即《噫嘻》和《臣工》。前者爲周王參與籍禮時開耕儀式所唱的樂歌，後者爲農官「稷」在「耤」的時節誡農儀式上所用的樂歌，二者用於籍禮的不同階段。以下分而論之：

先看《噫嘻》：

> 噫嘻成王，既昭假爾。率時農夫，播厥百穀。駿發爾私，終三十里。
> 亦服爾耕，十千維耦。

《小序》云「《噫嘻》，春夏祈穀於上帝也」。此說來自於古代《月令》之類的文獻，《呂氏春秋·孟春紀》：

> 是月也，天子乃以元日祈穀於上帝。乃擇元辰，天子親載耒耜，措之參於保介之御間，率三公、九卿、諸侯、大夫，躬耕帝籍田。天子三推，三公五推，卿、諸侯、大夫九推。反，執爵於太寢，三公、九卿、諸侯、大夫皆御，命曰「勞酒」。

如《序》所云，詩爲籍田之前的「祈穀於上帝」的樂歌。既然祈穀，則應當祈求神靈保佑、物產豐收，但詩篇描述的卻是率領農夫「播厥百穀」而呈現的「十千維耦」的盛大景象。顯然，這個盛大的耕作場面是「令」（即「率」）

的結果而非「祈」的結果。因而「祈穀」之說不確。另外還有「戒農官」之說，始於朱熹《詩集傳》之「亦戒農官之詩」〔註8〕，認爲所謂「農官」即「必鄉遂之官，司稼之屬，其職以萬夫爲界者」云云。朱子此說是從詩篇之語氣推論而出的，既承擔率領農夫、又命令農夫「駿發爾私」、「亦服爾耕」的，自然是農夫的上級即農官了。這個推論無疑是符合詩篇實際的，但是，「戒農官」發生於何時何地？朱熹沒有回答，明代學者何楷以其爲康王「春祈穀也，既得卜於祢廟」之「戒」，既然「祈穀」不得詩篇要領，此說自然錯上加錯〔註9〕；也有人認爲乃「康王禘祭太廟時」，同樣是錯誤的〔註10〕。

其實，此詩作爲「戒農官」之樂歌乃發生於籍田典禮之上。此說清代魏源已約略發明之「以禮證詩，二篇皆成王耕耤所歌，……《噫嘻》有成王『既昭假爾』、『播厥百穀』之言，明爲孟春卜祈穀而後耕耤之事」，而且他據《國語・周語上》的記載進一步指出「《噫嘻》蓋裸鬯時告先農之所歌」〔註11〕。《噫嘻》是否用於「裸鬯先農」之禮節，我們有不同看法；但是，它確如魏氏所言爲籍田禮典之歌，可以從以下兩點得到證明：

首先，如上所述此詩主要內容是描寫農夫耕田，有動作刻畫——「駿發爾私」、「亦服爾耕」，有場面描寫——「終三十里」、「十千維耦」。而且，從人稱上看，「駿發爾私」、「亦服爾耕」之「爾」顯然都指農夫，再根據前文「率時農夫」，可見詩中所描寫的耕作是眾多農夫在某些人的帶領下耦耕三十里的壯大場面。

顯然，這種耕作場面只能在籍田即公田上發生。周代田畝也有公私之分，《國語・魯語》云「先王制土，耤田以力」，所謂「耤田」就是公田，借用民力耕作、所獲盡爲官方所有；庶民耕作公田之外，方力於私田。先公後私、「藉而不稅」（《禮記・王制》），這就是周代的土地制度和田稅制度。在這種制度下，庶民共耕於公田之上，這一行爲不可能是自發性的，需要官方的組織和管理，因而才會出現「率時農夫，播厥百穀」的有序場景以及「終三十里」、「十千爲耦」的盛大場面。作如是解，自然就會牽涉到對「駿發爾私」的「私」

〔註8〕　朱熹《詩集傳》，南京：鳳凰出版社，2007年，第266頁。
〔註9〕　何楷《詩經世本古義》，《影印文淵閣四庫全書》第81冊，臺北：臺灣商務印書館，1986年，第391頁。
〔註10〕　胡玉寰《從《詩經・噫嘻篇》的一些詞義說到西周社會性質》，《學術月刊》1957年第10期
〔註11〕　魏源《魏源全集・詩古微・周頌答問》，長沙：嶽麓書社，1989年，第727頁。

字的理解。《毛傳》云「私，私田也，言上欲富其民而讓於下，欲民大發其私田爾」，鄭玄、朱熹等古人均從之，但是這種訓詁顯然是一種道德理想主義的誤解。「私」如解爲私田，那麼「終三十里」、「十千爲耦」之「萬夫同耕」大場面的形成是難以想像的，只能寄託於統治者的政治道德了。其實，「私」，當作「柖」，即耜；私通「厶」，其篆形與「耜」之甲骨文「 〔 」、金文「 ζ 」類似，當爲形近而訛〔註12〕。「駿發爾私」，即「駿發爾耜」，意爲趕快發動你們的耜，這與《孔疏》將「發」解釋爲「以耜擊伐此地，使之發起也」以及《國語·周語上》的「王耕一坺……庶人終於千畝」之「坺」意爲「一耜之土」正相符合〔註13〕。

其次，可以從詩中的田畝數「三十里」旁證其爲籍田（公田）之數。對於詩中農夫耕完的「三十里」，鄭玄根據《周禮·地官·遂人》「凡野治田……萬夫有川，川上有路」的記載認爲這三十里是指野（遂）之「萬夫之田」，而與「十千爲耦」合數。這一看法爲古人多贊同，其實似是而非。據今人研究，周代借民力而耕籍田的「助法」行之於「野」而不行於「國」，「野」實行井田制〔註14〕，其中必有公田，因而鄭玄說這裡「萬夫之田」爲私田顯然是不符合實際的。其實，「十千」乃多數之稱〔註15〕，不一定正好萬人；三十里指的是籍田之數，更非「萬夫之田」。《周語·周語上》明確記載「宣王即位，不籍千畝」，《禮記·祭義》云「是故昔者天子爲藉千畝」，《說文·耒部》云「耤，帝耤千畝也」〔註16〕，可見王室之籍田即爲千畝之數，「千畝」正合三十里。

可見，魏源將此詩作爲籍田樂歌是非常正確的。但是，他認爲《噫嘻》用於籍田「裸鬯先農」之禮節，本文則不贊同。所謂「裸鬯」禮節來源於籍

〔註12〕 此說孫作雲、徐中舒、王宗石先生已發明。參孫作雲《孫作雲文集·〈詩經〉研究》，開封：河南大學出版社，2003年，第438頁。徐中舒《耒耜考》，《農業考古》1984年第2期；王宗石《詩經分類詮釋》，長沙：湖南教育出版社，1993年，第953頁。

〔註13〕 參《國語·周語上》「王耕一坺」韋昭注。齊元諾《國語集解》，北京：中華書局，2002年，第18頁。

〔註14〕 楊向奎《宗周社會與禮樂文明》，北京：人民出版社，1992年，第188～190頁。

〔註15〕 孫作雲也作如是解。《孫作雲文集·〈詩經〉研究》，開封：河南大學出版社，2003年，第438頁。

〔註16〕 〔漢〕許慎、〔宋〕徐鉉《說文解字》，北京：中華書局，1963年，第93頁。

禮中的「王裸鬯，饗醴乃行」，那麼，這裡的「裸鬯」具體的禮儀內容是什麼呢？韋昭注云「灌鬯、飲醴，皆所以自香潔也」，認爲「裸鬯」是類似齋戒的行禮前的準備，但是遍檢文獻不見有這種儀節，此說不確。《左傳》襄公九年云「君冠，必以裸享之禮行之」，以「裸」、「享」相連，與籍禮中「裸」、「饗」相連極爲相似，具有很大的參考價值。這裡的「裸享」指的是國君行冠禮的內容之一，而《周禮·大宗伯》「以肆獻裸享先王」，表明「裸享」亦爲祭祖之必要內容。據經傳和禮書的記載，冠禮行之於宗廟，並有眾賓參與；「裸」本義乃祭禮中的降神環節，《禮記·郊特牲》云「既裸，然後迎牲」，鄭注云「謂以圭瓚酌鬯始獻神也」〔註 17〕，《玉篇》云「裸，裸鬯告神也」，可見，冠禮之「裸」乃降神而告的儀節；「享」，根據《儀禮·士冠禮》即爲「醮」的獻賓環節，只是等級高而已。簡言之，冠禮的「裸享」指的是降神和饗賓的儀節。相較而言，我們認爲籍禮中的「裸饗」也是類似的禮節，即「裸」是降神、告神之禮，「饗」是序賓之禮。

　　籍田正禮之前有請神而祭的環節，有人以爲乃祭上帝（《毛傳》），有人以爲祭農神（魏源），但我們以爲是祭先祖。顯然，詩中沒有關於祭農神、祭上帝的直接證據，而祭先祖確可以從「噫嘻成王，既昭假爾」的詩句以及全詩的人稱中獲得說明。對於「噫嘻成王，既昭假爾」一句的理解，古來多有紛爭，其中癥結在於「成王」是否指周成王姬誦。一種看法認爲「成王」不是人名，意爲「成是王事」，全句的意思是招呼和命令農官，毛、鄭倡之，朱熹和之；一種認爲「成王」即生稱周成王之號，全句爲成王戒命農官，王國維、郭沫若發之，高亨、王宗石等和之〔註 18〕；還有一種認爲「成王」爲周成王姬誦的諡號，因而「噫嘻成王，既昭假爾」反映的是康王降神而告、祭周成王的禮節，歐陽修、何楷發之，李山、馬銀琴等和之。第一種看法將「成王」一詞分開，顯然是不符合詩篇用詞慣例的；第二種看法將成王視爲生號，金文中確實有生稱時王的例子，如穆王時期的《遹簋》、《長由盉》，恭王時期的《十五年趞曹鼎》等，但是，從《詩》本身看並無這種例子，並且從詩篇作

〔註17〕李學勤《十三經注疏·禮記正義》，北京：北京大學出版社，1999 年，第 817頁。

〔註18〕參王國維《觀堂集林·遹敦跋》，北京：中華書局，1959 年，第 895 頁；《郭沫若全集·歷史編 1·由周代農業詩到周代農業社會》，人民出版社 1982 年，第405 頁。高亨《詩經今注·噫嘻》，上海：上海古籍出版社，1980 年，第 487頁。《詩經分類詮釋·噫嘻》，長沙：湖南教育出版社，1993 年，第 952 頁。

爲獻神樂歌的性質來看，很難理解在祭神過程中生稱王號於神靈之前的行爲，這是不符合禮義的。因而本文贊同第三種觀點。

何楷《詩經世本古義》提出《噫嘻》係「康王春祈穀也，既得卜於禰廟，因戒農官之詩」，因而所謂「噫嘻成王」即祭成王、「作于禰宮」，這是非常正確的〔註19〕；然而，他卻將此禮節置於「卜郊」（即《毛傳》所謂「春祈穀」）的禮儀背景中，這就錯了。李山先生修正了這一點，他認爲「成王」係謚號，詩篇爲「孟春之月天子親行籍田典禮時的樂歌」，這都是非常正確的；但是，他的目在於爲詩篇斷代，並沒有指出其具體儀節〔註20〕。馬銀琴則據《周語上》「王裸鬯，饗醴乃行」和《周禮·大宗伯》「以肆獻裸享先王」進一步提出此詩爲「周康王行籍禮時在裸祭先王的典禮上呼告成王的儀式歌詞」〔註21〕，此說如果是針對詩篇「第一句」則是正確的，但如對於全詩，詩之禮節仍有許多信息沒有被揭示出來。本文認爲，所謂「裸享」只是一個降神儀式，此詩係周王籍禮正禮前裸享成王、告誡農官的樂歌。

「噫嘻成王，既昭假爾」一句透露了詩篇所用儀節的歷史消息。首先是「噫嘻」一詞乃「降神」的專用語。毛、鄭、朱均以「噫嘻」爲發聲詞，不確；戴震《毛鄭詩考正》云：

> 噫嘻，猶噫歆，祝神之聲也。《儀禮·既夕篇》云「聲三」，注云「有聲，存神也」，舊説以爲「聲，噫興也」，噫興即噫歆；《士虞篇》注云「聲者，噫歆也」，《禮記·曾子問篇》注云「聲噫歆，警神也」〔註22〕。

馬瑞辰《毛詩傳箋通釋》贊同此說，他補充道「噫、嘻疊韻，噫、歆雙聲，噫嘻即噫歆之假借。《爾雅·釋詁》『祈，告也』，《釋言》『祈，叫也』，郭注『祈祭者叫呼而請事』，噫嘻祝神正即呼叫之義。」〔註23〕顯然，戴、馬對「噫嘻」的訓詁是符合禮儀場景而令人信服的，儘管他們將「噫嘻」所呼叫之神理解爲上帝。

其次，「噫嘻」意爲「降神之聲」，正與「昭假」一詞相呼應。除《噫嘻》

〔註19〕何楷《詩經世本古義》，《影印文淵閣四庫全書》第81冊，臺北：臺灣商務印書館，1986年，第391頁。

〔註20〕李山《詩經析讀》，海口：南海出版社公司，2003年，第437頁。

〔註21〕馬銀琴《兩周詩史》，北京：社會科學文獻出版社，2006年，第137頁。

〔註22〕戴震《戴震遺書·毛鄭詩考正》卷四，微波榭刻本，第184頁。

〔註23〕馬瑞辰《毛詩傳箋通釋》，北京：中華書局，1989年，第1068頁。

篇外,「昭假」在《詩》中還出現 4 次:《大雅・烝民》「天鑒有周,昭假于下」,《雲漢》「大夫君子,昭假無贏」,《魯頌・泮水》「允文允武,昭假烈祖」,《商頌・長發》「昭假遲遲,上帝是祗」。總結這些例子不難看出,「昭假」或者是神靈之降臨,或者是人之降神,總之是描述「人神之間的溝通」,因而毛、鄭將「昭」、「假」分開訓釋是錯誤的,戴震謂其爲「昭其誠敬以假於神,昭其明德以假天」也不夠準確。今人姜昆武云「按『昭假』一詞,依諸篇文義定之,皆言人神通感交往及神靈降臨,本爲古宗教意識中之專用成詞。……此一詞乃天神祖先與祭者上下皆互通用之詞」,十分準確〔註24〕。由於前文「噫嘻」爲降神,此處之「昭假」則爲「神靈降臨」無疑矣。

由此可見,「噫嘻成王,既昭假爾」反映的是請神的儀節,詩句本身就是「裸鬯」、呼請先王之靈時所唱的樂歌。因而,何楷、李山先生、馬銀琴認爲此詩爲康王時期之作是有根據的。但是,不得不強調的是詩篇的歌唱不是針對成王而是針對農官,成王不過是典禮的「見證者」而已。周康王在籍田典禮上請來成王之神,可能是以此顯示繼承祖宗、經營「天賦」之籍田之決心和用意,並以祖先神靈的旨意敦促農官和農夫,增加借民力籍田的神聖性和合法性。詩中三個「爾」字,既有呼告成王之神的語氣,又有命令農官「率領農夫」的語氣,還有敦促農夫完成耕作的語氣,統一這三種不同的語氣的就是作爲主祭者和籍田主人的周王的口吻:他因爲是先王的繼承人,天然而神聖地獲得籍田主人的身份,因而擁有發佈耕田命令的權力。這種介於神、民之間的「中間者」和「掌控者」的位置,正是《噫嘻》樂歌演唱的落腳點。因而,《噫嘻》就是在神靈面前發佈開耕的命令,只不過是在「裸鬯」的儀節上以樂歌的形式唱響罷了。

再看《臣工》。

　　嗟嗟臣工,敬爾在公。王釐爾成,來咨來茹。嗟嗟保介,維莫之春,

　　亦又何求?如何新畬?於皇來牟,將受厥明。明昭上帝,迄用康年。

　　命我眾人:庤乃錢鎛,奄觀銍艾。

《毛傳》云「《臣工》,諸侯助祭遣於廟也」,三家、鄭、孔等皆同之。其實,這個說法是將「敬爾在公」之「公」誤釋爲「君」(諸侯國君)的結果,詩篇所言的對象是「臣工」、「保介」,天子怎會稱諸侯爲「臣工」、「保介」呢?此說不確。詩中所言之事顯然係農事,指輪耕之田的「新」、「畬」,指小麥、大

〔註24〕姜昆武《詩書成詞考釋》,濟南:齊魯書社,1989 年,第 128～131 頁。

麥的「來牟」，表現祈求豐年、整理農具等內容，都表明這一點。因而朱熹說「此戒農官之詩」，且「皆爲籍田而言」，是符合詩篇內容的〔註25〕。這一觀點也得到了明代何楷、鄒肇敏、清代姚際恒、方玉潤等人的贊同。

從總體上看，《臣工》一詩與《噫嘻》無論在言說對象（針對農官）、言說內容（農事）還是在語詞（如「爾」）和風格上都非常相似〔註26〕。其實，它們乃用於同一典禮（即籍田）的樂歌。如果說《噫嘻》是籍田正禮前請來成王之神而對農官演奏的樂歌的話，那麼，《臣工》則是籍田之「耨」禮上對農官演奏的樂歌。

朱熹之後，學者們都贊同此詩爲籍田樂歌。但是，對於此歌演奏於籍田的何種儀節，有多種說法。清代魏源以其爲始耕儀式結束後「執爵勞酒受釐」於宗廟時所歌，林義光認爲是「耨時之監農」之樂歌，孫作雲認爲是「觀麥」樂歌，李山先生以爲係「徇農」、反爵勞酒於祖廟之樂歌，馬銀琴認爲係行耨禮時祈穀勸農、敕戒諸侯百官之辭〔註27〕。可見，除了魏源之外，學者們都看到此詩用於籍田開耕儀式之後、收穫之前的儀節，所謂耨禮、觀麥、徇農、勞酒等，其實說的是籍田的同一個禮節，即「耨禮徇農」。

《國語·周語上》云「王則大徇，耨獲亦如之」，也就是說籍田典禮不止於開耕儀式，名爲「徇農」的對庶民農事的監察一直要延續到除草耘作、收穫的季節〔註28〕。《呂氏春秋·孟夏紀》亦云「命野虞出行田原，勞農勸民，無或失時；命司徒循行縣鄙，命農勉作，無伏於都」，也說明徇農、戒農的活動確實發生於暮春、夏初之時。根據農事，暮春時節麥未成熟、黍稷新種，此時的農事自然主要是「耨」，即除草和耘作。詩篇的內容可以證明這一點：

首先，「維莫之春，亦又何求」已明言是季春時節。並且，「於皇來牟，將受厥明」，「來牟，麥也」（朱熹），表示將來時態的「將」字也說明麥子尚未成熟。這正是除草耘作的時候。

〔註25〕 朱熹《詩集傳》，南京：鳳凰出版社，2007年，第265頁。

〔註26〕 郭沫若說「這詩的年代不敢定，大約和《噫嘻》相差不遠，因爲風格相同，沒有韻腳。」參《郭沫若全集·歷史編》，人民出版社1982年，第407頁。

〔註27〕 參魏源《魏源全集·詩古微·周頌答問》，長沙：嶽麓書社，1989年，第727頁。林義光《詩經通解》，衣好軒刻本，第355頁。孫作雲《孫作雲文集·〈詩經〉研究》，開封：河南大學出版社，2003年，第435頁。李山《詩經析讀》，海口：南海出版社公司，2003年，第436頁。馬銀琴《兩周詩史》，北京：社會科學文獻出版社，2006年，第138頁。

〔註28〕 陳戍國《詩經芻議》，長沙：嶽麓書社，1997年，第208頁。

其次，「庤乃錢鎛，奄觀銍艾」一句也能表明這一點。先看看「錢鎛」爲何物。《毛傳》云「錢，銚」，《說文·金部》云「錢，銚也，古田器」，那麼這種田器幹什麼的呢？孔穎達《正義》云「宋仲子云：『銚，刈也』，然則銚，刈物之器也」〔註29〕，刈，割也，既然爲割物之器，也不是鎌（下文「銍」即鎌），自然就是割草之器無疑。「鎛」，《毛傳》云「鎒」，陸德明《釋文》云「鎒，乃豆反，或作耨，《呂氏春秋》云『耨，柄尺，此其度也，其耨六寸，以間稼也』，高誘注云『耨，所以耘田也，六寸所以如田間也』」，可見，所謂「鎛」就是除草田器，如《爾雅》所言「鎛，鋤類也，鎛，迫地去草」。由此證明，「錢鎛」都是除草農具。再看「庤」，《毛傳》云「具」，此訓不夠精確；《說文·廣部》云「庤，儲置屋下也」，《玉篇·廣部》「庤，儲也」，可見「庤」訓儲藏。所以，「庤乃錢鎛」意思是收起除草的農具。

承接「庤乃錢鎛」的動作的是「奄觀銍艾」。所謂「銍」，《毛傳》云「獲也」，說明它是一種收割時用的農具，《說文·金部》云「銍，獲禾短鎌也」，證明「銍」即收割時所用的短鎌；所謂「艾」，朱熹云「獲也」，其實與「銍」同訓，《說文·禾部》云「穫，刈禾也」，所以「艾」訓「刈禾」，實際上如馬瑞辰云「艾亦刈之假借」，又與「銍」並列，其實也是收割農具的名稱。另外，「奄」，鄭玄訓「久」，《方言》訓「遽也」，馬瑞辰云「奄爲久，又爲遽，義爲相反而相成，『奄觀銍艾』甚言收穫之速」〔註30〕；「觀」，鄭玄訓「多也」，是將其作爲「淹」來訓釋，改字解經，並不可取，其實「觀」以本義「視」訓即可。所以，「奄觀銍艾」意爲「很快就要看銍艾的了」，結合上文「庤乃錢鎛」，表明說話的時候乃耨耘結束、收割將至的時節。詩句中的「乃」（你們）即前之「眾人」，即《噫嘻》篇中的「農夫」，因爲只有他們才操持農具；那麼，命令農夫儲藏耨耘農具的自然是農官了。因而，從表現當下動作的「庤乃錢鎛，奄觀銍艾」一句可以看出，《臣工》一詩其實就是耨禮上爲告誡農官而演奏的樂歌。

換言之，《臣工》全詩內容旨在告誡農官。文中表示語氣和人稱的「爾」字指的就是農官「嗟嗟臣工，敬爾在公，王釐爾成，來咨來茹」，第一個「爾」就是上句之「臣工」，所謂「敬爾在公」，「公」既不訓「君」（《毛傳》），亦非訓「公家」（朱熹），而應訓「公田」〔註31〕，公田是農官的首要職務，因而

〔註29〕 李學勤《十三經注疏·毛詩正義》，北京：北京大學出版社，1999 年，第 1316 頁。
〔註30〕 馬瑞辰《毛詩傳箋通釋》，北京：中華書局，1989 年，第 1067 頁。
〔註31〕 孫作雲《孫作雲文集·〈詩經〉研究》，開封：河南大學出版社，2003 年，第

「敬爾在公」是告誡農官要恪盡職守，這是顯而易見的；第二個「爾」承前而言，周王所治理的政務自然是農官所掌之田事，因而亦指農官而言。不僅前兩個「爾」指的是農官，「保介」其實也是農官，鄭玄訓其爲「車右，勇力之士，被甲執兵」，源於《月令》「天子親載耒耜，措之參保介御之間」，這一訓釋是錯誤的，車右職責在於保護主將，它出現於農事和田間，顯然是不合邏輯的；其實，「保介之御」不是車右，而應爲田官，周王諸侯勸農，田官應爲前導，魏源引《韓詩外傳》云「保介當作保界，⋯⋯蓋遂人之職，保經界」〔註 32〕。所以，從「嗟嗟臣工，敬爾在公」至「如何新畬」是周王或者其代言人告誡農官，從「於皇來牟」至「奄觀銍艾」是農官回答周王。全詩呈現一種對話式的結構〔註 33〕，當爲耤禮中代表周王和代表農官的角色之間對唱的樂歌。

結　語

綜上對《噫嘻》《臣工》的考證可以發現，前者爲籍田中發佈開耕命令的樂歌，後者爲耤禮結束時告誡農官的樂歌。可見，詩篇正是制度化的農業禮典的一個組成部分。它們以一種歌唱和禮樂的方式，記載了周人第一個農業政典——籍田——的重要內容：這一典禮以一種象徵化的方式不僅將王朝的農業生產實踐包含其中，而且在廣袤的田野上建構了一個集合神靈、官員、農夫以及官方意志在內的公共空間。籍田就是這個公共空間的主題，而耤禮樂歌正是它的音響和氛圍。

第二節　報祭樂歌

引　言

《詩經》中的農事詩篇有《臣工》《噫嘻》《載芟》《良耜》《豐年》《楚茨》

〔註32〕 436 頁。
魏源《魏源全集·詩古微·周頌答問》，長沙：嶽麓書社，1989 年，第 727 頁。
〔註33〕 孫作雲將《臣工》一詩結構析爲「保介——成王、保介——成王」的兩次對話，其實臣工即保介，詩篇前三句均爲周王責問保介之語，後三句均爲保介回答周王之辭。《孫作雲文集·〈詩經〉研究》，開封：河南大學出版社，2003 年，第 436 頁。

《信南山》《甫田》《大田》《潛》《七月》。考察詩篇的內容發現，這些詩篇乃周人農業禮儀制度的產物。詩篇所反映的農業禮儀主要有三種，即耕耘耨獲時的籍田禮儀、收成時的報祭禮儀和嘗新禮儀。除了籍田典禮之外，最重要的就是報祭禮儀了。

一、報祭禮儀

籍田是周代最重要的農業典禮，然而，最能體現籍田的重要意義的並不是周天子所參與的開耕儀式，而是籍田收穫以後的報祭禮儀。籍田之所以重要，在於它是「神田」，本身是「上帝」賜予的（《呂氏春秋・上農》稱之為「帝籍田」、《禮記・月令》稱其廩為「神倉」），其收穫之物首先要敬獻神靈。《國語・周語上》云「王事唯農是務，……若是，乃能媚於神而和於民矣，則享祀時至而布施優裕也。」所謂「媚於神」即奉獻收穫之物，《禮記・祭義》云「是故昔者天子為籍千畝，冕而朱紘，躬秉耒……以事天地、山川、社稷、先古，以為醴酪齊盛，於是乎取之，敬之至也。」這種將籍田所獲獻祭於神靈之前的禮儀就是報祭。

那麼，報祭是一種什麼樣的禮典呢？《鄭箋・豐年》云「報者，謂嘗也、烝也」，這一說法是不夠準確的，「烝」、「嘗」還不足以涵蓋「報」的意義；《小雅・天保》曰「禴祠烝嘗，於公先王」，表明烝、嘗之祭還僅僅是報祭祖先而已。《國語・魯語上》「凡禘、郊、祖、宗、報，國之祀典也」，事實上，報祭乃是以收穫之物祭祀天地百神的禮儀活動；與「禘」、「郊」、「烝」、「嘗」等強調祭祀對象不同，它重在報恩，主要就是以收穫之物報答神靈，而對於作為農業民族的周人而言，收穫之物的主要來源自然是農業。

所以，報祭的對象除了祖先（《周頌・豐年》）之外，既包括天，即所謂「郊」，「郊之祭也，迎長日之至也，大報天而主日也」（《禮記・郊特牲》）；也包括社神（即土地之神）和四方神，《小雅・甫田》「以我齊明，與我犧羊，以社以方」，「唯社，丘乘共粢盛，所以報本反始也」（《禮記・郊特牲》）。當然，更為典型的是所謂「大蜡」，即在歲末報祭眾神，「國索鬼神而祭」（《周禮・黨正》），「古之君子，使之必報之」（《禮記・郊特牲》），其所祭神靈包括先嗇（神農）、司嗇（后稷）、農（田畯）、郵表畷（田間郵舍之神）、貓（貓神）、虎（虎神）、坊（水庫之神）、水庸（水渠之神）等諸神。

由此可見，報祭其實就是因農事有成而以收穫之物祭祀天地祖宗和農業

神靈。在周人看來，農業收成不僅僅是個人辛苦勞作的結果，更是天地百神的賜予，天地、祖先和四方神賦予了土地，賦予了風調雨順，農神賦予稼穡藝術，郵表畷、坊庸、貓虎則保證了莊稼的順利成長。所以，周人眼中的農業實踐並非僅僅是人的行爲，而是天地之間眾神參與的公共活動。因而，農業所得自然也不能據爲己有，而是要與諸神分享。報祭禮儀正是周人向諸神敬獻收成之「百種」的禮儀形式，它反映了周人向自然索取生活資料的農業觀念，體現了周代人與自然關係的觀念內涵〔註 34〕。因而，我們把報祭歸在農事禮儀的範疇之內。報祭既然是一種象徵化的禮儀形式，就必然有相應的音樂和歌詞，《詩》中保留的報祭樂歌就是例子。

　　《詩經》有不少農事詩，本文認爲它們大多數是報祭樂歌，計有《豐年》《載芟》《良耜》、《楚茨》《信南山》《甫田》《大田》八篇。李山先生說：

> 通觀《詩經》中農事詩中有關祭的描述，實分爲兩種。一種是祖宗宗廟之祭，如《小雅》中《楚茨》《信南山》及《周頌》中《豐年》《載芟》諸詩；一是答報社稷及其他有關諸神的報祭，如《小雅》中《甫田》、《大田》及《周頌·良耜》等。從排列看，祭祖在前，報賽在後。〔註35〕

這一論斷根據祭祀對象將《詩》中農事詩的祭祀行爲劃分爲兩類，即祭祖和報賽，是非常精闢的。但其實，這兩類祭祀都是報祭活動，所謂「報賽」自不待言，所謂「祭祖」不過是「報祭祖先」的別名而已，仍然係報祭樂歌。因爲《詩》中農事詩之祭祖之核心意義在於農業之「報」，這正是它們區別於《我將》《文王》等祭祖詩的地方。

　　所以，《詩》之《豐年》《載芟》《良耜》、《楚茨》《信南山》《甫田》《大田》七篇報祭樂歌根據報祭對象（神靈）的不同可以分爲兩類：一是報祭祖神，包括《豐年》《載芟》《楚茨》《信南山》；二是報祭其他眾神，如《良耜》《甫田》《大田》。下文析而論之。（另外，對於《七月》一詩，竊以爲乃豳地蠟祭所用的樂歌，由於其年代難定，本文暫略）

二、報祭祖先的樂歌

　　所謂「報祭祖先」，就是將農業收穫之物呈現於宗廟，通過祭祀報答祖先

〔註34〕李山《詩經的文化精神》，北京：東方出版社，1997 年，第 32 頁。
〔註35〕李山《詩經析讀》，海口：南海出版社公司，2003 年，第 452 頁。

神。《詩》之八篇報祭樂歌中，報祭祖先的佔了一半，其突出的分量反映了周
人一貫的對祭祖的重視。其實，周人著意於報祭祖先是他們自命爲農業民族
的必然結果；他們因農業收成而祭祖不僅具有報答神靈的意義，還具有發揚
自己民族精神、建構意識形態的政治意義〔註36〕。而「報祭」禮儀就是這些
觀念內容的最好載體。考察《詩》中的農事詩篇，本人認爲《豐年》《載芟》
《楚茨》《信南山》四篇即爲周王報祭先祖的樂歌，其中《豐年》《楚茨》與
《載芟》《信南山》兩組詩在內容上各有側重，以下分而述之。

1、因豐收而報祭祖先：《豐年》《楚茨》

　　《豐年》與《楚茨》是最典型的報祭祖先的樂歌。從詩篇內容看，二詩
都以農事活動和農業豐收開頭，然後進入報答祖宗的祭祖活動，這一起篇模
式正是報祭祖先禮儀的典型標誌。前者陳述了豐年報祭祖妣的禮儀活動，後
者則詳盡地記述了報祭祖先的具體儀節，二者合起來保存了周代報祭禮儀的
大部分內容。試分而考之：

　　先看《豐年》：

　　　　豐年多黍多稌，亦有高廩，萬億及秭。爲酒爲醴，烝畀祖妣。以洽
　　　　百禮，降福孔皆。

《小序》云「秋冬報也」，認爲詩篇係用於秋冬季節之報祭樂歌。所言「秋冬」，
是針對詩中「多黍多稌」而言——黍者，「禾屬而黏者也」（《說文·禾部》），
稌者，「稻也」（《毛傳》），二者都於秋冬成熟。所言「報」，乃針對詩中「爲
酒爲醴，烝畀祖妣」而言「烝」者，《小雅·天保》「禴祠烝嘗」，《毛傳》云
「冬日烝」，《楚茨》云「以往烝嘗」，《鄭箋》云「冬祭名」，《信南山》「是烝
是享」，《詩集傳》云「冬祭名」，可見烝係冬祭專名。

　　那麼，此祭的禮儀內容是什麼呢？從詩中看，「爲酒爲醴，烝畀祖妣」提
到了先祖先妣，「以洽百禮，降福孔皆」係祈福於神靈（祖宗），表明所謂「烝」
就是祭祖祈福之禮儀。這一點可從經傳中找到很多證據，《天保》「禴祠烝嘗，
於公先王」說的正是祭祖；《尚書·洛誥》云「王在新邑烝，祭歲，文王騂牛
一，武王騂牛一」，「烝」即祭文武；《左傳》襄十六年載晉君「烝於曲沃」，
杜注云「烝，冬祭也」，曲沃爲晉始祖廟所在地，所以「烝」也是祭祖之名。

〔註36〕 李山先生說「農耕事業對周人而言，就不再是單純的生業，也是政治。」《詩
　　　　經的文化精神》，北京：東方出版社，1997年，第39頁。

　　由此可見，「烝」即冬季祭祖之禮儀〔註37〕。當然，《豐年》之「烝」有其獨特之處，即它的祭祀目的是「報」，是因黍稷豐收而報祭祖先於宗廟。這就不同於《天保》中作為常規之祭的「烝」，也不同於《洛誥》中作為「新邑落成而祭祖」、襄十六年《左傳》中作為國君遭喪而祭祖的特祭。所以，此詩顯然是秋收以後報祭祖妣於宗廟時演奏的樂歌，其言辭樸質、音韻和諧，極有可能是一個報祭祖先典禮的開篇序曲。

　　明乎此，可以解決歷來對《豐年》祭祀對象的紛爭，《小序》言「報」而不言所報之神，是因為詩篇已經明示了而無需言說，正如《毛詩正義》所云「言烝畀祖妣，則是祭於宗廟也，但作者主美其報，故不言祀廟爾」。後世卻因此產生一些完全不同的看法：朱熹云「此秋冬報賽田事之樂歌，蓋祀田祖先農方社之屬也」，以為係報祭農神、社神和四方之神〔註38〕；蘇轍云「報謂秋祭四方，冬祭八蠟」，以為係祭四方和蠟祭百神〔註39〕；甚至認為係報祭上帝的，如王安石〔註40〕；還有人認為係「大饗」天地百神的（實即蠟祭），如曹粹中云「秋冬大饗，及祭四方八蠟，天地百神，無所不報，同歌是詩」〔註41〕。甚可怪的是，他們居然對詩中「烝畀祖妣」視而不見而多方揣測；細究之下，才發現他們的揣測均係由詩中「以洽百禮」一句而起。

　　「以洽百禮」亦出現於《小雅・賓之初筵》和《周頌・載芟》中，《箋》云「洽，合也」，「洽」《釋文》又作「祫」，「祫」本義為「合祭先祖親疏遠近」（《說文・示部》），這裡作為動詞亦當訓為「合」。所以，「以洽百禮」即「合於百禮」之義。何為「百禮」呢？《鄭箋・賓之初筵》云「天下諸侯所獻之禮」，這個說法是錯誤的，「以洽百禮」乃「烝衎烈祖」的延續動作，諸侯即使助祭，也與此無干，孔穎達反駁說：

　　　《載芟》文與此同，傳曰「百禮言多」，則是君所進祭祀之禮多，非諸國之所獻。百禮宜為所薦之酒食殽羞之百種也。毛以此詩正論燕樂之和，其言遂及先祖，皆非實祭之事，則「百禮既至」不得為諸

〔註37〕 此說今人已經認識到。參李山《詩經析讀》，海口：南海出版社公司，2003年，第439頁；馬銀琴《兩周詩史》，北京：社會科學文獻出版社，2006年，第122頁。
〔註38〕 朱熹《四書五經・詩經集傳》，北京：北京古籍出版社，1995年，第642頁。
〔註39〕 蘇轍《三蘇全書・經部・詩集傳》，北京：語文出版社，2001年，第550頁。
〔註40〕 方玉潤《詩經原始》，北京：中華書局，2006年，第604頁。
〔註41〕 同上。

侯，非百國之禮自外至也。〔註42〕

這個反駁是符合禮儀內容的。「百禮」當指整個祭祖禮儀中的種種具體儀節，所以才能「合」之，即《詩集傳・賓之初筵》所謂「百禮言其備也」，而決不能釋爲「多種禮儀」〔註43〕。可見，所謂「以洽百禮」乃稱頌祭祖禮儀豐滿完備，與其他禮儀無干；無獨有偶，《賓之初筵》、《豐年》、《載芟》三篇之「以洽百禮」均接續祭祖禮之後；無論是「烝衎烈祖，以洽百禮」，還是「烝畀祖妣，以洽百禮」，都進一步證明了上述對「百禮」的訓釋是正確的。然而，宋人正是將「百禮」理解爲「百種禮儀」的，如《詩集傳・載芟》云「可以供祭祀，備百禮」；又因爲此詩言豐年收穫之黍稷，所以他們便將農業百神悉數牽扯其中。這種說法顯然是不合詩篇實際的，周人收成而報祭，確實祭天地、四方、農神等諸神，但不在此詩所涵蓋的禮儀中。《豐年》一詩只是報祭祖先而已。

作爲《豐年》一詩報祭祖先之「百禮」的最好注腳的就是《小雅・楚茨》。李山先生說「此詩從敘事角度看，只是對某一次隆重祭祖儀式的描述，而不是行祭中的敬神樂歌。」〔註44〕這個論斷是精闢的，其實，這個「隆重的祭祖儀式」就是秋冬之報，就是《楚茨》所載的那個盛大的報祭祖先典禮。幸運的是，《楚茨》一詩爲我們保留了這個典禮的詳細儀節。

詩言：

> 楚楚者茨，言抽其棘，自昔何爲？我蓺黍稷。我黍與與，我稷翼翼。
> 我倉既盈，我庾維億。以爲酒食，以享以祀，以妥以侑，以介景福。
>
> 濟濟蹌蹌，絜爾牛羊，以往烝嘗。或剝或亨，或肆或將。祝祭于祊，
> 祀事孔明。先祖是皇，神保是饗。孝孫有慶，報以介福，萬壽無疆。
>
> 執爨踖踖，爲俎孔碩，或燔或炙。君婦莫莫，爲豆孔庶。爲賓爲客，
> 獻醻交錯。禮儀卒度，笑語卒獲。神保是格，報以介福，萬壽攸酢。
>
> 我孔熯矣，式禮莫愆。工祝致告，徂賚孝孫。苾芬孝祀，神嗜飲食。

〔註42〕《十三經注疏・毛詩正義》，上海：上海古籍出版社，1997年，第486頁。

〔註43〕馬銀琴以爲「百禮」可「與周公制禮之事相應」，並且以此作爲《豐年》作於周公成王之世的證據。此說本文不贊同。參《兩周詩史》，北京：社會科學文獻出版社，2006年，第122頁。

〔註44〕李山《詩經析讀》，海口：南海出版社公司，2003年，第310頁。

卜爾百福，如幾如式。既齊既稷，既匡既敕。永錫爾極，時萬時億。

禮儀既備，鍾鼓既戒，孝孫徂位，工祝致告，神具醉止，皇尸載起。

鼓鐘送尸，神保聿歸。諸宰君婦，廢徹不遲。諸父兄弟，備言燕私。

樂具入奏，以綏後祿。爾殽既將，莫怨具慶。既醉既飽，小大稽首。

神嗜飲食，使君壽考。孔惠孔時，維其盡之。子子孫孫，勿替引之。

《序》云「《楚茨》，刺幽王也，政繁賦重，田萊多荒，飢饉降喪，民卒流亡，祭祀不饗，故君子思古也。」這種說法顯然是錯誤的。《小序》把《楚茨》至《大田》四首視爲「思古」之作，乃以詩之編排順序解說詩義的結果。朱熹反駁說「此篇至《車舝》凡十篇，似出一手，詞氣和平，稱述詳雅，無風刺之意……而無一言以見其衰世之意也，竊恐正雅之篇有錯脫在此者耳，《序》皆失之。」〔註45〕這一反駁是非常有力的。既然此詩非衰世刺詩，而是盛世詩篇，那麼它的用途何在呢？

朱熹認爲「此詩述公卿有田祿者，力於農事，以奉其宗廟之祭」，以其爲公卿因田事而祭祖之詩〔註46〕。何楷認爲「此與《信南山》皆爲祭祀之詩，……《楚茨》，秋祫嘗之禮也」，並提出了詩中之禮數與禮書之《特牲饋食禮》、《少牢饋食禮》、《有司徹》所載卿大夫、士之祭禮不同，實爲天子祭祖之禮〔註47〕。明代以降，有人同意朱子，如魏源認爲此詩「廣陳祀事，明爲王畿公卿祭祀樂章，而通用於侯伯，刻補《儀禮》之未備」〔註48〕；有人追隨何楷，如姚際恒、方玉潤均認爲該詩是「王者嘗、烝以祭宗廟之詩」〔註49〕。雙方各行其是，其實，認識《楚茨》中的祭祀行爲的關鍵不是辨別主祭者的爵位等級，而是確定祭祀本身的性質。對於詩中之祭祖，前人如何楷、魏源等皆以嘗、烝即「宗廟四時祭」例之，這種判斷是有問題的。

本文認爲，此詩所載之祭禮與《豐年》相同，乃秋收之後報祭祖先於宗

〔註45〕 朱熹《朱子全書‧詩序辨說》第三冊，上海古籍出版社＆安徽教育出版社，2002年，第387頁。

〔註46〕 朱熹《詩集傳》，南京：鳳凰出版社，2007年，第178頁。

〔註47〕 何楷《詩經世本古義》，《影印文淵閣四庫全書》第81冊，臺北：臺灣商務印書館，1986年，第391頁。

〔註48〕 魏源《魏源全集‧詩古微‧變小雅幽王詩發微》，長沙：嶽麓書社，1989年，第349頁。

〔註49〕 姚際恒《詩經通論‧楚茨》，北京：中華書局，1958年，第231頁。方玉潤《詩經原始》，北京：中華書局，2006年，第431頁。

廟，與後世禮書所謂「四時祭」之「秋嘗」無關。顯然，第一章乃全詩的「詩眼」「楚楚者茨，言抽其棘」言耕耘，「我藝黍稷」言播種，「我黍與與，我稷翼翼」言莊稼長勢，「我倉既盈，我庾維億」即《豐年》之「豐年多黍多稌，亦有高廩，萬億及秭」言豐收，簡括了一年農業勞動的全過程。從第二章開始，詩篇談到了祭祀問題——「以為酒食，以享以祀」即「為酒為醴，烝畀祖妣」；顯然，之所以祭祖是因為農產豐收乃祖先保祐和賜予的結果。這是詩中祭祀行為發生的緣起，而以下五章無非是《豐年》中「以洽百禮」一句展開的結果罷了——二章言索神，三章言饗神，四章言工祝致告神意，五章言撤俎，六章言宴私。可見，全詩圍繞著神靈的來、饗、去的行程而成文，而神靈之來就是源於豐年有成的農事行為，這就使此詩與同樣描寫祭祖但源於重修禮樂的政治行為的《文王》《大明》《思齊》《皇矣》《生民》《公劉》不同〔註50〕，也與作為純粹宗廟獻歌的《清廟》《我將》《雝》等不同。

那麼，此詩用於報祭祖先典禮的何種禮節呢？李山先生認為此詩只是描述隆重的祭祖禮儀而不是敬神樂歌，這是對的；但禮儀用詩並非只有獻神儀節。《楚茨》全詩為第三人稱的敘述，《豐年》也是第三人稱的描述。後者為頌歌是沒有疑問的，上文指出它乃報祭禮典的序曲；較之後者的簡質，前者更為詳雅，它應當是正禮中某個儀節奏唱的頌歌。考之詩篇，從人稱看，詩中「我孔熯矣，式禮莫愆」之「我」與「我藝黍稷，我黍與與，我稷翼翼，我倉既盈，我庾維億」之「我」係同一身份的人，是誰呢？《箋》云「我，我孝孫也」，「我」與「孝孫」相連，表明「我」不是「孝孫」，而且不是「工祝」，而是參與祭禮的某些人員，他們目睹了降神、饗神、工祝致告、撤俎、宴私的全過程。再從詩篇二章言「報以介福，萬壽無疆」，三章又言「報以介福，萬壽攸酢」，末章以「子子孫孫，勿替引之」，這些言辭都表明文中的「我」指的是詩篇的歌唱者——樂工。至於祭禮用樂，詩中提及的有「送尸」撤俎和宴私兩個環節；另外，根據禮書記載，可能用樂的還有降神、侑尸和工祝致告的環節；但是，「鼓鐘送尸」和降神都有特定樂曲（《周禮·大司樂》載為《肆夏》和《九德》《九韶》），「工祝致告」文中已有歌詞，「侑尸」之時更不可能言及撤俎、宴私等禮節。所以，此詩作為樂歌只能演奏於「樂具入奏」的宴私儀節中。當神靈離去、殽酒具備的時候，諸父兄弟即同姓之人入席宴樂，此時樂工唱響詩篇，將一天來的禮儀活動娓娓唱來，對宴樂的人們起到

〔註50〕李山《詩經文學史》，即將出版。先生課上表達過這樣的觀點，不敢攘美。

勸侑、總結和警醒的作用。

秋冬報祭祖先，這就是《楚茨》中所描述的祭禮的性質。從鄭玄開始，古人好將秋冬報祭牽合於《禮書》所言宗廟「四時祭」之秋嘗、冬烝。《小雅・天保》「禴祠烝嘗，於公先王」，《毛傳》云「春曰祠，夏曰禴，秋曰嘗，冬曰烝」；《爾雅・釋天》亦云「春祭曰祠，夏祭曰礿，秋祭曰嘗，冬祭曰烝」〔註51〕；《周禮・春官・大宗伯》云「以祠春享先王，以礿夏享先王，以嘗秋享先王，以烝冬享先王」；《禮記・王制》則載「天子、諸侯宗廟之祭：春曰礿，夏曰禘，秋曰嘗，冬曰烝」，與上述文獻稍異，鄭玄認為這是「夏殷之祭名」因而不同。這就是禮書以及漢人眼中的「宗廟四時祭」。其實，這種整齊劃一的四時祭祖禮乃秦漢以降的禮學家們整理出來的，宗廟固然四時有祭，卻是因各個季節的收穫之物而獻之於祖先。據《呂氏春秋》和《禮記・月令》所載，古人幾乎一年之中月月有獻於宗廟，正是因季節收成而行，並且也未整齊劃一。考之西周金文和《左傳》，有禴、烝、嘗而無祠，而且禴、烝、嘗的時間並不一定落實於四季，而是參差不齊〔註52〕。另外，《天保》和《釋天》之「祠、禴、嘗、烝」之名其實僅是四個祭名而已，難以分屬四季〔註53〕；毛氏和《釋天》的論述可能就是根據秦漢禮家的劃分而作的。由此可見，所謂秋嘗、冬烝的劃分本不足為憑，像何楷將《楚茨》作為「秋祫嘗」的詩篇自然也就找錯了禮儀依據。

另外，既然《楚茨》與《豐年》同為報祭祖先的樂歌，那麼《楚茨》中的主祭者似以「王者」說為勝，因為《豐年》係周天子報祭先公先王先妣的樂歌，而《豐年》與《楚茨》在祭禮淵源上又如此相似。其次，「公侯」說的根據是《楚茨》等詩屬於《小雅》之部，認為王者之詩不當在《小雅》〔註54〕，這種囿於《詩》之分部的說法如今已經不攻自破。其實，如上所述，朱子已經指出《楚茨》等詩本來即《大雅》之詩，這實際上已經駁倒了「公侯」說；

〔註51〕 李學勤《十三經注疏・爾雅注疏》，北京：北京大學出版社，1999 年，第 180頁。

〔註52〕 詹鄞鑫《神靈與祭祀》，南京：江蘇古籍出版社，2000 年，第 340 頁。

〔註53〕 沈文倬《宗周禮樂文明考論》，杭州：浙江大學出版社，1999 年，第 85 頁。

〔註54〕 魏源說「天子祭祀之詩，非列於《頌》，即列於《大雅》，《小雅》從無王祭之詩。《楚茨》《信南山》二篇，廣陳祀事，明為王畿公卿祭祀樂章，而通用於侯伯，刻補《儀禮》之未備。」《魏源全集・詩古微・變小雅幽王詩發微》，長沙：嶽麓書社，1989 年，第 346 頁。

即使不以詩篇錯簡爲據，也有證據表明詩篇所載爲王者之禮。首先，《甫田》《大田》中的「甫田」、「大田」、「南畝」實即周天子的籍田，《楚茨》所言「我藝黍稷」也指籍田耕作，「我倉既盈，我庾維億」說的是籍田東南之廩倉（《國語‧周語上》）存儲豐碩，正是《甫田》「我取其陳，食我農人」的言外之意。其次，《楚茨》中的主祭者稱「孝孫」，實即《信南山》、《甫田》之「曾孫」。那麼，孝孫、曾孫指誰呢？《毛傳‧信南山》云「曾孫，成王也」，認爲是周天子。《禮記‧郊特牲》云「祭稱孝孫孝子，以其義稱也，稱曾孫某，謂國家也」，鄭玄認爲「曾孫」指「事五世廟」、有國之諸侯，這一說法並不準確，考《左傳》，哀二年有「曾孫蒯聵」，可見大夫亦可自稱曾孫。儘管文獻中「曾孫」可爲天子、諸侯、大夫乃至於所有祭祀者自稱，如《鄭箋‧維天之命》云「自孫之子而下，事先祖皆稱曾孫」，但這顯然是後來的情況。考諸西周之詩，則「曾孫」爲周王自稱之專名：《周頌‧維天之命》「駿惠我文王，曾孫篤之」，《大雅‧行葦》「曾孫維主，酒醴維醹」，其中之「曾孫」係周王無疑；另外，《信南山》、《甫田》「曾孫」亦爲周王，因爲作爲「甫田」、「大田」之擁有者自然是周王無疑。總而言之，種種迹象表明，《楚茨》一詩的主祭者是周王，此詩當爲周王報祭祖宗的樂歌。

2、因耕耘而報祭祖先：《載芟》《信南山》

《豐年》《楚茨》之報祭祖先源於秋冬之豐收，從內容上看則重在描述報祭的行爲本身以及禮儀的具體儀節。《詩》中的《載芟》和《信南山》同樣也是報祭祖先的樂歌，但它們稍有不同：其報祭源於籍田之耕作，內容上偏於對農業生產過程的描繪。以下試論證之。

先看《載芟》：

> 載芟載柞，其耕澤澤。千耦其耘，徂隰徂畛。侯主侯伯，侯亞侯旅，
> 侯彊侯以。有嗿其饁，思媚其婦，有依其士。有略其耜，俶載南畝，
> 播厥百穀。實函斯活，驛驛其達。有厭其傑，厭厭其苗，緜緜其麃。
> 載穫濟濟，有實其積，萬億及秭。爲酒爲醴，烝畀祖妣，以洽百禮。
> 有飶其香。邦家之光。有椒其馨，胡考之寧。匪且有且，匪今斯今，
> 振古如茲。

《小序》云「《載芟》，春籍田而祈社稷也」，認爲此詩爲籍田典禮中祭社的樂歌。此說源自於《呂氏春秋》和《禮記‧月令》中孟春「擇元日，命民社」的記載，但考之《國語‧周語上》和金文資料有關籍田禮的記載，不見有祭

社的內容,且詩中並無祭社的證據,所以「祭社」的說法是不符合實際的。
但是,詩中確實有「籍田」的內容,如「千耦其耘,徂隰徂畛」情形不正是
《噫嘻》篇之「十千為耦」的情形嗎?「侯主侯伯,侯亞侯旅,侯彊侯以」
不正是《周語》中「王耕一墢,班三之」和《呂氏春秋》中「天子三推,三
公五推,卿諸侯大夫九推」的另一種形容嗎〔註55〕?可見,詩篇從開頭至「侯
彊侯以」歌唱的正是籍田之開耕儀式的情景。其次,「有饁其饁,思媚其婦」
說的就是「饁禮」,即籍田中「陳饗」的環節。從這兩點可以看出,《載芟》確
實包含籍田的內容。

但是,此詩內容顯然不僅僅只有籍田,那種將其視為「籍農樂歌」的看
法也是錯誤的〔註56〕,因為此說對於詩篇後半部分所表現的豐收和報祖將難
以解釋。詩篇後半部分還描述了禾苗的發芽、生長和良好的長勢,「實函斯活,
驛驛其達。有厭其傑,厭厭其苗,緜緜其麃」;以及豐收,「載穫濟濟,有實
其積,萬億及秭」。除此之外,詩中還有對祭祖行為以及祖先享受祀品的歌唱
「為酒為醴,烝畀祖妣,以洽百禮。有飶其香,邦家之光。有椒其馨,胡考
之寧」。這些內容讀起來是那樣的熟悉,因為它們與《豐年》和《楚茨》的第
一章如出一轍,都包括「播種黍稷 → 長勢良好 → 豐收 → 準備酒醴 → 祭祖祈
福」的內容和結構,甚至於語詞和風格都幾乎一模一樣。由此可以推論,《載
芟》的後半部分描述的就是報祭祖先的內容,詩中的「烝畀祖妣,以洽百禮」
已經直接表明了這一點。大多數學者也認可這一點,朱熹說「此詩未詳所用,
然辭意與《豐年》相似,其用應亦不殊」〔註57〕,姚際恒亦云「大抵此篇與
下《良耜》相似,皆有報意,無祈意」〔註58〕,而《豐年》正是報祭祖先的
典型樂章。

作為報祭祖先的樂歌,《載芟》的特點就在於將從籍田開始的農事活動悉
數納入詩篇的歌唱之中。王宗石說「從天子百官參加耤田、耕地播種起,寫
到禾苗成熟,豐收祀祖,是全年的農事過程。」〔註59〕祭祖為什麼要言及全
年農事呢?這與《楚茨》將籍田、耕種、豐收納入歌唱的道理是一樣的,因

〔註55〕 姚小歐亦持此見解。參《〈周頌·載芟〉與周代禮樂制度》,《河南大學學報》,
2000 年第 4 期,第 47~51 頁。

〔註56〕 今人馬銀琴持此見解。參《兩周詩史》,北京:社會科學文獻出版社,2006
年,第 209 頁。

〔註57〕 朱熹《四書五經·詩經集傳》,北京:北京古籍出版社,1995 年,第 645 頁。

〔註58〕 姚際恒《詩經通論·楚茨》,北京:中華書局,1958 年,第 247 頁。

〔註59〕 王宗石《詩經分類詮釋》,長沙:湖南教育出版社,1993 年,第 956 頁。

爲這裡的祭祖不是政事性的祭祖，也不是昏、喪等特殊性的祭祖，而是農事性的祭祖，即「報祭」的一種。《國語·周語上》曰「夫民之大事在農，上帝之粢盛於是乎出」，《禮記·祭統》云「天子親耕於南郊，以供齋盛」，《周禮·甸師》云「甸師掌率其屬，而耕耨王籍，以時入之，以供粢盛」，可見，在周人看來，天子之籍田（在南郊）乃是提供神靈之「粢盛」的合法來源，籍田之耕作首先是基於神意，因而展現籍田耕作的勤謹、虔敬和順利，也就成爲他們在祭禮中「媚神」的內容之一。這就是我們在報祭祖先樂歌中所看到的表現籍田耕作過程的內容的歷史背景。

有人不理解籍禮（農事）→報祭（祖先）之間的文化關聯，反而否認籍田的內容，進而也就難以認識《載芟》所反映的禮儀的性質。姚際恒說「今按詩無耕籍事」，方玉潤亦云「不必定耕籍耳」，他們通過否認耕籍來肯定報祭，卻不知二者正統一於詩篇之內。其次，還有人將此詩作爲秋冬之宗廟嘗新禮的樂歌，元代劉公瑾云「秋成之祭，薦新於宗廟而歌此」〔註60〕，今人高亨亦曰「周王在秋收以後，用新穀祭祀宗廟時所唱的樂歌」〔註61〕。所謂「薦新」、「嘗新」之禮，看似契合詩篇內容，其實不然，詩中雖言收穫，卻沒有歌唱獻禾，而是「爲酒爲醴」以祭祀祖宗，它重在報答祖先而已，並無嘗新之意，「薦新」係想當然而已。

除了「薦新」說外，還有許多學者認爲《載芟》爲蠟祭樂歌。此說明代何楷創之，他認爲《載芟》乃「公劉蠟祭詩」，是「孟冬臘先祖、五祀，以禮屬民，飲酒正其齒位」的禮儀中所用的樂歌〔註62〕，清代魏源和之。此說實本於《呂氏春秋》和《禮記·月令》孟冬「大割、祠於公社及門閭，饗先祖五祀，勞農夫以休息之」，以及《周禮·黨正》「國索鬼神而祭祀，則以禮屬民而飲酒於序，以正齒位」的記載。從詩篇內容看，他認爲「有實其積」即「孟冬謹蓋藏」，「烝畀祖妣」即「蠟祭先祖」，「胡考之寧」即「養老而正齒位」。其實，這一說法似是而非。首先，「有實其積」指的是秋季收穫而積禾於籍田東南之廩倉（「神倉」），而「烝畀祖妣」之祭祖爲蠟祭內容之一，這在詩中並沒有體現。且，如詩表現的是蠟祭，則祭祀對象應有百神，但詩中並

〔註60〕何楷《詩經世本古義》，《影印文淵閣四庫全書》第81冊，臺北：臺灣商務印書館，1986年，第55頁。

〔註61〕高亨《詩經今注》，上海：上海古籍出版社，1980年，第501頁。

〔註62〕何楷《詩經世本古義》，《影印文淵閣四庫全書》第81冊，臺北：臺灣商務印書館，1986年，第52頁。

無蹤迹。另外,「胡考之寧」係對祖先因享祀而安寧的描述,因爲「有椒有馨」乃敬神之芳物(即前文之「酒醴」),唯有神靈能受之。可見,何氏所列之文本證據是不能成立的,自然他的結論也是不能成立的。總而言之,對於《載芟》作意,無論是「薦新」還是「蠟祭」,都沒有認清詩中祭祀行爲與農事描述的關係,而這恰恰就是報祭禮發生的根源。

那麼,此詩用於報祭祖先典禮的何種儀節呢?詩曰「匪且有且,匪今斯今,振古如茲」,其中的「今」就是典禮舉行的時候;而且,「胡考之寧」之「胡考」又係對祖先的尊稱,《雝》之「既右烈考」、《載見》之「昭考」即爲同例。由此可以判斷《載芟》爲報祭祖先時的獻神樂歌。

再看《信南山》。此詩作爲報祭樂歌,也體現了籍田耕耘全過程與報祭祖先的深刻關聯。

詩曰:

> 信彼南山,維禹甸之。畇畇原隰,曾孫田之。我疆我理,南東其畝。
>
> 上天同雲。雨雪雰雰,益之以霡霂。既優既渥,既沾既足。生我百穀。
>
> 疆埸翼翼,黍稷彧彧。曾孫之穡,以爲酒食。畀我尸賓,壽考萬年。
>
> 中田有廬,疆埸有瓜。是剝是菹,獻之皇祖。曾孫壽考,受天之祜。
>
> 祭以清酒,從以騂牡,享于祖考。執其鸞刀,以啓其毛,取其血膋。
>
> 是烝是享,苾苾芬芬。祀事孔明,先祖是皇。報以介福。萬壽無疆。

《小序》云「刺幽王也」,其誤與《楚茨》同。朱熹說「此詩大指與《楚茨》略同」,這是正確的[註63],它們同爲報祭祖先的樂歌;詩篇中心在於「曾孫之穡,以爲酒食。畀我尸賓,壽考萬年」兩句,而此二句正與《楚茨》「我倉既盈,我庾維億。以爲酒食,以享以祀」同,與《載芟》「載穫濟濟……爲酒爲醴,烝畀祖妣」同,即描述以農田收穫祭祀祖先的禮儀行爲(報祭)。由此,詩篇前半部分重在描寫農事,後半部分則著重於描寫祭祖。顯然,前後兩個內容並非出於同一時空,詩篇所反映的當是祭祖行爲,而農事過程乃祭祖之中由「供品」(黍稷瓜果)而引發的對全年耕作的追想。所以,全詩所反映的禮儀活動雖然是祭祖,但其實它的重心在祭祖的「禮物」上,即「禮物」的形成以及人們在這個過程付出的勞動。

〔註63〕朱熹《詩集傳》,南京:鳳凰出版社,2007年,第180頁。

　　從詩篇內容看，敬獻祖先的「禮物」重點在於黍稷瓜果，而它們乃是籍田勞作的產物，「畇畇原隰，曾孫田之」，這裡「曾孫」一詞表明了田畝與祖先的內在關聯，即曾孫繼承祖先之田。「我疆我理，南東其畝」，描述了人們在「曾孫」的帶領下對田畝的耕耘。當然，黍稷瓜果的生長不光需要耕耘，還得仰仗風調雨順，所謂「雨雪雰雰，益之以霢霂。既優既渥，既沾既足」，而這乃是自然神靈的恩賜。可見，周人認爲豐收乃是在曾孫的帶領下、眾神參與的結果，因而豐收之後必然要獻祭於神靈之前。所以，詩篇繼之表現報祭祖先的內容：備好酒物、降神、迎牲、割牲、饗神、祈福。可見，《信南山》從內容到結構都體現了報祭祖先樂歌的典型特徵。當然，與《載芟》不同的是，《信南山》更加詳細地描述了祭祖的過程，其中祼享和用牲的儀節尤其詳備。

　　那麼，此詩用於報祭祖先典禮的何種儀節呢？詩中出現了「曾孫」、「先祖」、「皇祖」的稱呼和「我」的口吻，說明詩篇不是以「曾孫」即主祭者的口吻歌唱，因而自然不是獻神樂歌。另外，詩末章以「祀事孔明，先祖是皇。報以介福，萬壽無疆」結束，卒章顯志，這實際上說明了祭祀儀節截止時候的情形；而反觀《楚茨》也有類似的內容「祀事孔明，先祖是皇。神保是饗，孝孫有慶。報以介福，萬壽無疆」，而且更重要的是它提供了這一內容乃發生於「祝祭于祊」的信息，這無疑爲確定《信南山》所用儀節指明了方向。「祝祭于祊」，《箋》云「孝子不知神之所在，故使祝博求之平生門內之房、待賓客之處」，儘管人們對「祭于祊」的地點還有不同意見（門內或廟門外），但是所謂「祝祭于祊」即《禮記·郊特牲》「索祭祝於祊」之「索祭」，也即請神和招魂的儀節，這一點是毫無疑問的〔註64〕。從《楚茨》看，「索祭」是在備好祭品、「絜爾牛羊」（處理好犧牲）之後的儀節，這與《信南山》所表現的祭祖內容是一致的；並且，「祝祭于祊」之前曰「以往烝嘗」，而《信南山》末章即說「是烝是享」，「是」表當下活動，由此可以肯定《信南山》所描寫的禮儀正是「祝祭于祊」的內容，詩篇就是報祭祖先典禮中降神（「索祭」）儀節所唱的樂歌。

　　如上所述，《豐年》《楚茨》《載芟》《信南山》均爲報祭祖先的樂歌。《豐年》《楚茨》偏重於祭祀行爲，《載芟》《信南山》則偏重於農事過程。其中，

―――――――――――――
〔註64〕李學勤《十三經注疏·毛詩正義》，北京：北京大學出版社，1999年，第814頁。

《豐年》係報祭祖先大典的序曲，《信南山》爲「索祭」即降神樂歌，《載芟》爲獻神樂歌，《楚茨》爲報祭祖先的宴私樂歌。它們各自用於報祭祖先典禮的不同環節。

三、報祭其他諸神的樂歌

《詩》中的報祭樂歌除了分量最重的「報祖」樂歌之外，還有一些詩篇用於報祭天地諸神之禮，即《良耜》《甫田》《大田》。其中，《良耜》是報祭社神的樂歌，《甫田》《大田》是報祭田祖、天地四方之神的樂歌。以下試分而證之：

先看《良耜》：

> 畟畟良耜，俶載南畝。播厥百穀，實函斯活。或來瞻女，載筐及莒，
> 其饟伊黍。其笠伊糾，其鎛斯趙，以薅茶蓼。茶蓼朽止，黍稷茂止。
> 穫之挃挃，積之栗栗。其崇如墉，其比如櫛。以開百室，百室盈止，
> 婦子寧止。殺時犉牡，有捄其角。以似以續，續古之人。

《良耜》作爲祭祀社稷的樂歌歷來沒有異義。《小序》云「《良耜》，秋報社稷也」，首先提出此詩爲祭社稷之樂歌，並得到後人的廣泛贊同。詩中的祭祀對象之所以爲「社稷」，係從「殺時犉牡」一語得出。「殺時犉牡」說的是祭禮之「牲」，《毛傳》曰「黃牛黑脣曰犉」，所謂「犉牡」就是黃毛黑脣的公牛，而這據說是「陰祀」所用之牲，《周禮‧地官‧牧人》曰「凡陰祀，用黝牲毛之」。何爲「陰祀」呢？陽爲天、陰爲地，《禮記‧郊特牲》云「社祭土而主陰氣也」，《周禮‧牧人》鄭玄注云「陰祀，祭地北郊及社稷也」，可見陰祀乃祭土地，即社祭。

《毛傳》由此認爲「犉牡」即「社稷之牛」，因而詩篇中祭祀的也就是社神（土地之神）了。《禮記‧王制》曰「天子社稷皆大牢，諸侯社稷皆少牢」，《郊特牲》曰「郊特牲，而社稷大牢」，天子祭社確實有牛；但是，細心的人會發現所謂「黃牛黑脣」之「犉牡」係黃毛公牛，如何會是「黝牲」呢？對此，孔穎達說「然則社稷用黝，牛色以黑，而用黃者，蓋正禮用黝，至於報功，以社是土神，故用黃色，仍用黑脣也」〔註65〕，意謂此禮非祭社之正禮，又用牲有別，且以牲之毛色代表土地之色。後世學者認同此說，明代有姓曹之人曰「古人享其人，必思其所自，以爲『百室盈止，婦子寧止』者，社稷

〔註65〕同上，第1364頁。

之功，故於是而報焉；地之色以黑爲正，以黃爲美，故陰祀用黝牲，正其義也，社稷用牡，美其功也」〔註66〕，認爲黃黑之色正代表土地之色。其實，這些說法多懸想揣測之辭，即使以後世禮書例之尚不具有說服力，更何況周代禮制還未必如禮書所載的那樣，馬瑞辰就不贊同這些說法而認爲「犉牡」只是「廣牡」之意罷了〔註67〕。

實際上，根據《大田》「以我齊明，與我犧羊，以社以方」可知，祭社之牲用純色牛（犧）和羊，可惜所謂「犧」係牛之通稱，已經無法知道爲何種毛物之牛了。但是，「殺時犉牡，有捄其角」所反映的肯定不是祭祖，《信南山》曰「祭以清酒，從以騂牡。享于祖考，執其鸞刀」，明明白白交代了祭祖所用之牲乃「騂牡」，即赤色公牛；又《大田》曰「來方禋祀，以其騂黑」，又交代當時祭天、祭四方神乃用赤、黑之牲。總結起來，所謂「犉牡」並非祭天、四方以及祖宗的犧牲。因而，最有可能的是祭社稷。《良耜》爲祭社樂歌，可由詩篇內容獲得證明。全詩依次描述了於南畝耕耘、播種、陳饗、除草、豐收以及倉廩豐實、婦子安寧，可見此詩乃因農事之成、報答神靈而歌唱的，再結合《大田》中祭社的記載，土地之神作爲本詩報禮的對象是順理成章的。

由以上論述可以發現，《良耜》所表現的祭社稷乃是秋收之後報祭眾神的一個方面。高亨說「這篇是周王在秋收以後，用新穀祭祀社（土神）稷（谷神）時所唱的樂歌」〔註68〕，詩中所陳之祭社當在作物收成以後，這是毫無疑問的，「獲之挃挃，積之栗栗。其崇如墉，其比如櫛」說的不就是豐收而穀物盈倉嗎？不然，如何能夠「百室盈止，婦子寧止」「殺時犉牡，有捄其角」呢？詩末句所言「續古之人」，續的自然是這樣一個農事的全過程。因而，那種將此詩視爲「蠟祭」樂歌的觀點是有一定道理的，如何楷云「《良耜》，蠟祭報社也」；而另外有一些學者認爲詩篇爲收穫之前歌唱，如朱熹說「詩篇未見其有祈報之意」〔註69〕，方玉潤亦云「當秋祭而預言多獲」〔註70〕，則是不顧詩篇實際的。總而言之，《良耜》乃秋收之後報祭社神之樂歌。並且，從

〔註66〕何楷《詩經世本古義》，《影印文淵閣四庫全書》第81冊，臺北：臺灣商務印書館，1986年，第52頁。
〔註67〕馬瑞辰《毛詩傳箋通釋》，北京：中華書局，1989年，第1110頁。
〔註68〕高亨《詩經今注》，上海：上海古籍出版社，1980年，第502頁。
〔註69〕朱熹《詩集傳》，南京：鳳凰出版社，2007年，第274頁。
〔註70〕方玉潤《詩經原始》，北京：中華書局，2006年，第619頁。

詩中的口吻來看，其曰「以似以續，續古之人」，與《載芟》「振古如茲」同，它的應用禮節亦當相同，爲祭社的獻神樂歌。

另外，不得不提的是《良耜》與報祭祖先的《載芟》的相似性。王宗石認爲《良耜》「和《載芟》可爲姊妹篇」〔註71〕，李山先生也說「從風格、用語看，當與《載芟》爲同一時期的詩」〔註72〕。確實，二詩雖然用於不同的祭禮，但是無論是內容、結構還是語詞風格都非常相似。這種相似性就源於它們同屬於「報祭樂歌」，即用於因農事有成而報祭神靈的禮儀活動；所以，在詩篇中，二者的禮儀描述雖然不一致，但作爲核心內容的農事過程的描繪卻如出一轍。這讓人不禁聯想，這兩首詩係同一時節同一個系列禮典所用的詩篇。

再看《大田》。《良耜》爲收成以後報祭社稷的樂歌，《大田》與此類似，不過它報祭的對象是「方」（四方神）。

詩曰：

大田多稼，既種既戒，既備乃事。以我覃耜，俶載南畝。播厥百穀，既庭且碩，曾孫是若。

既方既皁，既堅既好，不稂不莠。去其螟螣，及其蟊賊，無害我田穉。田祖有神，秉畀炎火。

有渰萋萋，興雨祁祁。雨我公田，遂及我私。彼有不穫穉，此有不斂穧，彼有遺秉，此有滯穗，伊寡婦之利。

曾孫來止，以其婦子。饁彼南畝，田畯至喜。來方禋祀，以其騂黑，與其黍稷。以享以祀，以介景福。

對於此詩的作意，《序》云「刺幽王也」，朱熹云「農夫之詞，以頌美其上」〔註73〕，他們的說法顯然是牽強附會的。明代何楷說「《大田》，《豳雅》也，豳侯秋省斂因而報祭於方也」〔註74〕，詩是否爲《豳雅》暫且不論，但作爲「報祭於方」的樂章則是符合詩篇實際的，姚際恒曰「此王者西成省斂也」〔註75〕，魏源說「公侯秋省斂，因報祭於方也」〔註76〕，今人陳子展亦云

〔註71〕 王宗石《詩經分類詮釋》，長沙：湖南教育出版社，1993年，第960頁。
〔註72〕 李山《詩經析讀》，海口：南海出版社公司，2003年，第453頁。
〔註73〕 朱熹《詩集傳》，南京：鳳凰出版社，2007年，第183頁。
〔註74〕 何楷《詩經世本古義》，《影印文淵閣四庫全書》第81冊，臺北：臺灣商務印書館，1986年，第44頁。
〔註75〕 姚際恒《詩經通論》，北京：中華書局，1958年，第235頁。
〔註76〕 魏源《魏源全集·詩古微》，長沙：嶽麓書社，1989年，第360頁。

「此王者祈年報賽而祭祀田祖之樂歌」〔註 77〕，均認同何氏的看法。本文認爲，「報祭於方」確實揭示了《大田》的禮儀背景，試考證如下。

從內容上看，詩的主體部分仍然是農事過程：一章言耕耘和播種，二章言作物生長和除蟲害，三章雨水潤田、豐收後寡婦拾穗，四章言送飯和祭祀。新出土的《孔子詩論》第二十五簡曰「《大田》之卒章，知言而有禮」，道出了詩之末章交代禮儀背景的事實〔註 78〕。其曰「來方禋祀，以其騂黑，與其黍稷」，其中「來方禋祀」已經表明詩篇所用的禮儀場合。

首先，「方」當與祭祀相聯繫的時候指的是祭四方，這是沒有疑義的，《甫田》「以社以方」，《大雅·雲漢》「方社不莫」都證明了這一點。那麼所謂「禋祀」指的是什麼意思呢？《大雅·生民》曰「克禋克祀」，《毛傳》云「禋，敬。」《周頌·維清》曰「肇禋」，《毛傳》曰「禋，祀也」，「禋」即「敬祀」之義。《雲漢》曰「不殄禋祀，自郊徂宮」，鄭玄訓爲「潔祀」，與此是相同的。可見，參照詩篇本文，即可知道「禋祀」爲「虔誠、潔敬地祭祀」的意思。其實，其他文獻亦可證明這一點，《說文·示部》云「禋，潔祀也，一曰精意以享爲禋」，《書·舜典》「禋於六宗」，《釋文》云「禋，潔祀也」，桓六年《左傳》「以致其禋祀」，杜注云「禋，潔祀也」；等等，都表明了「禋」之本義就是「潔祀」。由此可見，所謂「來方禋祀」就是虔敬地祭祀「方」神。因此，那種認爲此處「禋祀」即祭天的看法是錯誤的，祭天乃「禋祀」的引申義之一而已〔註 79〕。

不僅如此，還可以從「以其騂黑，與其黍稷」推斷此「方」乃是秋收之後的報祭。顯然，用以「享祀」之「黍稷」不能是陳年舊糧，而是新收之穀物；另外，上文「彼有不獲稚，此有不斂穧」所描寫的是秋季收斂的情景。據此，詩篇乃用於秋收之後報祭於「方」神的樂歌。所以，何楷認爲詩篇係「省斂」之後「報祭於方」的看法是正確的。而詩中對收斂之前的描寫，如耕耘、播種、除蟲害等等，其實乃是祭禮中的追述，這是報祭樂歌的典型結構，《載芟》、《良耜》、《信南山》等詩均是如此。因此，認爲詩篇係「祭田祖而祈年」的看法其實並沒有抓住詩篇的實質〔註 80〕。

〔註 77〕陳子展《詩經直解》，上海：復旦大學出版社，1983 年，第 773 頁。

〔註 78〕馬承源：《上海博物館藏戰國楚竹書》（一），上海：上海古籍出版社，2001 年，第 121 頁。

〔註 79〕宗福邦、陳世鐃、蕭海波《故訓彙纂》，北京：商務印書館，2003 年，第 1608 頁。

〔註 80〕程俊英、蔣見元《詩經注析》，北京：中華書局，1991 年，第 672 頁。

那麼，《大田》用於祭社的何種禮節呢？詩云「以享以祀、以介景福」，在「以其騂黑，與其黍稷」之後，當為裸享、進獻犧牲粢盛之後的事。《大雅·旱麓》曰「清酒既載，騂牡既備。以享以祀，以介景福」，《周頌·潛》亦云「有鱣有鮪，鰷鱨鰋鯉。以享以祀，以介景福」；《旱麓》歌唱「豈弟君子」，《潛》為周王獻魚，可見它們都是第三人臣的歌唱，因而自然不是主祭者的獻神樂歌而是作為助祭人員的樂工的歌辭。據此可以推知，《大田》當為主祭者（周王）饗神時樂工所唱的樂歌。

最後看《甫田》。本文認為此詩與《良耜》、《大田》一樣，是秋收以後報祭於農業諸神的樂歌。

詩曰：

> 倬彼甫田，歲取十千。我取其陳，食我農人。自古有年。今適南畝，
> 或耘或耔。黍稷薿薿，攸介攸止，烝我髦士。
>
> 以我齊明，與我犧羊，以社以方。我田既臧，農夫之慶。琴瑟擊鼓，
> 以御田祖。以祈甘雨，以介我稷黍，以穀我士女。
>
> 曾孫來止，以其婦子。饁彼南畝，田畯至喜。攘其左右，嘗其旨否。
> 禾易長畝，終善且有。曾孫不怒，農夫克敏。
>
> 曾孫之稼，如茨如梁。曾孫之庾，如坻如京。乃求千斯倉，乃求萬
> 斯箱。黍稷稻粱，農夫之慶。報以介福，萬壽無疆。

歷代學者對此詩的看法，或者是「祈雨」樂歌，如何楷認為「豳侯夏省耘因而雩祭社、方及田祖之神以祈雨也」，方玉潤、魏源和之〔註81〕；或者是「省耕」樂歌，如姚際恒認為「此王者祭方社及田祖，因而省耕也」〔註82〕；或者是祈穀樂歌，王宗石認為「周王親行耤、饁之禮，督耕、祈年，以求能有千萬倉的糧食」，李山先生、馬銀琴和之〔註83〕。這些觀點有一個共同看法就是詩篇用於收穫之前的禮儀中，本文認為這是不符合詩篇實際的。

從內容看，詩篇首章描寫了耕作於「甫田」之南畝，次章描寫了田間祭

〔註81〕 何楷《詩經世本古義》，《影印文淵閣四庫全書》第 81 冊，臺北：臺灣商務印書館，1986 年，第 39 頁。方玉潤《詩經原始》，北京：中華書局，2006 年，第 436 頁。魏源《魏源全集·詩古微》，長沙：嶽麓書社，1989 年，第 359 頁。

〔註82〕 姚際恒《詩經通論》，北京：中華書局，1958 年，第 233 頁。

〔註83〕 王宗石《詩經分類詮釋》，長沙：湖南教育出版社，1993 年，第 548 頁。李山《詩經析讀》，海口：南海出版社公司，2003 年，第 314 頁。馬銀琴《兩周詩史》，北京：社會科學文獻出版社，2006 年，第 213 頁。

祀社、方和田祖，三章描寫了餾禮的舉行，末章則寫豐收和祈福。首先，雖然首章所寫的耕作和三章所寫的餾禮確屬「籍田」典禮的內容，但是次章之祭祀與末章之祈福並非「籍田」禮典所能包括。詳細如《國語‧周語上》虢文公言談中所描寫的籍田，不過包括準備、裸享、開耕禮、陳饗、徇農，其中包括詳盡的儀節，但並無祭方、社與田祖的記載。所以，那種將此詩視為「籍田」樂歌的觀點是錯誤的。另外，詩末章之豐收與祈福也不可簡單以「祈望豐收」視之，因為詩中「報以介福，萬壽無疆」顯然不是豐收之前所能言，這一點可以從其他詩篇得到說明。《楚茨》中有「報以介福，萬壽無疆」，「報以介福，萬壽攸酢」，《信南山》也有「報以介福，萬壽無疆」，這些詩句都是豐收之後報祭神靈時所歌唱；而《甫田》從性質上與此二詩的相似性是不言而喻的，據此可以判斷末章之豐收已成為現實，「報以介福，萬壽無疆」之祈福亦當發生於饗神之後。所以，將此詩視為籍田時的祈穀樂歌也是錯誤的。

當然，詩篇更非祈雨樂歌。「祈雨說」來自於詩中「以祈甘雨」一句，但這種看法無非是尋章摘句的結果。其實，「以祈甘雨」不過是詩中祭神的目的之一，不見章中還有「以介我稷黍，以穀我士女」之句嗎？更何況，如果詩篇是雩祭樂歌，那麼詩為何還四章言及「餾禮」、五章言及豐收祈福呢？因而，「祈甘雨」可能是詩中祭祀行為的一個目的，但絕不足以涵蓋詩篇的全部內容。同理，「省耕」說亦不足以囊括全篇，詩中首章與三章所言曾孫之「選士」與「餾禮」，確有省耕之意圖，但是既然省耕，又如何能談及豐收和報神呢？

其實，此詩當為秋收之後報祭社、方及田祖等諸神的樂歌。詩的開篇「倬彼甫田，歲取十千。我取其陳，食我農人，自古有年」，其歌唱顯然是見證一個豐年以後的口吻；「曾孫之稼，如茨如梁，曾孫之庾，如坻如京，乃求千斯倉，乃求萬斯箱，黍稷稻粱，農夫之慶」，不就是描寫豐收之富足嗎，不正好是對開篇的呼應嗎？所謂「報以介福，萬壽無疆」不就是報祭祈福的典型詩句嗎？另外，詩篇只有作為「報祭」樂歌，方足以將耕作、餾禮、豐收、祭神等諸儀節納入一篇的歌唱之中，這一點在《豐年》、《楚茨》、《載芟》、《良耜》等詩中已經得到了很好的說明。如果說《豐年》、《楚茨》、《載芟》報祭的是祖先之神，《良耜》報祭的是社稷之神，《大田》報祭的是四方之神的話，那麼《甫田》就是報祭方社、田祖等諸神的樂歌。

那麼，《甫田》當用於報祭諸神的何種儀節呢？《大田》終篇云「以享以祀，以介景福」，係第三人稱的口吻，《甫田》與此類似，詩稱「以社以方」，

言及「田祖」，也屢次歌唱「曾孫」與「農夫」之名，確係旁觀者的歌唱；這個旁觀者就是詩中的「我」。但是，這一歌唱行爲不能憑空而發，而是在一個神靈、曾孫以及「我」均在場的禮儀環境中發生的，並且此禮主於報祭諸神。可見，詩篇當是主祭者獻神之時樂工所唱的樂歌。

第三節　嘗新樂歌

引　言

上文已經指出，周人重農不僅表現在觀念上的重視和強調，而且將這種精神客觀化爲一系列農事禮儀，貫徹到日常的生產和生活實踐之中。周人的農事禮儀最重要的自然是籍禮和報祭禮，前者動員全民參與到農事耕作中來，後者則以豐收產品報答神靈，這兩個禮儀的精神實質是將神靈引入農事的勞動空間，將以周天子爲代表的權力群體引入到農事過程中，從而將農事神聖化，使之具有無上的合法性。所以，農事禮儀與農事詩中的關鍵因素是神靈在人與自然關係中的作用〔註 84〕。除了籍田和報祭之外，還有一個農事禮儀頗能說明這一點，這就是嘗新禮。

一、嘗新禮儀

所謂「嘗新禮」，又名「薦新」，是將新熟的作物獻祭於宗廟的禮儀。《禮記·少儀》「未嘗不食新」，鄭玄注曰「嘗，謂薦物於寢廟」；所薦之「物」包括農業收穫的種種產品，不過首要的是穀物，《周禮·春官·肆師》「嘗之日」，鄭注曰「嘗，嘗新穀」。此禮在禮書上雖然不詳載，但它確實頻繁地行於宗廟之中。《逸周書》有《嘗麥解》一篇，傳說係周成王獻麥於太祖廟的作品〔註 85〕，此文雖不一定可信，但成十六年《左傳》「晉侯欲麥」所說的卻是貨眞價實的獻麥之禮。另外，桓五年《左傳》「始殺而嘗」，杜注云「嘗者薦於寢廟，以嘗新爲名，知必待嘉穀熟乃爲之」，也同樣是說嘗新禮。當然，最集中反映周人獻嘗於宗廟的無疑是古代的月令文獻，即《呂氏春秋》

〔註 84〕 李春青教授説「詩最初產生於人──神關係的語境，是人向神言説的獨特方式」，此説也適用於描述農事詩篇。參《詩與意識形態》，北京：北京大學出版社，2005 年，第 64 頁。
〔註 85〕 黃懷信等《逸周書》，上海：上海古籍出版社，1995，第 720 頁。

十二紀和《禮記・月令》：

> 仲春：天子乃獻羔開冰，先薦寢廟。

> 季春：是月也，天子乃薦鞠衣於先帝。命舟牧覆舟，五覆五反，乃告舟備具於天子焉，天子焉始乘舟。薦鮪於寢廟，乃爲麥祈實。

> 孟夏：農乃升麥。天子乃以彘嘗麥，先薦寢廟。

> 仲夏：是月也，天子以雛嘗黍，羞以含桃，先薦寢廟。

> 孟秋：是月也，農乃升穀。天子嘗新，先薦寢廟。

> 仲秋：以犬嘗麻，先祭寢廟。

> 季秋：是月也，天子乃以犬嘗稻，先薦寢廟。

> 季冬：是月也，命漁師始漁，天子親往。乃嘗魚，先薦寢廟〔註86〕。

這些文獻雖然是秦漢時期的記載，但它們可能保留著周代的某些史實，實際上不僅進一步證明了嘗新禮確實實行過，而且其中一些信息頗有利於還原嘗新之禮，如嘗新之用牲、時節，如獻嘗之對象有麥、黍、麻、稻等等。其實，作爲嘗新禮踐行的實證的還有《詩》中的樂歌。《小雅・信南山》「中田有廬，疆場有瓜。是剝是菹，獻之皇祖」，實際上就是描寫以瓜荣獻嘗於先祖的儀節；另外，《周頌・潛》即爲典型的獻魚於宗廟的樂歌（分析詳下）。

《小雅・天保》「禴祠烝嘗，於公先王」，《楚茨》「絜爾牛羊，以往烝嘗」，《魯頌・閟宮》「秋而載嘗，夏而楅衡」，《商頌・那》「顧予烝嘗，湯孫之將」，這些詩句中的「嘗」據說是秋祭之專名，禮書對此也頗有記載，《禮記・王制》有「秋日嘗」，《明堂位》有「秋嘗」等等。所謂「秋嘗」是有名的「宗廟四時祭」之一，古人認爲四時之祭就是以新物薦享祖先，其實都是「嘗新禮」。董仲舒《春秋繁露》曰「四祭者，因四時之所生熟而祭其先祖父母也」，說的即爲此意〔註87〕。其實，上文已經指出所謂「四時之祭」是秦漢禮家整理的結果，周代並不如此。但是，認爲四時之祭從嘗新禮而來卻是有一定道理的。如作爲秋祭專名之「嘗」與嘗新禮的關聯是顯而易見的，秋季即作物成熟的季節，此時祭宗廟往往以新收之物獻之祖先，與嘗新禮合，這可能就是「秋季日嘗」的原因吧。其實，嘗新禮是一種古老的禮儀形式，甲骨文有「登」

〔註86〕高誘《呂氏春秋》，《諸子集成》第 6 冊，上海：上海書店，1986 年，第 1～114 頁。
〔註87〕蘇輿《春秋繁露義證》，北京：中華書局，1992 年，第 406 頁。

字或「禋」字，據說就是殷人薦新於宗廟的祭名〔註88〕，卜辭中已有獻麥、黍、米、禾等於宗廟的記載〔註89〕，可見嘗新禮並非周秦才有。並且，從月令文獻的記載可以發現，嘗新並非如四季排列，而是按照所獻之物的成熟時節而定。總之，作爲秋祭專名的「嘗」係從古老的嘗新禮演變而來，這是沒有疑問的。

　　嘗新禮的核心意義在於，第一時間將收成之物獻給祖先，是周人媚神的方式之一。它的心理基礎是，人雖然在向自然索取上獲得了成功，但是切不可忘記在這個艱辛的過程中祖先神一直在天帝左右看著他們，發揮了也許是不可替代的保祐作用。如上所述，神靈在人與自然關係中的作用，是農事禮儀的關鍵因素。這裡的嘗新禮就是一個最好的例證。

二、《周頌‧潛》作爲獻魚嘗新樂歌

　　《周頌》中有一篇名爲《潛》的詩，就是周王獻魚於宗廟所用的樂歌，它是周人宗廟嘗新禮的生動說明。

　　詩曰：

　　　　猗與漆沮，潛有多魚。有鱣有鮪，鰷鱨鰋鯉。以享以祀，以介景福。

詩只有寥寥三句，意思非常簡單。「猗與」，《鄭箋》曰「歎美之言也」；「漆沮」，《毛傳》云「歧周之二水也」；「潛」或訓爲「椮」（捕魚之柴），或訓爲「深藏」，都不影響第一句乃贊美漆沮之水魚多的意思。緊接著，第二句就條列了各種魚的名稱：鱣、鮪、鰷、鱨、鰋、鯉，看起來很像助祭人員在向主祭者報告獻祭之品物。有人說鱣、鮪之前之「有」字表明這兩種魚並非漆沮之水所產，而是由海溯河而上，到達漆沮〔註90〕，「有」字即新來之義；此說確實與否難以斷言，但是可能鱣、鮪在獻祭中屬比較珍貴的魚。第三句「以享以祀，以介景福」，《說文》云「享，獻也」、「祀，祭無已也」，可見詩句說的正是周王的祭祀和祈福；《楚茨》首章「以享以祀，以妥以侑，以介景福」，《大田》末章「以享以祀，以介景福」，可見，此句就是報祭樂歌的典型歌詞。

　　由詩篇的內容顯然可以斷定《潛》爲獻魚嘗新於宗廟的樂歌。歷代學者

〔註88〕 李孝定說。引自于省吾《甲骨文釋林》，北京：中華書局，1999 年，第 854 頁。

〔註89〕 詹鄞鑫《神靈與祭祀》，南京：江蘇古籍出版社，2000 年，第 339 頁。

〔註90〕 何楷引許慎以爲此說。參《詩經世本古義》，《影印文淵閣四庫全書》第 81 冊，臺北：臺灣商務印書館，1986 年，第 311 頁。

對此是看法一致的，《序》云「季冬薦魚，春獻鮪也」，認爲詩篇是冬春兩季的獻魚樂歌，朱熹、何楷、方玉潤等人均持相同的觀點。文獻中也可以找到很多資料證明這一觀點，《國語·魯語上》載「宣公夏濫於泗淵」，里克批評說「古者大寒降，土蟄發，水虞於是乎講罘罶，取名魚，登川禽，而嘗之寢廟，行諸國，助宣氣也」，表明獻魚於寢廟是一種很古老的禮儀；《禮記·月令》記載季春「天子始乘舟，薦鮪於寢廟」，季冬「命漁師始漁，天子親往，乃嘗魚，先薦寢廟」等記載，《周禮·天官·漁人》載漁人有「春獻王鮪，辨魚物」的職責，這些都表明冬春獻魚於宗廟確實是周人常規的禮儀制度之一，而《潛》就是這個禮儀的直接證據。

周王獻魚的禮數還是比較清楚的。《淮南子·時則訓》曰「季冬之月，命漁師始漁，天子親往射漁，先薦寢廟」，言天子獻於寢廟乃其親自漁獵所得。有人據此提出了天子獻魚於宗廟係與行於辟廱大池之「射魚」儀式有關〔註91〕。此說其實是經不起推敲的。所謂「射魚」儀式除了見於《淮南子》之外，主要載於金文之中。列舉典型者如下：

> 若翌日，在壁（辟）雍，王乘於舟，爲大豐。王射，大珇（供）禽，侯乘於赤旅舟從，司咸。（《麥方尊》）
>
> 隹六月既生霸，穆穆王在方京，呼漁於大池。王饗酒。（《遹簋》）
>
> 隹七月王在方京，辛卯，王漁於某某，呼井從漁，易漁。（《井鼎》）

〔註92〕

由銘文可見，昭王、穆王時期確實存在周王君臣射於「大池」的活動。但是，細讀銘文可以發現周王在「射禽」之後或饗大臣，或賜禽於臣屬，可見「射禽」與祭祖無關，而是君臣交往的禮儀活動。與獻魚嘗新禮儀的神聖和莊重相比，這裡的「射禽」除了彰顯君王之恩的政治目的外，其過程是具有娛樂目的的。這一點可以從後世史料獲得證明。

隱五年《春秋》曰「公矢魚於棠」，《左傳》曰「公將如棠觀魚者」，魯隱公這一行爲遭到了史官的非議；《孔疏》曰「陳魚者，獸獵之類，謂使捕魚之人陳設取魚之備，觀其取魚以爲戲樂，非謂既取得魚而陳列之也。」可

〔註91〕馬銀琴說「此禮的舉行與『射魚』儀式有密切的關係。」參馬銀琴《兩周詩史》，北京：社會科學文獻出版社，2006年，第161頁。

〔註92〕唐蘭《西周青銅器銘文斷代史徵》，北京：文物出版社，1988年，第357、363、365頁。

見，所謂「矢魚」即爲以打魚爲對象的娛樂行爲。另外，上述《國語·魯語上》里克那段有名的批評話語，是針對魯宣公「夏濫於泗淵」的濫捕行爲而發的；可見，上述魯隱公所謂「矢魚」也極有可能他自己也參加捕魚活動。也即，隱公之「矢魚」、宣公之「濫於泗淵」可能打著舉行「漁」禮的旗號，這種行爲雖然發生在春秋時代，但由來有自。本文認爲，無論是觀魚還是射魚，最初是君臣交往的一種禮儀形式，與諸如《十五年趙曹鼎》、《師湯父鼎》、《鄂侯馭方鼎》等記載的君臣共同參與的「射禮」具有同樣的政治功能；後來隨著時代的發展，這些禮儀的政治功能逐漸弱化，向娛樂君臣的方向發展。隱公之「矢魚」、宣公之「濫於泗淵」，就是射魚之禮在禮樂崩壞的春秋時代的遺留。

由此可見，嘗新之獻魚與周王射魚是不相干係的。其實，詩篇也提供了這樣的證據：周王所獻之魚來自於漆沮之水，而射魚卻在辟廱大池；所獻之魚種類如此繁多，實爲射魚所難以具備；射來之魚難以全身，這恐怕不適合獻給神靈。最後，《白虎通》云「王者不親取魚以薦廟」，這與周王親自射魚似乎不合。總之，嘗新自嘗新，射魚自射魚；《潛》所反映的是周王獻魚於宗廟，與金文所載周王漁於大池沒有關係。

第四章　政事禮儀用詩

　　根據學者研究，西周中期穆王、恭王時期冊命金文開始程序化，官制也趨於完善。這實際上表明周王朝的政治秩序已經得到完善，貴族政治已經確立起來了〔註1〕。政治的成熟與政事禮儀的完備是同一過程。當時，最為重要的政事禮儀有二：一是冊命禮儀，一是朝覲禮儀。此外，還有周王的即位禮儀也十分重要。《詩經》中保留的政事禮儀用詩，就與這三種類型有關。

第一節　即位典禮用詩

一、《閔予小子》、《訪落》、《敬之》、《小毖》的相似性

　　《周頌》中的《閔予小子》、《訪落》、《敬之》、《小毖》四詩不能將其獨立看待，而應合起來讀。它們在今本《周頌》中前後相續，從屬於「閔予小子之什」，表面上相互獨立、互不關聯，實際上無論是從內容上還是從形式上看它們都極為相似。

　　首先，從表現對象看，這四詩都與自稱為「予」或「予小子」的周王有關。這四詩中不僅都出現了「予」這個稱呼，而且《閔予小子》、《訪落》、《敬之》三詩中都出現「予小子」的同一稱呼，這表明它們之間有著某種內在的聯繫。結合詩篇的內容，《閔予小子》曰「閔予小子……，維予小子……」，《訪落》曰「訪予……，維予小子……」，《敬之》的第二部分亦曰「維予小子……」，《小毖》全篇更是以「予」開頭、以「予」結尾，顯而易見，「予」或「予小

〔註1〕　〔日〕白川靜；袁林譯《西周史略》，西安：三秦出版社，1992年，第83頁。

子」就是此四詩的主人公，就是四詩的表現對象。由此可見，這四詩具有相同的表現對象——自稱爲「予」的人。其實，此人實即周王，《禮記‧曲禮》曰「君天下曰『天子』，朝諸侯、分職、授政、任功，曰『予一人』」，又曰「天子未出喪曰『予小子』」〔註2〕，可見，唯有周王才能在禮儀活動中稱「予」或「予小子」。因而，《閔予小子》等四詩實際上都是以周王的口吻頌唱的儀式樂歌。

其次，它們的內容和主題也相同。從整體上看，四詩都是表現周王處於艱難的處境中而向祖先與群臣求助的事。詩中明確指出了周王陷入了困難的境地，如《閔予小子》的「遭家不造，嬛嬛在疚」，《訪落》與《小毖》的「未堪家多難」，所謂「不造」、「在疚」、「多難」不論何指，都表現了周王的境況不如人意。正是由此，周王表現出了敬慎謹戒、如臨大敵的姿態，《閔予小子》曰「夙夜敬止」，《訪落》曰「朕未有艾」，《敬之》曰「不聰敬止」、「學有緝熙于光明」，《小毖》曰「予其懲而毖後患」，都是如此。不過，周王自己是無力處理這一局面的，因而他轉而求助於神人，如《閔予小子》的「於乎皇考」、「於乎皇王」，《訪落》的「休矣皇考」，都是周王呼告先祖、求助於祖靈的表現；《敬之》的「學有緝熙于光明」、「示我顯德行」，《小毖》的「莫予荓蜂」，則都是向群臣求助的表現；儘管四詩有求助於神、於人的區別，但它們又都是周王「未堪家多難」處境的必然結果。總之，這四首詩都是圍繞著周王身陷困境、求助奮起而誦唱的，具有相同的主題和內容。

再次，不僅在內容上，而且在形式與話語特徵上亦可見出四詩的相似性。上述的「予」、「予小子」的人稱方式就是一例，《閔予小子》、《訪落》與《敬之》甚至具有同樣的稱呼「維予小子」。同時，《訪落》與《小毖》也具有完全相同的詩句「未堪家多難」，這一顯示詩篇背景的詩句說明二詩具有相同的產生語境。另外，四詩之間在話語上亦有諸多相似之處，如《閔予小子》、《訪落》、《敬之》在言及神靈往來時，都用「陟降」一詞來形容，並且三詩都用了「止」這一結構助詞「陟降庭止」、「夙夜敬止」、「訪予落止」、「不聰敬止」。由上可見，這些詩篇具有相似的用語特徵，有些相似性的用語如「維予小子」、「未堪家多難」又表明了詩篇誦唱的關鍵場景，因而可推

〔註2〕 《曲禮》上文云「君大夫之子不敢自稱曰『余小子』」，鄭玄注云「辟天子之子爲除喪之名」，余、予古通用，「予小子」即「予小子」，可見只有世子才能自稱「予小子」。周天子稱「予小子」則在《周書》中多見，此不贅舉。阮元《十三經注疏‧禮記正義》，上海：上海古籍出版社，1997年，第1257頁。

知這些詩篇係同人或同時語境所創作。朱熹云「此四篇一時之詩」，陳啓源云「《閔予小子》四篇當是一人手筆」，就是基於這一點而言的。〔註3〕

據以上三點可知，不能將《閔予小子》等四詩簡單的獨立對待，而應將其視爲一個整體來考察其產生語境和內涵。歷來大多數學者自覺或不自覺地注意到了這一點，如《詩序》將它們視爲「嗣王」系列樂章，三家詩、朱熹等視其爲「成王免喪」的系列詩篇，王肅、孔穎達將其視爲「周公攝政後成王即位」的系列詩篇，高亨將其視爲「成王悔過」的詩篇，王宗石將其視爲「成王作品」，李山、馬銀琴視其爲「穆王即位」樂章等等（詳下），都是如此。無論認爲作於成王時還是作於穆王時，學者們都將此四詩聯繫起來看待，這是非常正確的。

不過，還有一些學者並沒有將四詩完全囊括其中，而是認爲它們並非一時之作。如鄭玄認爲《小毖》不同於產生於成王免喪的其他三詩，而是作於周公歸政、成王即位之時；如何楷認爲《閔予小子》不同於《訪落》等三詩，前者是祔武王主於廟的樂歌，後者爲成王免喪的詩篇；又如李山先生等又將《小毖》排除在周土即位的樂歌之外等等。從以上考察可知，《小毖》的「未堪家多難」與《訪落》完全相同，《閔予小子》的「維予小子」、「閔予小子」又與「維予小子」完全相同，不僅如此，四詩所體現的明顯相似性都不容將《小毖》或《閔予小子》從這四詩中排除出去。四篇本身是一個整體，這是我們根據詩篇的表現對象、內容、主題和用語所得出的結論。

二、《閔予小子》四詩的主旨及其產生語境

對於此四詩主題，歷來人們主要持有五種看法：一是《詩序》的「嗣王」說，認爲這四詩分別是嗣王朝於廟、謀於廟、受戒、求助的詩篇〔註4〕；二是發端於三家詩、成於鄭玄朱熹的「成王免喪」說，認爲這些詩篇爲周成王除喪所用的樂章〔註5〕；三是以王肅、孔穎達爲代表的「成王即政」說，認爲此

〔註3〕 朱熹《詩序辨說》，《朱子全書》第三冊，上海古籍出版社&安徽教育出版社，2002年，第399頁。陳啓源《毛詩稽古編》，阮元《清經解》第1冊，上海：上海書店，1988年，第442頁。

〔註4〕 阮元《十三經注疏・毛詩正義》，上海：上海古籍出版社，1997年，第598、600頁。

〔註5〕 三家說見蔡邕《獨斷》以及《漢書・匡張孔馬傳第五十一》，鄭玄說參《毛詩正義》（同上）。王先謙《詩三家義集疏》，北京：中華書局，1987年，第1038～1045頁；〔漢〕班固撰、〔唐〕顏師古注《漢書》，北京：中華書局，1962

四詩爲周公歸政、周成王即位時所用的樂歌〔註6〕；三是起於方玉潤，備於高亨、王宗石的「成王自作」說，認爲這些詩是周成王在各個不同場合自作的詩篇〔註7〕；四是起於李山先生，備於馬銀琴的「周穆王即位」說，認爲這些詩篇是周穆王即位時所用的典禮樂歌〔註8〕。這五說又大概可以分爲「成王組詩」和「穆王組詩」兩種，前者在學術界佔據著主流地位。

然而，認識此四詩的關鍵並非確定它們的時代，而是揭示出詩篇文字背後隱藏的文化語境。《頌》詩作爲樂章是在禮儀的場景中奏唱的，具有特定的禮儀目的，因而此組樂章所應用的禮儀便成爲認識其文化內涵的關鍵。而且，《閔予小子》等四詩所具有的相似性表明，它們不僅僅各自應用於獨特的禮儀儀節，更重要的是還統攝於一個核心的禮典上。認識此四詩的關鍵就是要還原那個核心禮典。

以此視角來衡量歷代學者的觀點，可以將以上五說分爲三種：一是「即位禮」說，認爲這些詩篇都是周王即位典禮所用的樂歌。此說實始於《詩序》的「嗣王」說。所謂「嗣王」，來自於《禮記·曲禮》「踐阼，臨祭祀，內事曰孝王某，外事曰嗣王某」，是指踐阼的新王，可知《序》曰「嗣王云云」正以詩爲新王即位所用樂歌。另外，王肅的「成王即政」說、傅斯年的「嗣王踐阼」說、李山先生的「穆王即位」說等都是從《序》發展而來的。二是「免喪禮」說，認爲此四詩乃周成王免喪即政的禮典所用的樂歌。這種看法本於三家，鄭玄、朱熹、何楷均採納其說，他們認爲這四首詩中有些用於周王即

年，第 3331 頁；朱熹《詩集傳》，南京：鳳凰出版社，2007 年，第 270～272 頁。

〔註6〕 王肅說見《正義》。阮元《十三經注疏·毛詩正義》，上海：上海古籍出版社，1997 年，第 598、600 頁。

〔註7〕 方玉潤認爲《閔予小子》是成王「祔武王主於廟」，《訪落》是「成王即政以咨群臣」，《敬之》、《小毖》則分別是成王「自箴」、「自徵」的詩篇，將四詩統屬於成王名下而分別對待，這實際上開了「成王自作」說的先河。高亨認爲此四詩爲「成王悔過」的詩，王宗石認爲四詩分別作於祭亡父、軍中、戒群臣等場合，即本方氏而來。參方玉潤《詩經原始》，北京：中華書局，2006 年，第 613～616 頁；高亨《詩經今注》，上海：上海古籍出版社，1980 年，第 497～500 頁；王宗石《詩經分類詮釋》，長沙：湖南教育出版社，1993 年，第 925 頁。

〔註8〕 此說實本於傅斯年，他認爲《閔予小子》、《訪落》、《小毖》爲「嗣王踐阼」樂舞的歌詞，李山先生將此「王」定爲穆王，馬銀琴則進一步將《小毖》併入其中。傅斯年《詩經講義稿》，北京：中國人民大學出版社，2004 年，第 25 頁；李山《詩經析讀》，海口：南海出版社公司，2003 年，第 447 頁；馬銀琴《兩周詩史》，北京：社會科學文獻出版社，2006 年，第 155 頁。

位禮，但還有一些（如《閔予小子》）則用於免喪朝廟，或者用於「祫」祭中〔註 9〕。三是「成王悔過而告於廟」，認爲這些詩篇是成王因爲悔過而告於文武二王時所唱，實即祭祖典禮所用的樂章，此說由高亨所創。由以上三說可見，人們的分歧還是比較大的，那麼，詩篇的禮儀背景到底是什麼呢？

本文認爲，從詩篇內容看，《閔予小子》與《訪落》是周王祭祖所用的告神樂歌，《敬之》是周王即位時受告誡所用的樂章，《小毖》則爲周王即位禮畢答拜時所用的樂歌。儘管這些詩各用於不同儀節，但是這些儀節其實都統屬於周王的即位典禮之下，因而周王的即位典禮就是這四首詩的禮儀背景。這一結論可以從以下幾點得到說明：

首先是內證。《閔予小子》曰「遭家不造」、「嬛嬛在疚」，《訪落》、《小毖》亦曰「未堪家多難」，指出了周王「家」中發生了不幸的事情。那麼，這不幸之事到底是什麼呢？《閔予小子》曰「於乎皇考，永世克孝」，《訪落》繼而曰「訪予落止，率時昭考……休矣皇考，以保明其身」，《毛傳》「時，是」，可見周王所祭祀的對象是他稱之爲「考」的父王。詩中指出，周王的「皇考」一世能孝，將追隨「皇祖」陟降於上下，表明這個父王剛剛去世。另外，根據《禮記‧曲禮》，「予小子」正是周天子遭喪的自稱；同時，「在疚」一詞也恰好指稱在喪之事，《左傳》哀公十六年記載孔子去世，魯哀公誄之正用「縈縈余在疚」，與「嬛嬛在疚」如出一轍，說明周人即以「在疚」描述在喪〔註 10〕。據此可以推測，詩中所言的「遭家不造」實指舊君去世之事，《閔予小子》、《訪落》二詩正是通過祭奠的方式抒發了對父王去世的傷痛。不僅如此，詩篇還表現了新君即位以後的惶恐不安，《閔予小子》曰「繼序思不忘」，正是隱括新君即位，《訪落》所言「於乎悠哉，朕未有艾。將予就之，繼猶判渙」，則將新即位的周王的不安和憂慮表達出來了。總之，《閔予小子》《訪落》實際上反映的是新王在舊君去世後遽然即位的情形。

另外，《敬之》的內容進一步證明了以上的觀點。歐陽修說「群臣進戒成王，成王乃答群臣見戒之意」〔註 11〕，敏銳地指出了此詩結構上的「問答」

〔註 9〕 以《閔予小子》爲「祫武王主於廟」的樂歌，始於何楷，方玉潤倡之。何楷《詩經世本古義》，《影印文淵閣四庫全書》第 81 冊，臺北：臺灣商務印書館，1986年，第 222 頁；方玉潤《詩經原始》，北京：中華書局，2006 年，第 613 頁。

〔註 10〕 梁玉繩解釋《左傳》曰「嬛嬛在疚，《閔予小子》也，哀公顧亦集詩而誄之乎？」楊伯峻《春秋左傳注》，北京：中華書局，1981 年，第 1689 頁。

〔註 11〕 轉引自何楷《詩經世本古義》，《影印文淵閣四庫全書》第 81 冊，臺北：臺灣

模式：從「敬之敬之」到「日監在茲」爲前半部分，是群臣戒王的內容；從「維予小子」至結束爲後半部分，是周王回答群臣的內容。這一卓見基本上爲後人所贊同〔註12〕。而這種群臣與周王的「問答」雖然可以產生於多種語境，但是這裡詩中明言「維予小子」，與《閔予小子》、《訪落》一致，可見周王是在舊君喪後不久接受告誡的。結合《周書·顧命》篇所記載的康王即位禮中大史與周王對答的言辭（詳下）來看，這一「問答」當在周王即位時進行無疑。並且，本文認爲《小毖》亦爲這一「問答」中周王答詞的組成部分。詩曰「未堪家多難」，正承接《訪落》而來，其中表現的「懲前毖後」的敬愼心態與《閔予小子》的「夙夜敬止」、《敬之》的「不聰敬止」一脈相承，「莫予荓蜂」的無助姿態與《訪落》的「朕未有艾」、《敬之》的「佛時仔肩」正前後承接，這些都表明此詩亦當爲周王表白內心的樂歌，並且當與《敬之》的第二部分的場景略同，即周王答群臣告誡時所用的樂歌。綜上所述，從詩篇的文理和內容看，《閔予小子》等四詩其實是圍繞著舊君去世、新王即位的典禮而言的。

其次是外證。《閔予小子》等四詩爲周王即位典禮所用的樂歌，還可以從一些傳世文獻中得到旁證。其中最重要的一篇就是《尙書·顧命》篇〔註13〕，此篇記載了周康王即位典禮的許多細節，足資參照。對於即位典禮的核心儀節，它是這樣描述的：

> 王麻冕黼裳，由賓階隮。卿士邦君麻冕蟻裳，入即位。太保、太史、太宗皆麻冕彤裳。太保承介圭，上宗奉同瑁，由阼階隮。太史秉書，由賓階隮，御王冊命。曰「皇后憑玉幾，道揚末命，命汝嗣訓，臨君周邦，率循大卞，燮和天下，用答揚文、武之光訓。」王再拜，興，答曰「眇眇予末小子，其能而亂四方以敬忌天威。」乃受同瑁，王三宿，三祭，三吒。上宗曰「饗！」

這裡記錄的是太保、太史、太宗冊命天子的典禮儀節，其中所載的太史對周

商務印書館，1986年，第241頁。

〔註12〕 持不同意見的有朱熹、方玉潤等。朱熹認爲群臣之戒的部分乃成王述之之言，實乃多此一舉；方玉潤則進一步認爲前半部分亦成王自言，則與「敬之敬之」的口吻不合。朱熹《詩集傳》，南京：鳳凰出版社，2007年，第271頁。方玉潤《詩經原始》，北京：中華書局，2006年，第675頁。

〔註13〕 最早將《顧命》與《閔予小子》等詩加以對比的是傅斯年，不過他將《烈文》也包括進來。傅斯年《詩經講義稿》，北京：中國人民大學出版社，2004年，第25頁。

王的冊命言辭以及周王的答辭猶具參考價值。如果將《敬之》的兩個部分與此對照（如下表），就會發現二者有諸多相似之處，如相似的對答結構，如受命的周王均自稱「予小子」，如二者均言及「天」，都認為要「敬天」等；只不過，二者形式不同而已。由此可見，雖然《敬之》所言的內容要豐富得多，但是它的基本結構與《顧命》的冊命言辭卻是完全一致的。二者的差別就在於，後者是簡質的冊命用語（係行禮者之語），前者則是樂官配合典禮所代為奏唱的樂歌〔註14〕，因而較為繁縟，除了點明受命即位之外，群臣的戒辭還涉及了天命不易、神靈監察的內容，周王的答詞還包括了敬忌天命、勤學好問的內容，這些內容是由樂官代言、奏唱於即位典禮之中的。

	顧　　命	敬　　之
命戒	皇后憑玉幾，道揚末命，命汝嗣訓，臨君周邦，率循大卞，燮和天下，用答揚文、武之光訓。	敬之敬之，天維顯思，命不易哉。無曰高高在上，陟降厥士，日監在茲。
答	眇眇予末小子，其能而亂四方以敬忌天威。	維予小子，不聰敬止。日就月將，學有緝熙于光明。佛時仔肩，示我顯德行。

周代新王在即位典禮中接受群臣告誡，這可能是典禮的固有內容。西周大量的冊命銘文表明當時大臣在受冊命時往往同時受戒，如《大盂鼎》、《毛公鼎》都是典型的例子，可知受戒本為冊命的題中應有之義。周王冊命大臣往往稱揚先祖而戒之（見諸銘文），同樣的道理，在周王即位時，行禮大臣往往稱揚先王之命而戒之，《顧命》就是一個例子。另外，《荀子‧大略》記載「天子即位」時上卿、中卿、下卿分別進「策」，從其策辭來看，也是告誡天子之辭，這進一步證明天子即位確有群臣告誡的儀節。因此，《敬之》中群臣以「天命不易」告誡天子，新王以「維予小子，不聰敬止」回應，正是即位典禮中以樂歌表現群臣對答的生動記載。

既然《敬之》是即位典禮中告誡儀節所用的樂歌，而其他三詩又與《敬之》處於同一語境，因而，《閔予小子》、《訪落》、《小毖》也應是即位典禮的樂章。這三詩中的「予小子」、「予」的稱呼與《顧命》「予末小子」非常相近，或可窺見一斑。當然，這三詩的具體內容又不同於《敬之》，表明它們並非用

〔註14〕姚際恒認為此詩「大抵戒臣工述耳」，李山先生更明確指出此詩「一詩而兼含兩造的話語，……當係樂工所為」，都是非常正確的。姚際恒《詩經通論》，北京：中華書局，1958年，第345頁。李山《詩經析讀》，海口：南海出版社公司，2003年，第449頁。

於告誡環節,而是用於其他環節。

由以上內外證可知,《閔予小子》等四詩乃周王即位典禮所用的系列樂章。歷代學者的觀點中,「即位」說顯然是最合詩篇實際的;至於學者之間存在的成王即位與穆王即位的論爭,竊以為兩說都是可以自圓其說的。另外,所謂的「免喪」說是通過將四詩的「嗣王」即位與《閔予小子》「予小子」、「遭家不造,嬛嬛在疚」的在喪之辭作對比而得出的,但是這種對比並不足以得出周王除喪的結論,「免喪」說更多是想像性的結論,並無確實根據;而且,許多人正是根據《閔予小子》的在喪之辭否定「免喪」說的〔註15〕。另外,高亨所持的「成王悔過告廟」說,其實只是對《小毖》「予其懲而毖後患」一語的發揮而已,這四詩中周王雖然一再哀歎處境的艱難,表現出敬慎戒懼、勤學善法、求助先賢的姿態,但是這並不一定意味著周王做錯事而悔過,「悔過」說也是沒有根據的。

三、《閔予小子》《訪落》《敬之》《小毖》所用的具體儀節

如上所述,《閔予小子》等四詩乃周王即位典禮所用的樂歌。那麼,這四詩分別用於即位典禮的何種儀節呢?本文認為,《閔予小子》與《訪落》都是即位典禮前祭祀先王時所用的樂歌,《敬之》是即位的冊命儀節中所用的樂章,《小毖》則為冊命禮畢周王答拜所用的詩篇。下面試分而證之:

(一)《閔予小子》與《訪落》

以《閔予小子》和《訪落》為表現新王即位祭祖活動的樂歌,是從詩篇內容出發得出的結論。這兩詩均有周王自稱的「予小子」,那麼,這個人稱是周王對誰而稱呢?顯然是對其父王,詩中的「皇考」、「昭考」說明了這一點。《閔予小子》曰「於乎皇考,永世克孝」,《訪落》曰「訪予落止,率時昭考」,可見兩詩都是周王針對其「考」(即父王)而言的:前詩是周王敘述自己遭遇不幸(父王去世),父王升為神靈,從此與皇祖一同陟降,而表達了將敬承先王遺志的決心;後詩則是周王表明自己將循著「昭考」的足迹,繼承先王的宏圖,但又流露了自己閱歷不足以應付時艱的憂慮,並祈求「皇考」保祐。可見,二詩的內容表明它們乃剛剛即位的周王面對先父神靈所作的呼告之辭,是周王祭祀父王的樂歌。

〔註15〕如姚際恒,其云「蓋首三句為方在喪之辭,曰『嬛嬛在疚』也。按首二句必非免喪之辭。」姚際恒《詩經通論》,北京:中華書局,1958年,第344頁。

　　周王新立的典禮，本來就舉行於祖廟之中，因而在即位典禮前後要祭祖是自然而然的。《禮記・祭統》曰「古者，明君爵有德而祿有功，必賜爵祿於大廟，示不敢專也。故祭之日，一獻，君降立於阼階之南，南鄉，所命北面，史由君右，執策命之，再拜稽首，受書以歸，而舍奠於其廟。」所謂「祭之日」表明古人冊命賞賜於祖廟時，必先有祭祖之禮。《左傳》僖公二十四年、宣公二年、成公十八年分別記載晉文公、晉成公、晉悼公即位時，都有「朝於武宮」的記載（武公始祖），可見，東周諸侯國君即位必先祭祖。楊寬說「不僅國君即位要朝於廟，卿大夫就任新職也要『告廟』，如周公子之子明保。」〔註16〕這些文獻記載表明，祭祖是周王即位典禮所包括的禮儀內容。《閔予小子》、《訪落》作爲即位大典的祭祖樂歌是由來有自的。

　　《尚書・顧命》在描述周康王即位典禮時曰「王三宿，三祭，三吒」，《正義》曰「三祭酒，三酹酒於神坐也」〔註17〕，說明周王行即位典禮也是「如神在」，而這一神靈首要的就是指祖先神。因爲此處周王即位禮就行於祖廟中（「諸侯出廟門俟」一語可證），先王神主可能就在其旁。《尚書・堯典》載「正月上日受終於文祖」，僞《孔傳》云「終謂堯終帝位之事，文祖者，堯文德之祖廟」，舜即位就已行於宗廟，可作爲旁證。由此可見，周王新立必祭祖，但是，這一祭祖禮不管是即位前的「請」還是即位後的「告」，顯然是從屬於即位大典的。因而，我們將《閔予小子》、《訪落》二詩視爲即位典禮中的祭祖樂歌。

　　需要補充論及的是，《閔予小子》是而且僅僅只是即位祭祖的樂歌而已，有些學者將其視爲周王「免喪」或「祔主」的樂歌，這顯然是對詩篇內容過渡引申的結果。詩中雖然言及舊君的去世和祭「皇考」，但是此祭並不一定就是除喪，也可能是除喪之後，更非「祔主」，詩中並無祭禮由凶轉吉的證據。

（二）《敬之》

　　上文將《敬之》與《顧命》的冊命之辭作對比，指出了二者的相似性，這實際上已經表明《敬之》一詩爲表現周王即位典禮的冊命儀式的樂歌。我們也指出，儘管具有相似性，但《敬之》並非冊命言辭，而應爲以周王君臣

〔註16〕楊寬《古史新探》，北京：中華書局，1965年，第172頁。
〔註17〕阮元《十三經注疏・尚書正義》，上海：上海古籍出版社，1997年，第241頁。

口吻代擬的儀式樂歌，由樂官奏唱於儀式之中。

（三）《小毖》

《小毖》一詩主題較爲隱晦，歷來人們對此見解歧出、莫衷一是。概括起來，主要有兩種觀點：一是「周王求助」說，認爲此詩是表現周王求助於人的詩篇，《詩序》的「嗣王求助也」是其典型；二是「周王自懲（或自儆或悔過）」說，認爲此詩是周王反省自己過失的詩篇，姚際恒、方玉潤、高亨等持此觀點〔註18〕。結合詩篇的內容來分析，此二說其實都是根據詩中的隻言片語推斷出來的。「周王求助」說是針對「莫予荓蜂」、「未堪家多難」而言的，既然周王極言自己沒有輔助〔註19〕，不能處理「多難」的局面，自然全詩就成了表現周王求助的樂章了。「周王自懲」說則是從詩中「予其懲而毖後患」一語發出的，所謂「懲前毖後」，既然周王自言如此，則全詩係其自懲悔過之詩。

此二說雖然在某些細節上契合詩篇，但是從總體上看都未能抓住詩篇的大旨。「予其懲而毖後患」確有鑒戒過失之義，但是周王鑒戒過失，不過是表明自己敬愼警戒的姿態而已，全詩還有「求助」、「哀歎時艱」的內容，因而「自懲悔過」不足以概括此詩題旨。同樣，「求助」也不能準確描述全詩主旨。全詩確有表現求助的內容，但是周王到底爲何求助，在何種場景下求助，如果不弄清楚，詩篇的主旨就無法弄清楚。

本文認爲，《小毖》一詩過於簡質，詩義不顯，但是幸而《周頌》中的詩篇並非是單獨存在的。上文已經指出，它與《閔予小子》、《訪落》、《敬之》乃一個系列的詩篇，產生於同一語境。我們已經考證，這一系列詩篇當爲周王即位典禮中所用的樂歌，其中《閔予小子》與《訪落》相近，爲祭祖樂章，《敬之》爲冊命儀式所用的樂章。那麼《小毖》呢？從詩篇內容考察，詩以「予」開頭，曰「予其懲而毖後患」，曰「莫予荓蜂，自求辛螫」，曰「予又集于蓼」，都是周王表達自我心聲的內容；周王一方面表明自己懲前毖後的敬愼心態，另一方面則著力抒發困難重重、不堪重負的心情。這種心態和心情顯然只有在剛剛接受一個重大任務、面臨困難局面時才會有，只有在一種任

〔註18〕 姚際恒《詩經通論》，北京：中華書局，1958年，第345頁。方玉潤《詩經原始》，北京：中華書局，2006年，第616頁。高亨《詩經今注》，上海：上海古籍出版社，1980年，第500頁。

〔註19〕 「莫予荓蜂」，于省吾釋爲「予莫有屏藩輔助」。于省吾《澤螺居詩經新證》，北京：中華書局，2003年，第114頁。

重而道遠、千斤重擔一肩挑的情景中才會有。

加之，結合其他三詩來看，此詩中的「予」乃周王自稱，正是《閔予小子》中「遭家不造，嬛嬛在疚」的「予小子」，正是《訪落》中「率時昭考」的「予小子」，正是《敬之》中雖「學有緝熙于光明」卻又「佛時仔肩」的「予小子」。可見，《小毖》中所描述的周王面臨的困難局面就是《閔予小子》等三詩所言的舊王去世、新君即位的局面，周王的「自懲」在於他深知「朕未有艾」，周王的「求助」是因爲他「佛時仔肩」。因而，周王不管是自懲還是求助，其實都是在剛剛即位、獨秉國政時所發出的。因而，此詩亦當爲周王即位典禮所用的樂歌無疑。並且，周王這種自懲、求助的內容正好與《敬之》中周王回答群臣告誡的歌詞非常相近，前者的「未堪家多難」與後者的「佛時仔肩」相應，「予其懲而毖後患」與「不聰敬止，日就月將」相應，「學有緝熙于光明，示我顯德行」與「莫予荓蜂」相應，可見二者的話語秩序雖然不同，但內容卻無二致。另外，在人稱上，二者都是周王自稱的口吻。這種種的相似性表明，《小毖》實際上亦爲周王即位典禮中回答群臣告誡時所用的樂歌。《敬之》爲君臣對答，因而爲冊命儀式的樂歌，《小毖》雖然爲周王歌辭，但它不包括君臣告誡內容，因而我們推測它當爲冊命禮儀結束後周王答拜神人時所用的歌詞。《顧命》記載周王在「三宿、三祭、三吒」後還有兩次依禮的「答拜」，《小毖》或奏唱於此時耶？

結　語

綜上所述，《閔予小子》等四詩記載的是君王與臣下互相勉勵的內容，是周王即位典禮所用的樂歌。《敬之》是即位禮儀中輔政大臣與新王的對答之語，《閔予小子》、《訪落》則是新王祭祀祖先、祈告祖先的樂歌，《小毖》是新王表達求助之意的樂歌，它們分別用於即位典禮的不同環節。

第二節　冊命典禮用詩

引　言

西周王朝最重要的政事禮儀無疑是冊命典禮。舉凡王位繼承、諸侯分封、百官任職以及爵賞告誡等大小政治行爲，都要舉行冊命儀式。從形式上看，

冊命是上級對下級的政事活動，是一種鄭重其事的禮儀活動。從本質上看，它是一種政治行爲，只不過這種行爲是經由禮儀而在神靈面前得以確認的。《禮記・祭統》云「古者，明君爵有德而祿有功，必賜爵祿於大廟，示不敢專也，故祭之日，一獻，君降立於阼階之南，南鄉，所命北面，史由君右執策命之，再拜稽首，受書以歸，而舍奠於其廟。」其中自「君降立於阼階之南」至「再拜稽首」所描述的就是冊命典禮的基本程序，而所謂「賜爵祿於大廟，示不敢專也」以及受命者「受書以歸，而舍奠於其廟」，都表明冊命典禮必須得到祖神的確認。可見，冊命典禮本身所具有重大的政治意味，其實是來自於典禮儀式中所包含的神性。

西周最高級別的冊命典禮是周王即位時所行的冊命，《尙書・顧命》以及《詩經・周頌》中的《敬之》都表現了這一儀式。此外，最重要的當屬分封諸侯的冊命典禮。分封制是西周王朝最核心的政治制度，而冊命典禮是這一制度的實現形式，《尙書・康誥》、《酒誥》、《梓材》、《文侯之命》以及《左傳》定公四年「選建明德以蕃屛周」等文獻記載了封建諸侯的冊命典禮的具體情況，1954 年江蘇丹徒出土的成康時銅器《宜侯夨毀》銘文也是冊命諸侯的一個典範例子。另外，冊命典禮還用於任命、爵賞和告誡卿大夫等政治行爲中，《尙書・召誥》《多士》等篇，《逸周書・嘗麥解》以及以《頌鼎》《吳彝》等爲代表的大量西周銅器銘文都是冊命王臣卿大夫的產物〔註20〕。

當然，《詩經》中的詩篇也是記載冊命典禮的重要文獻。除了上節已經闡明的《周頌・敬之》、《小毖》等篇外，《大雅・崧高》、《烝民》、《韓奕》、《江漢》以及《小雅・黍苗》都與冊命典禮密切相關。其中，《崧高》、《韓奕》與錫命諸侯有關，《烝民》、《江漢》、《黍苗》則與錫命大臣有關。本文認爲，冊命典禮是此五詩的表現重心，也是它們之所以產生的根本禮儀淵源，儘管它們不一定都用於冊命正禮的儀節中。具體而言，《江漢》一詩當爲周王錫命召虎典禮中樂官所用的樂章，《崧高》、《烝民》、《韓奕》爲冊命典禮結束後餞送受命者所用的樂歌，《黍苗》則爲召伯爲受命者營謝功成燕勞所用的樂歌。以下試分而證之：

〔註20〕 對文獻和金文中所表現的冊命禮，可參閱陳夢家《尚書通論》第二部第三考「王若曰考」，北京：中華書局出版社，2005 年，第 143～166 頁。

一、《江漢》《崧高》《烝民》《韓奕》所用的禮儀儀節

1、冊命樂歌：《江漢》

《江漢》一詩爲何而作，歷來主要有三種看法：一是「美宣王」，以《詩序》爲代表，認爲此詩乃尹吉甫所作，歌頌周宣王「能興衰撥亂，命召公平淮夷」〔註21〕，三家詩亦持此種看法〔註22〕；二是「美召虎平淮夷」，認爲此詩是爲歌頌召穆公虎平定淮夷的功績而作，以朱熹爲代表〔註23〕；三是「召虎作器」，認爲此詩乃召虎平淮功成而作彝器以祭祖之文，以清代方玉潤爲代表〔註24〕。三說之中，第二說比較符合詩篇內容，儘管它還不是十分準確。而第一說所謂「尹吉甫美宣王」，其實沒有什麼根據，最多不過是根據詩篇次於《崧高》、《烝民》之後所作的推測而已；第三說認爲此詩乃召虎「銘器紀勳」以祭祖所用的銘文，是對後二章發揮想像的結果，但顯然混淆了銘文與詩章的區別。

從《江漢》全詩的結構看，可以將其分爲兩個部分：前兩章是第一部分，簡略描寫了召虎征伐淮夷並獲得勝利的過程；後四章爲第二部分，詳細刻畫了周王對召虎的冊命：第三章是命其職，第四章是命其繼承祖先召康公，第五章、第六章則是賜禮物以及受命者召虎的拜謝。方玉潤曰「首二章敘平淮之功甚略，後二章敘慶賞報塞之義甚詳」〔註25〕，是符合詩篇實際的。可見，詩篇雖然以「召虎平定淮夷」的歷史事件爲表現對象，但並非著眼於戰爭的起因、經過和結果（如《常武》《六月》《采芑》），這些內容只在前兩章一帶而過，而是重在表現戰爭結束後周王對作戰主將召虎的冊命活動。因此，周王因戰功而對主將召虎進行冊命才是本篇的核心。宋代黃櫄云「《江漢》一詩乃召公旋師奏凱之日，論功行賞之時所作也」，其說至確〔註26〕。可見，詩人對「宣王命召穆公平淮夷」的歌頌，無論是讚美周宣王還是召穆公，都是有著具體的禮儀背景的，這就是《禮記‧祭統》所謂「爵有德而祿有功」的冊命

〔註21〕 阮元《十三經注疏‧毛詩正義》，上海：上海古籍出版社，1997 年，第 573 頁。

〔註22〕 王先謙曰「三家無異義」，參王先謙《詩三家義集疏》，北京：中華書局，1987 年，第 981 頁。

〔註23〕 朱熹《詩集傳》，南京：鳳凰出版社，2007 年，第 254 頁。

〔註24〕 方玉潤《詩經原始》，北京：中華書局，2006 年，第 563 頁。

〔註25〕 方玉潤《詩經原始》，北京：中華書局，2006 年，第 563 頁。

〔註26〕 轉引自胡承珙《毛詩後箋》，王先謙《清經解續編》第 2 冊，上海：上海書店，1988 年，第 1081 頁。

典禮。

詩中對冊命典禮的表現是非常直接的。第三章曰「王命召虎：『式辟四方，徹我疆土。匪疚匪棘，王國來極。于疆于理，至于南海。』」第四章又曰「王命召虎，來旬來宣：『文武受命，召公維翰。無曰予小子，召公是似。肇敏戎公，用錫爾祉。』」這裡的「命」實即冊命，上述詩句其實就是對周王冊命召虎命辭的直接載錄，文中的「我」、「予小子」即周王自稱，「戎」、「爾」即周王以第二人稱稱召虎〔註 27〕，這種對話式結構表明周王（或其傳命者）與召虎同時在場，而「文武受命，召公維翰。無曰予小子，召公是似。肇敏戎公，用錫爾祉」正是冊命大臣的典型用語。這一點可以從西周銅器銘文得到旁證，傳為康王時器《大盂鼎》銘云「命女盂，刑乃嗣祖南公」，又曰「今余唯命女盂，召艾，敬雍德經」等，宣王時器《毛公鼎》銘曰「王曰：『父厝，今余唯肇經先王命，命女司我邦我家，……夙夕惠我一人』」等，都與此相似〔註 28〕。

除了命辭之外，詩篇還記錄了冊命典禮的賞賜、答拜環節。陳夢家說「冊命的主要的內容有三：一賞賜，二任命，三告誡，而一般的冊命亦以賞賜為多，其次任命。」〔註 29〕如果上文所述命辭表現的是冊命的「任命」環節的話，那麼詩篇的第四章、第五章則表現冊命的賞賜以及受命者答拜的內容。第五章曰「釐爾圭瓚，秬鬯一卣」，《毛傳》「釐，賜也」，所謂「圭瓚」、「秬鬯」正是周王冊命召虎時所賜的禮物，目的是讓後者歸祀祖先，以示隆寵〔註 30〕。《尚書·文侯之命》記載周平王錫命晉文侯，所賜禮物正是「秬鬯、圭瓚」，《左傳》僖公二十八年周襄王冊命晉文公所賜禮物亦有「秬鬯一卣」，可見，所謂「秬鬯、圭瓚」正是冊命禮的常用禮物〔註 31〕。第五章又曰「虎拜稽首，天子萬年。」第六章亦曰「虎拜稽首，對揚王休。作召公考，天子萬壽。明

〔註 27〕 《箋》「戎，猶女也」，一說「大」，見《毛傳》。李學勤《十三經注疏·毛詩正義》，北京：北京大學出版社，1999 年，第 1245 頁。

〔註 28〕 于省吾《雙劍誃吉金文選》，北京：中華書局，1998 年，第 115、125 頁。

〔註 29〕 陳夢家《尚書通論》第二部第三考「王若曰考」，北京：中華書局出版社，2005 年，第 155 頁。

〔註 30〕 《禮記·王制》「諸侯，賜弓矢然後征，賜鈇鉞然後殺，賜圭瓚然後為鬯，未賜圭瓚，則資鬯於天子」，《祭統》曰「君執圭瓚祼尸」，可見諸侯大夫只有在天子賜命時才能以圭瓚、秬鬯祭祖。

〔註 31〕 至於「錫山土田」，郭沫若認為即《詩經·魯頌·閟宮》之「土田附庸」、《左傳》定四年之「土田陪敦」，亦俱為冊命典禮賞賜之物。郭沫若《兩周金文辭大系圖錄考釋》，北京：科學出版社，1957 年，第 143 頁。

明天子，令聞不已。矢其文德，洽此四國。」這裡所記載的乃是召虎拜答周王冊命與賞賜的話語，其中「拜稽首」、「對揚王休」在冊命金文中隨處可見。

從以上所分析的命辭、賞賜、答拜三個內容，可知此詩所表現的是周王對召穆公虎的冊命典禮。那麼，此詩用於冊命典禮的什麼儀節呢？古往今來，已經有不少學者認識到了此詩與冊命的關聯。宋朱熹認為詩的第五章、第六章為「王賜召公策命之詞」，並引古器銘證之，明代何楷亦指出「自『來旬來宣』以下至『自召祖命』皆冊命之文也」，只是都未能就全詩論之。清代方玉潤則進一步提出了所謂「銘器」說，將全詩視為召虎作器的銘文，用於宗廟祀祖；近人郭沫若將詩末章的「作召公考」釋為「作召公簋」，並根據《召伯虎簋二》與此詩在用語上的諸多相似之處，將此詩視為召虎的「簋銘」〔註32〕。然而，方、郭二人的「銘文」說雖巧，卻難以取信於人：其一，僅僅依據詩語與銘文的相似性是不夠的，因為只要時代相近，典重的書面用語就會相近；其二，所謂「作召公考」的「考」作為「簋」的借字，似不如將其釋為「祭享」符合詩義〔註33〕。竊以為，即使《江漢》與《召伯虎簋》（即《六年琱生簋》）係同時同事之作，但由於前者作為樂章收入《大雅》，後者則作為銘文契入銅簋之中，二者性質完全不同，其用語上的相同點如何能掩蓋這一根本差異？李山先生說「銘為一家一族的紀年，雅是對王朝大政的詠頌，詩自詩，銘自銘」，其說甚確〔註34〕。可見，此詩並非祭祖銘文。

本文認為，綜合全詩來看，《江漢》當為周王冊命召虎的正禮結束後享召虎時樂官所奏的樂歌。根據有三：首先，從詩篇末章來看，「虎拜稽首，對揚王休。作召公考，天子萬壽」，歌唱召虎答拜冊命賞賜，並祝頌「天子」，這表明此詩用於典禮時，只能用於冊命典禮結束之後。其次，從人稱看，詩曰「王命」，曰「虎拜」，表明此樂章是以第三人稱的視角展開的（當即樂官），而且詩中又曰「予小子」，曰「爾」，轉述帶有周王口氣的命辭，可知此樂章當為參與冊命典禮的人所誦唱。再次，周王饗宴受命者是冊命典禮的內容之一。同為宣王時期的銅器《虢季子白盤》銘曰「王格周廟宣榭，爰饗」，正是

〔註32〕郭沫若《郭沫若全集·歷史編·青銅器時代》，人民出版社 1982 年。郭沫若《兩周金文辭大系圖錄考釋》，北京：科學出版社，1957 年，第 145 頁。
〔註33〕林義光《詩經通解》，北京師範大學圖書館藏衣好軒刻本，第四冊第 20 頁。
〔註34〕李山《詩經析讀》，海口：南海出版社公司，2003 年，第 415 頁。

冊命而後饗受命者〔註 35〕，又如昭王時器《令鼎》、穆王時器《遹簋》《長由盉》、恭王時器《效卣》、夷王時器《大鼎》、厲王時器《噩侯馭方鼎》等無不如此。另外，《左傳》僖公二十八年記載周襄王錫命晉文公時亦曰「王享醴，命晉侯宥」。由此可知，冊命典禮不光包括正禮部分的入位、宣讀命書、賞賜、答拜等儀節，還包括饗宴受命者。有燕饗必有樂章，從《江漢》一詩的整體看，它正是饗宴召虎時樂官所歌唱的樂章。

2、冊命之後的餞送樂歌

如果說《江漢》是正面表現冊命典禮的樂章的話，那麼《崧高》、《烝民》、《韓奕》則是從受命者行蹤的角度來表現冊命禮儀。

歷來人們對這三首詩的主旨有兩種概括：一是「美宣王」，二是「送行贈別」。所謂「美宣王」說，即認為這三首詩乃是歌頌周宣王能夠封建諸侯、任賢使能以形成周王朝「中興」的局面，此說以《詩序》為代表，它認為此三詩均為周宣王時的大臣尹吉甫所作，其中《崧高》歌頌周宣王能夠「建國，親諸侯，褒賞申伯」，《烝民》歌頌周宣王能夠「任賢使能」，《韓奕》則歌頌周宣王能夠「錫命諸侯」〔註 36〕。考諸詩篇，此說雖然得到古代學者的贊同，但仍不足以概括詩旨。根據史料，西周宣王時代確有「中興」之勢，《史記·周本紀》曰「宣王即位，二相輔之，修政，法文、武、成、康之遺風，諸侯復宗周」；根據詩篇內容，三詩之中確有尹吉甫之作（《崧高》、《烝民》），並且尹吉甫也確為宣王重臣（即宣王時器《兮甲盤》之「兮甲」）〔註 37〕，但是詩中並沒有直接歌頌宣王的內容，而只是敘述周王對申伯、韓侯以及仲山甫的冊命，可見「美宣王」最多不過是詩篇的言外之意，而不是主要內容。

所謂的「送行贈別」說，認為這三首詩都是臨行贈別之作，以朱熹為代表，他認為《崧高》是申伯出封時「尹吉甫作詩以送之」，《烝民》是仲山甫徂齊築城時「尹吉甫作詩以送之」，《韓奕》則是韓侯受命而歸時「詩人作此以送之」〔註 38〕。將這些詩的作意與「贈別」聯繫起來，實際上認為它們的

〔註 35〕馬承源《商周青銅器銘文選三》，北京：文物出版社，1988 年，第 308 頁。
〔註 36〕阮元《十三經注疏·毛詩正義》，上海：上海古籍出版社，1997 年，第 565、568、570 頁。
〔註 37〕此說王國維發之，郭沫若和之。參《觀堂集林附別集·兮甲盤跋》，北京：中華書局，1959 年，第 1208 頁。郭沫若《兩周金文辭大系圖錄考釋》，北京：科學出版社，1957 年，第 143 頁。
〔註 38〕朱熹《詩集傳》，南京：鳳凰出版社，2007 年，第 248、249、252 頁。

表現對象不是周宣王，而是申伯、仲山甫和韓侯，這顯然是符合詩篇實際的；並且，所謂「尹吉甫作詩以送之」是根據《崧高》、《烝民》末章點題的詩句得來的，亦爲有根有據。所以，「送行贈別」說要比「美宣王」爲優。不過，這到底是一種什麼樣的「贈別」，它是一種類似於後世詩人因友情而相贈，還是一種具有特定背景的行爲，此說並沒有揭示清楚，這是其不足之處。

本文認爲，這些詩篇確實是贈別之作，但是並非個別性的贈詩，而是王朝禮制的儀式樂章。這一儀式就是「出祖餞行」之禮，而此禮又與冊命典禮直接相關。這實際上包含兩層意思：第一，此三詩以冊命爲主要的表現內容；第二，這些詩篇都是在受命者即將離開時在「祖餞」禮儀上所用的樂歌。以下對此加以論證。

首先，《崧高》、《烝民》、《韓奕》的內容具有顯著的共同點，就是表現周王對諸侯大臣的冊命。這些詩篇的內容是非常豐富的，如《崧高》涉及了冊命申伯，召伯爲申伯定宅、徹田、遷人、營城，周王遣行申伯、餞行申伯等，《韓奕》涉及了冊命韓侯、韓侯入覲、餞行韓侯、韓侯娶妻等，《烝民》涉及了冊命仲山甫、仲山甫徂齊等內容；並且，它們無一例外都有歌功頌德的內容，如《崧高》對「申伯之德」、《烝民》對「仲山甫之德」、《韓奕》對「孔樂韓土」都有一番溢美之辭。但是，這些豐富的內容貫穿著一條主線，這就是受命。不管是作爲諸侯的申伯和韓侯，還是作爲輔政重臣的仲山甫，他們之所以受到隆重的接待、送行和沒有保留的歌頌，就是因爲他們受到了周王莊重的「冊命」：申伯受封於謝、韓侯受命爲伯、仲山甫受命徂齊。

這在詩篇的結構安排上是有明顯體現的。如《崧高》一詩，第二章「亹亹申伯，王纘之事。于邑于謝，南國是式」，說的就是周王徙封申伯於謝〔註39〕，這是全詩的核心：第一章言及「申」姓的起源和重要性，交代爲何冊命的是申伯；從「王命召伯」開始，所敘述的定宅（第二章）、徹田（第三章）、營城、賞賜（第四章）、遣行、錫寶（第五章）、餞行、峙粻、歸謝（第六章），這些內容包括了徙封申伯於謝的準備和後續行爲；第七章歌頌了申伯入謝所產生的效應，第八章歌頌申伯之德並點明詩篇作意。可見，全詩主要圍繞著「王命申伯」的重大冊命展開，把此事的來龍去脈都表現出來了。無獨有偶，《韓奕》的結構

〔註39〕 申伯原封於申，據史載，申在南陽宛縣，謝在南陽棘陽縣，兩地相近，所以《正義》以爲宣王此命申伯乃「改大其邑」。即使如此，申國重心恐怕亦遷移至此。所以，本爲以徙封視之。

也與《崧高》如出一轍。儘管此詩表現的是諸侯新立、繼世而受命（詩曰「韓侯受命，王親命之，纘戎祖考」）〔註40〕，與《崧高》表現諸侯初封不同，但二詩的基本線索卻是相似的：申伯的行蹤是從住地申國入周受封，餞行於郿，然後入謝，韓侯也是從本國入周受命，然後餞行於屠，歸於本國。從結構上看，《韓奕》首章「韓侯受命，王親命之」是核心，其他如次章的入覲和賞賜，第三章的出祖、餞行，第四章、第五章的娶妻，第六章的歸國並重提錫命，都是首章冊命的後續行為。可見，《韓奕》與《烝民》一樣都是意在表現諸侯受命於周王，只是《烝民》是通過刻畫營謝以示隆寵受命者而《韓奕》則通過娶妻來表現倚重之意罷了。與此二詩相比，《烝民》一詩則納入了較多了讚美仲山甫德行的內容，如第二、四、五、六章對其威儀氣度及剛柔並濟的德行進行了不遺餘力的歌頌；儘管如此，這些內容不能掩蓋全詩的核心是表現冊命仲山甫：這些內容其實只是交代周王冊命仲山甫的原因，詩曰「天子是若，明命使賦」就是這個意思。從結構上看，第三章「王命仲山甫」、「王之喉舌，賦政於外，四方爰發」是全詩的核心，首章言及天生仲山甫以保周，第二、四、五、六章均為歌頌受命者的德行，其實是歌頌冊命本身，第七章敘述仲山甫出祖，第八章言仲山甫祖齊並點題作結。由此可見，仲山甫的基本行蹤與申伯、韓侯是類似的，均為受命於周，然後出祖，最後歸於目的地，所以《烝民》與《崧高》《韓奕》事同理同，只不過它是以稱道德行的方式表示對受命者的隆寵罷了。

據以上分析可知，《崧高》、《烝民》、《韓奕》無論在表現內容還是在結構上都是相似的，都以周王冊命為核心，展現了諸侯大臣入周受命、繼而承命而往的過程，並且都極力表現了王朝對受命者的隆寵和厚待。種種相似性表明，它們並非隨意而作，而是與特定的禮儀背景相關聯，這就是周王對諸侯大臣的冊命典禮。也即，它們都是與冊命大典有關的禮儀樂章。當然，與作為燕饗受命者的《江漢》不同的是，它們並不用於冊命大典的正禮儀節之中，因為詩篇已經表現了冊命禮畢、受命者離開的內容。那麼，它們作於什麼儀節呢？

本文認為，《崧高》《烝民》《江漢》乃是冊命典禮之後、受命者出祖飲餞之禮所用的樂歌。冊命正禮雖然主要包括入位、宣讀命書、賞賜、答拜等內

〔註40〕 《白虎通義‧爵》引《韓詩內傳》曰「諸侯世子三年喪畢，上受爵命於天子」，何楷《詩經世本古義》「受命，受繼世而為諸侯之命也」。陳立《白虎通疏證》，北京：中華書局，1994念，第25頁。何楷《詩經世本古義》，《影印文淵閣四庫全書》第81冊，臺北：臺灣商務印書館，1986年，第454頁。

容，但是在正禮之外也常與祭、饗、射、獵等禮相結合進行。有「祭」，是因為冊命在宗廟舉行，在祖神面前舉行，因而祭祖常常是先行的〔註41〕；有「饗」，則是因為周王要對受命者加以款待和褒賞，如《虢季子白盤》；有射、獵之禮，則往往是受命者從王遊獵因而受賜，是受命的由來，如《靜簋》、《盠侯馭方簋》等。由此可見，冊命的正禮前後還配合舉行諸多禮儀，它們也是冊命大典的重要組成部分。我們認為，出祖飲餞就是這樣的一種禮儀。

所謂「出祖飲餞」，是指出行時祭祀道路之神並在其旁飲酒餞行的禮儀，通常是重要使臣出行時舉行，國君親自參與，或指派重臣參與，以示對使臣及其使命的重視之意。後世禮書將其歸入聘禮之中，《儀禮·聘禮》「出祖，釋軷，祭酒脯，乃飲酒於其側」，鄭玄注曰「既受聘享之禮，行出國門，止陳車騎，釋酒脯之奠於軷，為行始也，……卿大夫處者，於是餞之，飲酒於其側」〔註42〕，可見這是卿大夫一級以上的使臣離開所聘之國時所行的禮儀，所謂「出祖，釋軷，祭酒脯」即祭祀道路之神，所謂「飲酒於其側」即餞行之禮。《左傳》昭公十六年記載「鄭六卿餞宣子於郊」，杜注「餞，送行飲酒」，這裡的「餞」顯然也是高規格的聘禮。然而，此禮無論在秦漢或兩周時期都不僅限於使臣，《漢書·景十三王傳》「上徵榮，榮行，祖於江陵北門」，《公孫賀傳》「其明年，貳師將軍李廣利將兵出擊匈奴，丞相為祖道，送至渭橋」，顏師古云「祖者，送行之祭，因設宴飲焉」，可見，漢世出祖飲餞之禮乃為接受王命的人而舉行。《邶風·泉水》「出宿于泲，飲餞于禰」，《毛傳》曰「祖而舍軷，飲酒於其側曰餞，重始有事於道也」，這裡的「出祖飲餞」據舊說乃諸侯之女出嫁時所舉行〔註43〕。這表明，在周代，出祖飲餞早就實行了。

我們認為，《崧高》《烝民》《韓奕》三詩之作也與此禮密切相關。毫無例外，這三首詩都涉及了「出祖」或「飲餞」的內容，如《崧高》「申伯信邁，王餞于郿」是說周王在郿餞行申伯，《韓奕》「韓侯出祖，出宿于屠。顯父餞之，清酒百壺」是顯父在屠餞行韓侯，《烝民》「仲山甫出祖」也表明仲山甫出行時舉行「祖」禮；其實，從《韓奕》及《邶風·泉水》「祖」、「餞」並言的情況來看，出祖、飲餞是禮儀常規，單言「祖」、或「餞」實際上都涵蓋二者，只不過因為詩句簡質，又要服從樂章韻律，所以沒有提及。因而，可以

〔註41〕冊命在宗廟，這是眾所公認的，但有人認為冊命亦行於王宮大室，此觀點有爭議。參楊寬《西周史》，上海：上海人民出版社，2003年，第823頁。

〔註42〕阮元《十三經注疏·儀禮注疏》，上海：上海古籍出版社，1997年，第1072頁。

〔註43〕阮元《十三經注疏·毛詩正義》，上海：上海古籍出版社，1997年，第309頁。

推測申伯、仲山甫出行時都是「祖」、「餞」並行的。並且,「祖」、「餞」的活動是在申伯受封而前往謝國、仲山甫受命前往齊國、韓侯受爵而啓程歸國時發生的,也即它們都是在受命者的冊命典禮結束之時發生的,是針對受冊命之人、冊命之禮舉行的,因而自應是冊命典禮的一個重要組成部分。

如果說在冊命典禮中,冊命行爲本身是核心的話;那麼,在出祖飲餞的禮儀中,受命者就成爲禮儀的核心了。因爲,此禮是專爲受命者出行而舉行,帶有先行慰勞受命者的政治意圖。受命者作爲禮儀核心表現在:其一,提高送行者的級別,周王親自餞行或者委派重臣參與,如《崧高》爲周王親自餞行,《韓奕》則是顯父參與〔註44〕,《烝民》沒有提及,但尹吉甫有可能參與(詳下文)。其二,禮儀的內容是指向受命者的,「出祖」即祭道路之神,是爲受命者出行祈求神靈之祐,「飲餞」即設宴饗飲,是款待受命者,此外還有車馬等物品的厚賜,亦爲隆寵受命者。從中可見,出祖飲餞的主要禮儀內容是祭祀、燕飲、贈別,《韓奕》一詩對此表現最爲完整:所謂「韓侯出祖」就是祭祀路神的內容,所謂「清酒百壺」、「其殽維何」、「其蔌維何」表現的就是顯父、韓侯飲酒饗宴的內容,所謂「其贈如何,乘馬路車」說的就是賞賜贈別的內容。

方玉潤曰「有宴必有樂」,是指周人的宴飲禮儀中往往有音樂配合〔註45〕。這一點能從後世禮書獲得旁證,《儀禮·鄉飲酒禮》、《燕禮》所載的「工歌」、「笙奏」、「間歌」、「合樂」等詩樂的工整程序,可能就是古代宴樂結合的一個成果。出祖飲餞既是饗飲之禮,則亦當有音樂伴隨。上文所舉《左傳》昭公十六年「鄭六卿餞宣子於郊」即爲飲餞之禮,傳文又載宣子令鄭六卿賦詩「以知鄭志」,可知,飲餞中當有樂章之用。由此可以推測,《崧高》、《烝民》、《韓奕》詩中的出祖飲餞之禮似亦當用樂。這在詩中也是有迹可尋的。《韓奕》曰「其贈維何,乘馬路車。籩豆有且,侯氏燕胥」,韓侯在宴飲中得到厚贈而「燕」(安)樂〔註46〕。那麼,韓侯獲贈之物是不是只有詩中所言的「乘

〔註44〕 「顯父」具體身份不明,但《毛傳》云「有顯德者也」,看來,他地位聲望不低。李學勤《十三經注疏·毛詩正義》,北京:北京大學出版社,1999年,第1232頁。

〔註45〕 方玉潤《詩經原始》,北京:中華書局,2006年,第495頁。

〔註46〕 「燕」,鄭玄釋爲宴飲,朱熹釋爲「安」,馬瑞辰云「燕胥與燕喜、燕譽、燕樂相類」。結合詩意,以朱、馬之說較家。馬瑞辰《毛詩傳箋通釋》,北京:中華書局,1989年,第1012頁。

馬路車」呢？

聯繫《崧高》、《烝民》兩詩來看，可能不僅如此。《崧高》末章曰「吉甫作誦，其詩孔碩，其風肆好，以贈申伯」，《烝民》末章亦曰「吉甫作誦，穆如清風。仲山甫永懷，以慰其心」，二者都卒章點題，交代了三個信息：一是詩是「工師之誦」（即禮儀樂章）〔註47〕，二是樂章的作者爲尹吉甫，三是製作樂章的目的是「贈人」〔註48〕。顯然，作爲樂章的詩篇也是給受命者（申伯、仲山甫）的贈品。由此可以推測，《崧高》《烝民》也是飲餞禮儀中贈品的內容之一；並且，由於詩中明言「其詩孔碩，其風肆好」、「仲山甫永懷，以慰其心」，說明在贈別的時候就已經演奏這些樂章了，如此方能既顯示樂章的風格，又慰勞出行者。據此可以推斷，《崧高》《烝民》當即產生於冊命完畢、受命者出祖飲餞的禮儀之上，而《韓奕》由於表現內容、結構、風格與前二者非常相似，雖然它不一定爲尹吉甫所作，但當亦產生於此禮之中。

3、冊命營城的慰勞樂歌

上文指出，《人雅・崧高》乃是申伯接受冊命之後、出祖飲餞時所用的禮儀樂歌。而談到《崧高》就不能不提及《小雅・黍苗》。周王徙封申伯於謝，在冊封之前曾先派召伯前往謝作了一系列準備工作，《崧高》曰「王命召伯，定申伯之宅」、「王命召伯，徹申伯土田」，又曰「申伯之功，召伯是營。有俶其城，寢廟既成，既成藐藐」，可見召公既定宅又徹田，並且建築城邑寢廟。而《黍苗》一詩所表現的正是召伯營謝的事，其曰「肅肅謝功，召伯營之。烈烈征師，召伯成之」。由此可見，《黍苗》雖然表現的是召伯率師營謝的事，但卻源於周王對申伯的冊封，可以說營謝是申伯徙封的一個插曲。《詩傳綱領》認爲此詩「與《大雅・崧高》相表裏」，就是說冊封申伯是裏，而召伯營謝是表〔註49〕，二詩乃同時同事之作。

雖然聯繫緊密，但《黍苗》與《崧高》卻有著差異巨大的表現內容、樂章體制和用語風格。《崧高》重在表現冊命以及受命者，《黍苗》則著意於營謝之事和主帥申伯；《崧高》是長篇巨製，《黍苗》則是短章；《崧高》用語典

〔註47〕《毛傳》「作是工師之誦」，《詩集傳》「工師所誦之詞也」，

〔註48〕李山先生將比之「亂詞」，認爲係樂工演唱時所加，這是有道理的。李山《詩經析讀》，海口：南海出版社公司，2003 年，第 407、412 頁。

〔註49〕朱熹《詩序辨說》，《朱子全書》第三冊，上海古籍出版社&安徽教育出版社，2002 年，第 199 頁。

雅、風格華麗，《黍苗》則用語輕盈、風格淡泊。這些差異的根源就在於它們所產生的場景不同，也即所使用的禮儀不同。與《崧高》《烝民》重在表現受命者不同，《黍苗》重在表現營謝的師旅及其主帥。

那麼，《黍苗》用於何種禮儀呢？歷來人們對此詩作意有三種推測：一是「召伯述職，勞諸侯」，此說見於《國語》韋注、《左傳》杜注，實本於三家〔註50〕；二是「刺幽王」說，以《詩序》爲代表〔註51〕；三是「徒役之作」，即認爲此詩是召伯率領徒役南下營謝，徒役所作之詩，既有勞行役之意，亦有美召伯之意，此說以朱熹爲代表，成爲後世的主流看法〔註52〕。顯然，就詩義而言前兩說都是無稽之談，詩中沒有「勞諸侯」或「刺幽王」的任何根據，漢人之說可能係用詩之義而非樂章本義。詩曰「悠悠南行，召伯勞之」，確有召伯慰勞之事，但是結合全詩來看，所慰勞之人當係下文之「我徒我御，我師我旅」，即從召伯南行的師旅徒御，何楷云「其云勞來之者，乃勞南行師旅，非勞來諸侯明甚」〔註53〕。可見，三家「勞諸侯」之說不確，至於《詩序》從詩篇次序立說本不足辯。

所謂「徒役之作」說，是從詩中的人稱「我」推論而來的，元代劉玉汝《詩纘序》云「其曰我，故知爲行者作」，代表了持此說之人的看法〔註54〕。然而，詩中人稱除了第二章、第三章的「我」之外，還有第一、四、五章的「召伯」。可見，全詩是第一人稱與第三人稱並存。而且，從篇幅看，詩中對召伯南行的客觀敘述要勝過徒役兵士的自述。考之《詩三百》，「我」雖有第一人稱表自述之義，但更多的是詩篇作者對某一角色的虛擬口吻，如《崧高》有「王遣申伯，路車乘馬。我圖爾居，莫如南土」一句，正是詩人代擬周王的口吻；另外，《江漢》之「徹我疆土」，《常武》之「整我六師，以修我戎」，

〔註50〕 《國語・晉語四》「子餘使公子賦《黍苗》」，韋昭注「《黍苗》，道召伯述職勞來諸侯也。」《左傳》襄公十九年「范宣子爲政，賦《黍苗》」，杜注「《黍苗》，《詩・小雅》，美召伯勞來諸侯，如陰雨之長黍苗也。」徐元誥《國語集解》，北京：中華書局，2002年，第339頁；阮元《十三經注疏・春秋左傳正義》，上海：上海古籍出版社，1997年，第1968頁。王先謙云「三家說曰：召伯述職，勞來諸侯也。」《詩三家義集疏》，北京：中華書局，1987年，第806頁。

〔註51〕 阮元《十三經注疏・毛詩正義》，上海：上海古籍出版社，1997年，第495頁。

〔註52〕 朱熹《詩集傳》，南京：鳳凰出版社，2007年，第198頁。

〔註53〕 何楷《詩經世本古義》，《影印文淵閣四庫全書》第81冊，臺北：臺灣商務印書館，1986年，第490頁。

〔註54〕 此說轉引自陳子展《詩經直解》，上海：復旦大學出版社，1983年，第830頁。

無不如此。我們認為，《黍苗》中的「我」同樣是詩人代擬徒御兵士的口吻，如此方能與全詩的人稱相一致。也即，全詩旨在歌頌召伯率師營謝：前三章敘述南行時的心態，後二章描寫營謝功成。如果將其與《出車》、《六月》相比，則其謀篇結構是如出一轍的，即往往在表現重大戰爭、勞役時懸擬徒御或兵士的心態，這是周人戰爭詩、勞役詩的特點。因而，此詩不是「徒役」或「行者」之作，而是王朝的樂官所作，其目的在於慰勞師眾。從詩中所言「烈烈征師，召伯成之」、「召伯有成，王心則寧」的詞句來看，營謝之功已成，召伯歸來告成於王，所以「王心」方能安寧。由此可推斷，此詩當係召公告成、周王宴饗慰勞時樂官所用的樂歌。

綜上所述，本文認為《崧高》、《烝民》、《韓奕》、《江漢》、《黍苗》都是以冊命典禮為內容核心的，是冊命典禮的各個禮儀儀節所用的儀式樂歌。其中，《江漢》是冊命正禮之後饗宴召虎所用的樂歌，《崧高》、《烝民》、《韓奕》則為受命者離開時、出祖飲餞所用的樂歌，《黍苗》則為慰勞營謝的召虎的樂歌。

二、冊命重典與宣王時期的政治謀略

自從《詩序》以降，人們就將《崧高》、《烝民》、《韓奕》、《江漢》等詩中的「王」定為周宣王，將這些詩篇視為宣王時期的作品；《黍苗》由於與《崧高》係同時同事，人們也將其歸為宣王時期之作。這是沒有問題的，《國語·周語》記載了仲山甫兩次進諫宣王的事，出土的宣王時器《兮甲盤》證明尹吉甫（即兮甲）為宣王時人，都表明了這一點。西周宣王時期的局面，人們豔稱「中興」。通過對《詩》中所保留的宣王詩篇來看，「中興」之勢不過是對宣王經營與蠻夷戎狄關係的成功方面的概括，而宣王邊防謀略又與幾個冊命重典緊緊聯繫在一起。

《崧高》所載的徒封申伯於謝，體現的是宣王對南國荊楚之蠻的經營。這表現為兩點：其一，選擇謝這一南國門戶建立諸侯國。根據史載，申國在南陽宛縣，謝在南陽棘陽縣東北百里（即今河南唐河縣境內）。申、謝實相近，俱為南陽之地，而古南陽乃關中與楚地的交接地帶，是中原南下或楚人北上的扼腕之地。《左傳》成公七年楚子重請楚王將申、呂賞給自己，申公巫臣認為不可，認為「此申、呂所以邑也，是以為賦，以禦北方，若取之，是無申、呂也，晉、鄭必至於漢」，可見申所在的南陽之地的戰略性。《詩經世本古義》

引林氏曰「楚經營北方，大抵用申息之師，其君多居於申，合諸侯亦在焉；秦漢之際，南陽爲要地，高祖踰宛而攻武關，……光武起南陽，以宛首事。」〔註55〕可見南陽從來是兵家必爭之地。其二，選擇申伯作爲冊封的對象。這是因爲，一則申爲姜姓，本爲周人的盟族，即《崧高》首章歌頌「維岳降神，生甫及申。維申及甫，維周之翰。四國于蕃，四方于宣」的原因；再則是此申伯又是周宣王之「元舅」，與王室有親戚關係。然而，即使選擇作爲盟族與親戚的申伯鎮守謝這個要衝之地，宣王尚不能放心；在冊命舉行之前，宣王讓心腹重臣召穆公前往營謝，並定宅、徹田，這種種措施透露了對申伯的戒備之心。看來，南陽之地本爲申伯之勢力範圍，宣王徙封申伯乃不得已的借力用力的舉措。到了幽王之世，終於釀成了大禍。

《韓奕》則是冊命新一代韓侯，體現的是宣王對東北方諸狄的經營。韓侯新立，宣王招其入周，對其進行了隆重的冊命和豐厚的賞賜，這不僅僅是王室對韓國的恩寵，更有用心於北方的意圖。這表現爲：一不僅錫命韓侯，而且命其爲北方侯伯，統領一帶諸侯。詩曰「王錫韓侯，其追其貊。奄受北國，因以其伯」，《毛傳》云「追、貊，夷狄國也」〔註56〕，可見周王冊命韓侯不僅是令其「夙夜匪解，虔共爾位」，還有作爲「北國」之「伯」，爲周王朝藩屏北方、鎮撫諸狄的意圖。二是不僅錫命韓侯，而且安排爲韓侯娶妻，詩中第四章、第五章用了較多的篇幅敘述了韓侯娶妻的內容，描寫了韓侯之妻高貴的家世以及婚禮的盛況。韓侯之妻爲韓姞，姞姓，其父爲蹶父，二者均與周王室有著莫大的關聯。姞姓本黃帝之後，入周後爲周之姻族，即《小雅・都人士》「彼君子女，謂之尹吉」的「吉」〔註57〕；而蹶父則仕於王朝爲重臣（「蹶父孔武，靡國不到」），並且據說與厲王有親戚關係（「汾王之甥，蹶父之子」）。由此可見，蹶父與韓侯聯姻，其實是將顯赫的姞姓家族與遠封的姬姓再度結合起來，以此來強化韓侯的實力，這種安排不能說沒有周王室的考慮在裏頭。

《江漢》冊命召虎，則體現宣王對東南淮夷的經營。召虎征伐淮夷有功，

〔註55〕 何楷《詩經世本古義》，《影印文淵閣四庫全書》第 81 冊，臺北：臺灣商務印書館，1986 年，第 486 頁。

〔註56〕 阮元《十三經注疏・毛詩正義》，上海：上海古籍出版社，1997 年，第 572 頁。

〔註57〕 鄭玄云「吉讀爲姞。尹氏、姞氏，周室昏姻之舊姓也。」《左傳》宣公三年「鄭石癸曰：『吾聞姬、姞耦，其子孫必蕃。』姞，吉人也，后稷之元妃也。」李學勤《十三經注疏・毛詩正義》，北京：北京大學出版社，1999 年，第 917 頁。

周王對其進行冊命封賞，然而，周王對召虎的褒賞卻不僅僅因為平淮夷之功，更重要的是因為召虎對廣大東南疆土的治理。詩曰「王命召虎，式辟四方，徹我疆土」，又曰「于疆于理，至于南海」，顯然，周王交給召虎的任務是治理南方、疆理蠻夷之國，所謂「匪疚匪棘，王國來極」，就是要將諸多蠻夷之國納入周王朝的統治體系之中。這才是周王鄭重其事冊命召虎的用意所在。因為，征伐淮夷其實並非召虎之功，《常武》一詩記載宣王親自將兵討伐徐戎，君臨東南之國，可能東南夷的征服是那一戰完成的。而召虎的功績或者說重任，就在於戰勝後對南國的統治。

《烝民》冊命仲山甫，則體現宣王對東方的經營。《國語・周語上》記載仲山甫兩諫宣王，一是不可立魯公子戲，二是不可料民，可見其在宣王朝處於重臣的地位。《烝民》中宣王冊命仲山甫為「賦政」一職「出納王命，王之喉舌。賦政于外，四方爰發」，所謂「出納王命，王之喉舌」，《毛傳》「喉舌，冢宰也」，可見此職絕非單純的納言之官，如周代的「內史」、秦漢的「尚書」，而是作為王朝要職的冢宰之官〔註 58〕。而官位如此之尊、德望如此之高的仲山甫受命徂齊，正體現了宣王對東方諸侯的高度重視。那麼，仲山甫徂齊所為何事呢？詩曰「王命仲山甫，城彼東方」，似為築城而去，然而為誰築城卻無明言。據人們推測，仲山甫當係為齊國建築新都，《毛傳》「東方，齊也，古者諸侯之居逼隘，則王者遷其邑而定其居，蓋去薄姑而遷於臨淄也」〔註 59〕。所謂「去薄姑而遷於臨淄」，據《史記・齊太公世家》記載，發生於周夷王、魯獻公時期，並非宣王時期，毛說不確。其實，為齊國新都築城可能實有其事，治臨淄雖然始於齊獻公時，但可能主要完成於周宣王時期，此時即齊國厲公、胡公、文公時期，齊國因為嗣位的爭端發生了嚴重的內亂，國都幾度遷徙（《史記・齊太公世家》）。而仲山甫徂齊築城，可能係內亂初平、國都甫定的時候；宣王之所以委派的是仲山甫，那是因為《國語・周語》所載仲山甫屢次對魯國繼承人的問題獻良策，齊、魯又同為東方大國，因而仲山甫可能是處理齊國之亂的最佳人選。而對於王室而言，周宣王曾經插手魯國繼承人問題而不得大臣支持，因而針對齊國的問題，就派位望並尊的仲山甫徂齊，顯示了宣王對東方諸侯治理策略的調整。

綜上可見，《崧高》《黍苗》、《烝民》、《韓奕》、《江漢》四者體現了周宣

〔註58〕辨見馬瑞辰《毛詩傳箋通釋》，北京：中華書局，1989年，第 1000 頁。
〔註59〕阮元《十三經注疏・毛詩正義》，上海：上海古籍出版社，1997年，第 569 頁。

王對荊楚、東北諸狄、東南夷以及東方諸侯的治理經略。這些經營方略有一個共同點就是,無論是分邦建國還是委任重臣,周王都是通過典重的冊命典禮將統治經略建立起來。在冊命典禮中,諸侯大臣接受重命、蒙受王朝的隆寵,通過裂土益封、加官進爵、厚賜重賞、宴饗頌德以及婚配等種種方式將受命者與周王室緊密連接起來,以此來推進王命的執行。可以說,冊命成爲周王朝統治策略與政治精神的集中展示機制。

結　語

綜上所述,可知在《大雅》中《崧高》、《烝苗》、《烝民》、《韓奕》、《江漢》等詩是以冊命禮儀爲表現重心的詩篇。其中,《江漢》一詩即爲冊命禮所用的詩篇,《崧高》、《烝民》、《韓奕》則爲冊命典禮結束後餞送冊命對象時所用的詩篇,《烝苗》與《崧高》緊密聯繫,是樂官歌頌爲冊命申伯作準備的召伯的樂歌。儘管這些詩篇並非產生於同一個禮節,但是它們都是因爲冊命典禮而產生。

第三節　朝覲禮儀用詩

引　言

西周王朝的穩固是通過分封制得以實現的,《左傳》昭公二十六年載「昔武王克殷,成王靖四方,康王息民,並建母弟,以蕃屏周」,而所謂「分封制」實際上是根據宗族血緣關係進行族群的「拆解」和「再編組」,從而分邦建國的一種制度〔註60〕。通過這一制度,周人建立了齊、魯、燕、衛、晉等諸侯國,利用諸侯的力量實現了對天下「大邦」的統治。正是由此,周天子與各諸侯國的關係成爲周人維持統治的關鍵所在。那麼,周天子與諸侯的相互關係是如何確認的呢?「由是制度,乃生典禮」,這一關係是通過一系列典禮儀式來加以確認的。前兩節所論及的即位、冊命兩典禮,就是確立天子與諸侯

〔註60〕 許倬雲認爲「分封制度是人口的再編組,每一個封君受封的不僅是土地,更重要的是分領了不同的人群。」李山先生亦云「所謂分封制,一方面是周人及其同盟者的遍佈天下,一方面也是以分封爲依託,對殷商及其他古老族群進行的拆解。」參許倬雲《西周史》第五章第一節,北京:三聯出版社,1994年,第150頁;李山《先秦文化史》,北京:中華書局,2008年,第48頁。

相互關係的禮儀形式，而《崧高》、《韓奕》兩詩中周天子徙封申伯、冊命韓侯，其實就是分封制的生動例子，從中我們可以看到周天子對諸侯的冊命、賞賜與警戒。

當然，周天子與諸侯之間的關係除了上對下的關係之外，還有下對上的關係，即諸侯對周天子的擁戴與敬畏。最能體現這一關係的就是朝覲禮儀。

根據禮書，朝禮、覲禮一直被視爲兩種不同的典禮。《禮記・曲禮》「天子當依而立、諸侯北面而見天子曰覲，天子當寧而立、諸公東面、諸侯西面曰朝。」《周禮・春官・大宗伯》亦曰「春見曰朝，……秋見曰覲」，指出了二者在儀式和行禮時間上的不同。沈文倬云「《周官》《孟子》《詩》《書》多分言之，可證其義有別而非一禮也」，也指出東周文獻多分言朝覲，力主二者有別〔註61〕。本文認爲，朝、覲二者在行禮細節上確實有別，最顯著的一點就是覲禮只適用於對天子而朝禮則可用於天子、諸侯等（根據《左傳》可知）〔註62〕，顯然，朝、覲二者行禮差異確是客觀存在的。但是，小異不能掩蓋大同，朝、覲從禮儀性質和內容看是大體相同的，它們都是諸侯見天子的禮儀形式，朝、覲可渾而言之。《禮記・祭義》云「朝覲，所以教諸侯之臣也」，《樂記》云「朝覲，然後知諸侯所以臣」，就是在這個意義上合言朝覲的。其實從本質上看，朝禮、覲禮都是相見禮，禮書將其歸入「五禮」之「賓禮」，無非是因爲二者往往行於周天子與諸侯之間，由於行禮者位尊權重而具有政治內涵罷了。

對於朝覲的具體儀節，今存《儀禮・覲禮》所載甚詳，可供參考。另外，《左傳》、《國語》則保留了東周時期諸侯相朝及覲於天子的史實記載，其中晉侯朝王、魯鄭朝晉都是典型例子。至於西周時期的朝覲活動，出土的銅器銘文略有記載，如周初器《匽侯旨鼎》「匽侯初見事於宗周」，中期器《作冊䰜卣》「公大史見服於辟王」，所謂「見事」、「見服」其實就是朝覲之事〔註63〕。而最能體現西周朝覲禮的無疑是《詩三百》的一些詩篇。如上節所論及的《韓奕》，描述了諸侯受命之後又入覲的儀節「四牡奕奕，孔修且張。韓侯入覲，以

〔註61〕沈文倬《宗周禮樂文明考論・覲禮本義述》，杭州：浙江大學出版社，1999年，第116頁。

〔註62〕如《左傳》隱公四年載石碏之語一曰「王覲爲可」，一曰「朝陳使請」，可以見出覲、朝二者適用對象的不同。《左傳》之「朝」通用於諸侯國之間，「覲」則一般針對周天子而言。

〔註63〕唐蘭《西周青銅器銘文斷代史徵》，北京：文物出版社，1988年，第148、326頁。

其介圭。入覲于王，王錫韓侯……」。另外，《周頌》中表現諸侯入周助祭的《烈文》、《雝》、《載見》三詩，也包含了諸侯入覲的內容，所謂「有來雝雝，至止肅肅。相維辟公，天子穆穆」（《雝》），所謂「載見辟王，曰求厥章。龍旂陽陽，和鈴央央。鞗革有鶬，休有烈光」，描述的就是諸侯入覲的情形[註64]。

不過，《詩》不僅涉及朝覲之禮，還保存了朝覲禮所用的樂歌，這就是《采菽》、《蓼蕭》、《菁菁者莪》、《裳裳者華》、《隰桑》、《庭燎》等詩。經考察，這些詩篇與朝覲禮儀有著緊密的聯繫，它們或者表現諸侯朝見天子的過程和禮儀內容（如《采菽》、《庭燎》），或者以入朝諸侯的口吻頌贊天子（如《蓼蕭》、《菁菁者莪》、《裳裳者華》、《隰桑》）。以下試分而證之：

一、諸侯朝見天子的典禮頌歌：《采菽》、《庭燎》

《詩》中有一首詩直接表現了諸侯朝見周天子的情形，這就是《采菽》。詩曰「君子來朝，何錫予之」，又曰「彼交匪紓，天子所予。樂只君子，天子命之」，可見這入周朝見並接受天子錫命的「君子」乃是諸侯國君，《毛傳》「君子謂諸侯也」，是正確的。這一點還可以從詩中所說的「禮物」得到確認，周天子賜予「君子」的是「路車乘馬」、「玄袞及黼」，這與《大雅·韓奕》所描述韓侯入覲被賜的「路車乘馬」、「玄袞赤舃」是一致的，說明「君子」就是如韓侯之類的諸侯。另外，詩中所描述的「君子」來朝的「禮容」為「君子來朝，言觀其旂。其旂淠淠，鸞聲嘒嘒。載驂載駟，君子所屆」，這與《魯頌·泮水》「魯侯戾止，言觀其旗。其旗筏筏，鸞聲噦噦」的詩句如出一轍，與《載見》「龍旗陽陽，和鈴央央，鞗革有鶬，休有烈光」極為相似，「旂」即「龍旗」，「鸞聲嘒嘒」對「和鈴央央」，「鞗革」正是「驂駟」車馬之物，而如上所述《載見》是表現「烈文辟公」（即各諸侯）「載見辟王」的詩篇，由此可知《采菽》所言之「君子」與「烈文辟公」及「魯侯」身份相當，即諸侯國君。綜上可見，從行禮者、禮物、禮容等方面均可推斷《采菽》就是表現諸侯朝見周天子的詩篇。李山先生說「從詩歌的內容上看，這當是隆重的諸侯朝覲典禮上的頌贊樂歌」，這一論斷是非常正確的。

歷來人們對此詩表現諸侯朝王並無爭議，包括對「變小雅」諸詩解說極

[註64] 對「載見辟王」，《箋》云「諸侯始見君王，謂見成王也」，《正義》「諸侯始來朝而見君王」，可見這些言辭正是描寫諸侯朝王的禮儀。阮元《十三經注疏·毛詩正義》，上海：上海古籍出版社，1997年，第596頁。

爲荒謬的《詩序》。《小序》雖列「刺幽王」之說，但《續序》補充道「侮慢
諸侯，諸侯來朝，不能錫命以禮，數征會之，而無信義，君子見微而思古焉」
〔註65〕，實際上也指出了此詩所表現的是「諸侯來朝」、「天子錫命」的事，
只不過將幽王烽火戲諸侯的典故一併牽合進去罷了。人們爭論的焦點在於詩
中所表現的朝見之事的歷史背景，主要有兩種看法：一是西周強盛時期，如
姚際恒認爲是「大抵西周盛王」，何楷更將其確定爲「康王即位」之時〔註66〕；
一是西周晚期以至東周初年的王朝衰落時期，如王宗石認爲此詩係「周室已
微」的詩篇，孫作雲將其定爲宣王時期，李山先生將其定爲東方諸侯初見東
遷的周平王之時等〔註67〕。

　　竊以爲，此詩在寫諸侯朝見的時候，表現了天子對諸侯的高度重視。詩
中六次出現「樂只君子」，對諸侯的反覆頌贊顯示了諸侯對天子的重要性，天
子對諸侯的敬意是可以從詩中體味出來的。《孔叢子》曰「於《采菽》見古之
明王所以敬諸侯也。」但是，僅僅據此並不足以確定詩篇年代，史載周代至
昭王以下開始出現轉衰的迹象，從夷王「下堂而見諸侯」以至東周時期，周
王室權威便逐漸衰微以至蕩然無存，這麼漫長的時間內周王對諸侯都得恭敬
有加（宣王時期的《崧高》、《韓奕》就是典例），如何能僅憑周王對諸侯的態
度來確定其時代？不過，此詩的產生時間雖不能確定，但它作爲諸侯朝見天
子的典禮樂歌卻是確定無疑的。那麼，此詩在諸侯朝見典禮中是如何使用的
呢？有人認爲它奏唱於周天子錫諸侯命服之時，如韋昭云「《采菽》，王錫諸
侯命服之樂」；有人認爲是迎賓之曲，如高亨以爲「歡迎諸侯來朝所奏的樂歌」
等〔註68〕。從全詩的內容看，第一章以「采菽」起興，歌頌了入朝諸侯所獲
得的賞賜（車馬衣服），第二章以湧泉采芹起興，歌頌了諸侯朝見時的盛大儀
容（視覺之旂、聽覺之鈴）。可見，詩人是處於典禮之中來進行歌唱的，朝禮
已經進行、諸侯已經接受周天子的賞賜，因而認爲此詩係迎賓之曲的看法是

〔註65〕李學勤《十三經注疏·毛詩正義》，北京：北京大學出版社，1999年，第895頁。
〔註66〕姚際恒《詩經通論》，北京：中華書局，1958年，第246頁。何楷《詩經世本
　　　　古義》，《影印文淵閣四庫全書》第81冊，臺北：臺灣商務印書館，1986年，
　　　　第382頁。
〔註67〕王宗石《詩經分類詮釋》，長沙：湖南教育出版社，1993年，第643頁。孫作
　　　　雲《孫作雲文集·〈詩經〉研究》，開封：河南大學出版社，2003年，第380
　　　　頁。李山《詩經析讀》，海口：南海出版社公司，2003年，第330頁。
〔註68〕徐元誥《國語集解》，北京：中華書局，2002年，第339頁。高亨《詩經今注》，
　　　　上海：上海古籍出版社，1980年，第348頁。

不正確的。除了歌頌賞賜、諸侯儀容之外，詩篇第三、四、五章著力歌頌了諸侯行禮本身，「樂只君子」出現六次，表明樂章歌頌的對象是諸侯，因爲他是「天子所予」、「天子所命」、「天子葵之」，所以「殿天子之邦」、「萬福攸同」。可見，此時諸侯正在接受天子的錫命和厚賞，所以末章樂官才高歌「福祿脆之」，諸侯方才「優哉遊哉，亦是戾矣」〔註69〕。由此可知，詩篇是典禮進行到錫命賞賜的環節時所奏唱的，是錫命環節所用的儀式頌歌，韋昭之說是正確的。

《詩》中還有一首詩是表現諸侯入朝的，這就是《庭燎》。不過，此詩顯然不是錫命環節所用的樂歌，它的禮儀背景較爲隱晦，從而引起歷代學者對詩篇題旨的許多爭論。歷代學者大都將此詩歸爲宣王時期作品（儘管沒有什麼根據），而且也都看到了詩篇與早朝的關係（這是因爲詩中出現了「夜未×」、「庭燎××」的詩句）；但是，他們由此得出的結論卻完全不同。概括起來有三種看法：一是「美中有規」說，認爲此詩表現了宣王問夜早晚、急於上朝的情形，既稱頌宣王勤政又規勸其「過勤」，此說以《詩序》爲代表，朱熹、陳啓源、方玉潤和之〔註70〕；一是「箴宴朝」之說，認爲此詩乃刺宣王不早朝的作品，此說本於三家詩，「魯詩」有周宣王之皇后姜氏脫簪珥諫宣王之說〔註71〕，遂爲學者所本，明代季本之「刺不早朝」，何楷之「箴晏朝」都來源於此〔註72〕；一是「諸侯早朝」說，認爲此詩表現的是諸侯早朝而與周王無關，如高亨以其爲表現「官僚早晨乘車上朝」，程俊英、李山先生以其爲「諸侯早朝於天子」的作品等〔註73〕。可見，前兩說可以說是完全相反，第

〔註69〕 《毛傳》「脆，厚」，《箋》「戾，止也，諸侯有盛德者亦優遊自安止於是。」諸侯猶有而安，是因爲天子的錫命與厚賜。阮元《十三經注疏·毛詩正義》，上海：上海古籍出版社，1997年，第490頁。

〔註70〕 《詩序》「美宣王也，因以箴之」，鄭玄認爲所「箴」是「不正雞人之官」，北宋程伊川則認爲所「規王過勤」，清代陳啓源亦認爲「美其勤、箴其過勤」，這些觀點在「美中有規」之列。李學勤《十三經注疏·毛詩正義》，北京：北京大學出版社，1999年，第663頁。程氏之說轉引自姚際恒《詩經通論》，北京：中華書局，1958年，第194頁。陳啓源《毛詩稽古編》，阮元《清經解》第1冊，上海：上海書店，1988年，第392頁。

〔註71〕 王先謙《詩三家義集疏》，北京：中華書局，1987年，第635頁。

〔註72〕 季氏之說轉引自姚際恒《詩經通論》，北京：中華書局，1958年，第194頁。何氏之說見何楷《詩經世本古義》，《影印文淵閣四庫全書》第81冊，臺北：臺灣商務印書館，1986年，第510頁。

〔註73〕 高亨《詩經今注》，上海：上海古籍出版社，1980年，第255頁。程俊英、蔣見元《詩經注析》，北京：中華書局，1991年，第523頁。李山《詩經析讀》，

三說則與前兩說迥然不同。

　　為什麼人們對此詩詩旨的看法會如此分歧呢？原因在於人們對其表現對象的誤解，而這一誤解又源於對詩中設問語句的推論。從詩篇的內容看，詩無非表現了兩個內容：一是夜晚的時刻，二是「君子至止」的情形。顯然，從文理上看，所謂「君子至止」乃是全篇的核心，君子是表現對象，所謂「夜如何」的部分只不過是君子到來的時間和場景而已。循此文理，是無論如何不會將「君子」與周王聯繫起來，不會將此詩視為讚美或譏刺周王早朝或晏朝的作品。因而，只有第三說正確地把握了全詩的表現對象。前兩說之所以引入周王，是因為它們將詩中「夜如何其」的設問語氣加以推論，認為它是描寫君王的心理活動，從而將全詩納入表現君王心理活動的範疇。其實，即使「夜如何其」的設問真是心理活動，那也未必是君王的心理，經生們好將《三百篇》釋為諫書導致了這種想當然的推論。

　　「夜如何其」確實是設問句式，但是在《詩三百》中設問常常被用作陳述的口吻，往往不是表現心理活動。《周頌·臣工》「如何新畬？於皇來牟，將受厥明」，《大雅·生民》「生民如何？克禋克祀，以弗無子」，「誕我祀如何？或舂或揄，或簸或蹂……」，這些都是設問，顯然不是表現心理活動。因此，《庭燎》中的設問同樣是陳述語氣，是詩人以旁觀者的視角表現「君子至止」的情形。

　　那麼，「君子」是何種身份呢？《毛傳》云「君子謂諸侯也」〔註74〕，這是正確的。為什麼「君子」不是周王，不是卿大夫，而是諸侯呢？因為描寫他們到來的詩句，如「鸞聲將將」、「言觀其旂」，所描繪的正是諸侯的儀容。這些詩句與《采菽》「君子來朝，言觀其旂。其旂淠淠，鸞聲嘒嘒」如出一轍，而既曰「君子來朝」，則「君子」不會是周王；《魯頌·泮水》亦云「魯侯戾止，言觀其旗。其旗筏筏，鸞聲噦噦」，所謂「言觀」、「鸞聲」等都是描寫魯侯之類的諸侯國君的專用語。據此可知，《庭燎》中的「君子」是諸侯無疑。那麼，「君子為何而來」？《采菽》云「君子來朝，言觀其旂」，《載見》云「載見辟王，曰求厥章。龍旗陽陽，和鈴央央，鞗革有鶬」，以經證經，可知「君子」是「來朝」或「載見辟王」，即為朝覲天子而來的。因而，《庭燎》全詩其實表現的是諸侯朝見天子、於黎明前夕到達那一刻的情景，詩篇也是朝覲

海口：南海出版社公司，2003年，第251頁。

〔註74〕阮元《十三經注疏·毛詩正義》，上海：上海古籍出版社，1997年，第432頁。

典禮所用的詩篇。

　　那麼，此詩用於朝覲禮的何種儀節呢？從全詩反覆歌頌「君子至止」的情形看，此詩當爲諸侯初到時樂官所用的迎賓樂歌。根據《儀禮・覲禮》，諸侯入覲、入朝的大體儀節基本可知，即郊勞、致館、入位、致命、三享、聽事、錫命服、饗禮等〔註75〕。據此，則樂官奏唱《庭燎》時當在諸侯「入位」之前到達行禮現場的時候，即《覲禮》所謂「乘墨車，載龍旂、弧韣，乃朝以瑞玉」之時。此時，諸侯剛剛「釋幣于禰」完畢，整裝而赴，鄭玄注云「將覲，質明時也」，所謂「質明」正與《庭燎》的「夜向晨」相合；而諸侯「乘墨車，載龍旂、弧韣，乃朝以瑞玉」的儀容雖然與《庭燎》細節不合，但亦大體一致。由此可知，《庭燎》當爲諸侯入朝、初至典禮現場時所用的迎接樂歌。

二、入朝諸侯對天子的頌歌：《蓼蕭》、《菁菁者莪》、《裳裳者華》、《隰桑》

1、從「既見君子」說起

　　《詩三百》中有不少「既見君子」、「未見君子」的詩句，前者出現 22 次，後者出現 11 次（出現於 12 首詩中）〔註76〕。這兩個句子不僅出現頻繁，而且往往成爲詩篇結構的關鍵。那些出現「既見君子」、「未見君子」、「我覯之子」的詩篇，往往是歌唱見到君子的心情與歡樂場景，或抒發思念君子（「未見」）的憂鬱和悲傷。正因爲如此，確定詩中「君子」的身份也就成爲把握這些詩篇題旨的關鍵。具體而言，「君子」的身份，有的是行役者如《周南・汝墳》、《召南・草蟲》、《秦風・晨風》、《小雅・出車》等，有的是諸侯國君如《唐風・揚之水》、《秦風・車鈴》〔註77〕，還有的存在爭議的如《鄭風・風雨》、《小雅・隰桑》。

〔註75〕覲禮儀節除參考經文之外，可參沈文倬《宗周禮樂文明考論・覲禮本義述》，杭州：浙江大學出版社，1999 年，第 114～125 頁。

〔註76〕另外，《裳裳者華》的「我覯之子」與「既見君子」是一樣的。《箋》「覯，見也。」李學勤《十三經注疏・毛詩正義》，北京：北京大學出版社，1999 年，第 860 頁。

〔註77〕按照《詩序》的見解，《唐風・揚之水》的「君子」指曲沃桓叔，《秦風・車鈴》的君子指秦仲，未必確實如此。但根據詩篇內容看，二詩中的「君子」身份較尊，不是一般人。阮元《十三經注疏・毛詩正義》，上海：上海古籍出版社，1997 年，第 362、368 頁。

　　這裡，本文要特別指出的是《雅頌》中的一組「既見君子」（包括「我觀之子」）的詩篇，包括《蓼蕭》、《菁菁者莪》、《裳裳者華》、《隰桑》四詩，這些詩篇中的「君子」身份是非常值得玩味的。如上所述，這些詩篇是以「既見君子」、「我觀之子」來結構的，一些關鍵詩句可以說是完全一致的；不僅如此，它們的篇章結構也是如出一轍，即每章都是「起興＋既見君子＋心情或場景」，每篇都是四章（第四章常有變化）。這些特點表明，這些詩篇的產生背景是相似的。

　　另外，考察詩的主題和具體內容可知，詩中「君子」的身份是一致的，都特指周王，「見君子」的人特指朝見周王的諸侯。這首先是從「見君子」者的儀容看出來的。《蓼蕭》云「既見君子，鞗革忡忡，和鸞雝雝，萬福攸同。」所謂「鞗革忡忡」、「和鸞雝雝」，據《韓奕》詩中「王錫韓侯」之物中有「鞗革金厄」，《載見》所表現諸侯朝見「辟王」時「龍旂陽陽，和鈴央央，鞗革有鶬」，可知「鞗革」、「和鸞」正是諸侯入朝入覲時的儀容。因而，《蓼蕭》中「見君子」者（即「我」）為諸侯，則「君子」當為周王無疑。鄭玄曰「『既見君子』者，遠國諸侯朝見天子也」〔註78〕，這個看法是正確的。

　　不僅《蓼蕭》如此，我們認為《菁菁者莪》、《裳裳者華》、《隰桑》中的「君子」也是周王，「見君子」者也是諸侯。《菁菁者莪》曰「既見君子，錫我百朋。」所謂「百朋」的賞賜是極其厚重的，根據金文記載，周王錫命有十朋、二十朋、三十朋、五十朋、百朋，「百朋」幾乎是最高級別的賞賜，如成王時期的《𡐓方鼎》〔註79〕。因而，賜「百朋」之「君子」當為周王，而「既見君子」之「我」即朝見天子的諸侯。朱熹云「君子，指賓客也」，「賓客」並未錯，但古人囿於《詩序》的「育材」之說而認為「賓客」為賢才，就不得其解了〔註80〕。王宗石說「君子指周天子」，最得詩旨〔註81〕。

　　再看《裳裳者華》。詩曰「我觀之子，乘其四駱。乘其四駱，六轡沃若」，又曰「我觀之子，維其有章矣」，顯然這位渙然「有章」、又乘「四駱」的人不會是普通平民，而是地位較尊的人；據《四牡》、《皇皇者華》二篇，「駕彼四駱」、「六轡沃若」者為周王的使臣，其身份當為卿大夫。但是，《裳裳者華》

〔註78〕阮元《十三經注疏・毛詩正義》，上海：上海古籍出版社，1997 年，第 420 頁。
〔註79〕馬承源《商周青銅器銘文選三》，北京：文物出版社，1988 年，第 17 頁。
〔註80〕朱熹《詩經集傳》，《四書五經》上卷，北京：北京古籍出版社，1995 年，第 563 頁。
〔註81〕王宗石《詩經分類詮釋》，長沙：湖南教育出版社，1993 年，第 592 頁。

的「我」並非卿，因爲詩末章曰「左之左之，君子宜之。右之右之，君子有之」，《毛傳》「左陽道，朝祀之事；右陰道，喪戎之事」，本文認爲這一統領陰陽禮事的「君子」就是周王；如此，則駕四牡見（「覯」）周王的「我」肯定不會是卿，而是與卿地位相當的諸侯，《禮記‧王制》云「天子之卿視伯」，可以作爲佐證。這一點還可從「是以有譽處兮」一語常形容天子與諸侯和睦關係得知〔註82〕，上文《蓼蕭》寫諸侯朝見天子，有「燕笑語兮，是以有譽處兮」一句，就是一個例證。王宗石說「君子指最高統治者天子」，是非常正確的〔註83〕。

最後是《隰桑》。詩曰「既見君子，德音孔膠」，用「德音」來形容所見之「君子」，這實際上對「君子」的身份已經有所暗示。考《詩三百》，「德音」凡十二見。明人嚴粲總結道「言語、教令、聲名皆可稱德音。」今人聞一多以爲「德音」多「表明夫妻間對待關係之詞」（王宗石認爲即「愛情」），于省吾則認爲詩中 12 處「德音」有 9 處當改爲「德言」（其中就包括《隰桑》），其意義當爲言語。〔註84〕本文認爲，「德音」釋爲聲名、言語還是愛情，不是最重要的，重要的是理清這一詞語所描述的對象。總結起來，12 處中有 3 處是描寫婦女的（《邶風‧谷風》、《鄭風‧有女同車》、《小雅‧車轄》），其他 9 處都是描寫男性，其中有行役者或兵士（《邶風‧日月》、《秦風‧小戎》），有王公貴胄（《豳風‧狼跋》），也有周王（《大雅‧皇矣》、《假樂》、《小雅‧南山有臺》）。那麼，《隰桑》中的「德音」形容的是什麼人呢？值得注意的是，此詩的「德音」是形容「君子」的。所謂「德音孔膠」，馬瑞辰認爲「膠」當爲「樛」之省借，訓「盛」，是很準確的〔註85〕；如此看來，與形容君子「德音孔膠」最爲接近的莫如《小雅‧南山有臺》，其曰「樂只君子，德音不已」，「樂只君子，德音是茂」，所謂「不已」、「是茂」與「孔膠」極爲相近，並且此詩起興之物亦有「桑」「南山有桑，北山有楊」，與《隰桑》以「桑」起興

〔註82〕 李山先生說「『是以有譽處兮』又是臣下見君主的慣用語。」參《詩經析讀》，海口：南海出版社公司，2003 年，第 319 頁。

〔註83〕 王宗石《詩經分類詮釋》，長沙：湖南教育出版社，1993 年，第 887 頁。

〔註84〕 嚴氏的說法轉引自《澤螺居詩經新證》。聞一多《神話與詩》，上海：上海世紀出版集團，2006 年，第 285 頁。于省吾《澤螺居詩經新證》，北京：中華書局，2003 年，第 129 頁。

〔註85〕 舊說訓「膠」爲「固」，不爲馬氏之說貼切。馬瑞辰《毛詩傳箋通釋》，北京：中華書局，1989 年，第 779 頁。

亦相近〔註86〕。而《南山有臺》中的「君子」既是「邦家之基」，又是「民之
父母」，顯然是周王。據此，可以推測《隰桑》之「君子」也是周天子。其實，
《隰桑》一些詩句與《蓼蕭》、《菁菁者莪》極為相似，如前者的「既見君子，
其樂如何」與後者「既見君子，樂且有儀」就是一例，既然後者的「君子」
是周王，那麼前者的「君子」也是周王。李山先生說「君子很明顯當係周王」，
是正確的〔註87〕。其實，《隰桑》的篇章結構與《蓼蕭》、《菁菁者莪》如出一
轍，後者是諸侯朝見天子的頌歌，《隰桑》當亦諸侯獻給天子的頌歌。

綜上可知，《蓼蕭》、《菁菁者莪》、《裳裳者華》、《隰桑》四詩中的「君
子」都是周王，「見君子」者都是諸侯國君，它們表現的是諸侯朝見周天子
的事情。

2、《蓼蕭》、《菁菁者莪》、《裳裳者華》、《隰桑》均為諸侯朝覲時
獻給周王的頌歌

此四詩既然表現的是諸侯朝覲天子的事，那麼它們用於何種儀節呢？從
詩篇的內容看，有以下一些細節值得注意：一是人稱。這些詩篇明顯都是以
第一人稱的口吻誦唱的，《蓼蕭》「既見君子，我心寫兮」，《菁菁者莪》「既見
君子，我心則喜」，《裳裳者華》「我覯之子，我心寫兮」，《隰桑》「心乎愛矣，
遐不謂矣」〔註88〕，其中「我心」、「我」、「心」等說明了這一點。而且，值
得注意的是，它們都用了「我心」或「心」這樣的表述方式，表明詩篇不僅
持第一人稱的口吻，而且重在表現主人公（「我」）的內心活動。

二是內容特點。這些詩篇內容上雖然略有不同，但具有一個明顯的共同
特徵，就是都通過重章疊唱來歌頌「既見君子」的內心感受。所謂「我心」、
「心」，都是諸侯見到周天子之後表達自己的內心感受。並且，這些感受具有
共同之處：一是喜悅，如《蓼蕭》「我心寫兮」、「燕笑語兮」，《菁菁者莪》「我

〔註86〕 程俊英說「按詩用隰桑起興，可能是婦女所作。」其實，以此詩為「思婦」
之作，明代季本就開始了，其云「此乃婦人於蠶桑之時得見其夫而作」。這種
說法的根據就是詩篇以「桑」起興，但以桑起興未必全為表現思情之作。李
氏之說轉引自何楷《詩經世本古義》，《影印文淵閣四庫全書》第81冊，臺北：
臺灣商務印書館，1986年，第528頁。程氏之說見《詩經注析》，北京：中華
書局，1991年，第727頁。
〔註87〕 李山《詩經析讀》，海口：南海出版社公司，2003年，第338頁。
〔註88〕 《箋》云「我心愛此君子，君子雖……」，可見詩中所謂「心乎愛矣」，「心」
實即「我心」的省略。阮元《十三經注疏·毛詩正義》，上海：上海古籍出版
社，1997年，第495頁。

心則喜」，《裳裳者華》「我心寫兮」，《隰桑》「其樂如何」、「云何不樂」；二是對君子的歌頌，《蓼蕭》「其德不爽，壽考不忘」，《菁菁者莪》「樂且有儀」，《裳裳者華》「維其有章矣」，《隰桑》「德音孔膠」。

三是提到了一些禮儀舉行的細節。這些詩篇雖然集中表現諸侯見到周王的歌頌之語，但是它們的歌唱也提及了正在舉行的禮儀。這是行禮者對儀節的回顧，概括起來至少包括以下三個儀節：一是諸侯到達時的情景，《蓼蕭》之「鯈革沖沖，和鸞雝雝」，《裳裳者華》之「乘其四駱，六轡沃若」就是形容諸侯到達的儀容；二是天子錫賞諸侯，《菁菁者莪》「錫我百朋」，是一例；三是君臣相與合樂的情景，如《蓼蕭》「燕笑語兮」、「孔燕豈弟」、「是以有譽處兮」〔註89〕，《菁菁者莪》「樂且有儀」，《裳裳者華》「是以有譽處兮」，《隰桑》「其樂如何」。

從以上三點來看，人稱與內容上的高度相似性表明這些詩篇當用於同一種儀節之中，而對禮儀的表現內容又說明這些詩篇不是用於迎賓之時（如《庭燎》），亦非用於錫命之時（如《采菽》），而是用於君臣合樂之時。詩中有大量表現喜慶的詞語，如「燕笑語兮」、「是以有譽處兮」、「樂其有儀」、「我心則喜」、「我心則休」、「是以有慶兮」、「云何不樂」，這暗示了諸侯是在接受天子錫賞之後，在燕樂的場合中獻出這些讚頌樂章的，所以才會形成一派喜慶、合樂融融的氣氛。考之《儀禮・覲禮》所載的儀節，則唯有在錫命服、頒命書之後的「饗禮」儀節具有這樣的氣氛。經云「饗禮，乃歸」，鄭玄注云「禮，謂食燕也」，並引《周禮・掌客》「王合諸侯而饗禮」證此〔註90〕，可見，諸侯朝見天子，有受饗的儀節，《左傳》僖公二十五年「晉侯朝王，王饗醴」，就是一個例證。看來，鄭玄等人將《蓼蕭》中的「燕」字釋爲「燕飲」，可能是有所根據的〔註91〕。總之，從整體上看，《蓼蕭》、《菁菁者莪》、《裳裳者華》、

〔註89〕 這裡的「燕笑語兮」，鄭玄、朱熹、何楷均釋爲「燕飲」，然清人以爲當釋爲「安樂」，後者之所以作如是解，是因爲此詩有兩個「燕」字、意義要統一，釋爲「燕飲」，第二個「燕」就無法解釋。馬瑞辰《毛詩傳箋通釋》，北京：中華書局，1989 年，第 535 頁。

〔註90〕 阮元《十三經注疏・周禮注疏》，上海：上海古籍出版社，1997 年，第 900 頁。

〔註91〕 對「燕笑語兮」的「燕」，鄭玄云「天子與之燕而情意無留恨也」，朱熹云「燕謂燕飲」，何楷云「燕謂設燕」，遭到清人的反駁。參阮元《十三經注疏・毛詩正義》，上海：上海古籍出版社，1997 年，第 420 頁；朱熹《詩集傳》，南京：鳳凰出版社，2007 年，第 130 頁；何楷《詩經世本古義》，《影印文淵閣四庫全書》第 81 冊，臺北：臺灣商務印書館，1986 年，第 314 頁。

《隰桑》四詩當爲諸侯朝見周王的宴饗儀節中諸侯所用的頌歌。

三、朝覲樂歌所表現的天子諸侯之間的關係

綜上所述，《采菽》、《庭燎》、《蓼蕭》、《菁菁者莪》、《裳裳者華》、《隰桑》六詩都是諸侯朝見天子典禮中所用的樂歌。其中，《庭燎》是諸侯到達時的迎賓樂歌，《采菽》是周王錫命諸侯時的典禮頌歌，《蓼蕭》、《菁菁者莪》、《裳裳者華》《隰桑》則是天子燕饗諸侯時、諸侯所獻的頌歌。它們實際上都是諸侯朝見天子時產生的樂章，所以集中於歌頌周天子和諸侯的德行、儀容以及交接禮儀本身。不過，詩篇所表現周天子與諸侯的關係，具有一定的歷史內涵。

就詩提供的信息來看，一方面，天子對朝見的諸侯禮遇有加。《庭燎》表現了對諸侯到來的重視；《采菽》之「路車乘馬」、「玄袞及黼」，《菁菁者莪》之「錫我百朋」，寫天子厚賜諸侯；另外，《采菽》反覆歌唱「樂只君子」，表現了對諸侯入朝的喜悅之情；這些都表明了王朝上下對諸侯的高度重視。另一方面，諸侯對天子十分尊崇。從「既見君子」的反覆歌詠中，可知諸侯對周天子的禮遇頗爲滿意；從他們對周天子德行的歌頌祝禱中，又可看出諸侯對「天下共主」的敬意。從這兩方面看，此詩所表現的周王與諸侯之間的關係呈現出一種較爲平等、平和、平穩的氣氛，既不是諸侯匍匐於周天子的權威之下，也不是周王權威蕩盡而諸侯僭越跋扈的情形。

歷來人們對這些詩篇歷史背景主要有三種看法：一是以《詩序》爲代表的將六詩分置周初、宣幽兩個時期；一是以孫作雲爲代表的將六詩均釋爲宣王時期作品；一是李山先生所認爲《采菽》、《裳裳者華》當爲東周平王時的作品〔註92〕。我們認爲，這些詩篇顯然不可能產生於周初，試比較《尚書·周誥》中周公告誡康叔的口吻與這些詩篇的口吻，就能看出周初分封還沒有結束，周王室權威可以說盛氣凌人，《周頌·烈文》所謂「無封靡于爾邦，維王其崇之」最接近當時的氛圍。宣王時期、平王時期都是比較符合這些詩篇的背景的，它們都是「大難」之後、甫定之時，周王室權威受挫，諸侯地位上陞，君臣之間的關係趨於平等。但是，這些詩篇究竟具體作於哪一時期，

〔註92〕根據《小序》《正義》，《蓼蕭》、《菁菁者莪》爲文王時作品，《庭燎》爲宣王時作品，餘下三篇爲幽王時作品。孫氏之說參孫作雲《孫作雲文集·〈詩經〉研究·說二雅》，開封：河南大學出版社，2003年，第380頁。李氏之說參李山《詩經析讀》，海口：南海出版社公司，2003年，第330、318頁。

竊以爲詩篇本身尚不能提供足夠的根據，只能闕如。

結　語

　　西周晚期，周王室爲了維持王朝權威，不得不與諸侯加強聯繫。王室與諸侯的往來，除了上對下的冊命、封賞之外，還有下對上的朝覲和頌美，這一點在朝覲樂歌中體現無遺。《詩三百》中的朝覲詩歌可分成兩個部分：一是表現諸侯覲見天子禮儀的樂歌，如《采菽》寫諸侯入覲天子、接受賜封的過程，《庭燎》則乃從第三者的視角描寫諸侯朝見的一個畫面；二是朝覲典禮中諸侯對天子的頌歌，它們乃諸侯藉以表達「既見君子（周王）」之後心理感受以及對天子儀容德行的讚美，如《蓼蕭》《菁菁者莪》《裳裳者華》《隰桑》等詩。